TOD IM WALDWINKEL

LUTZ G. WETZEL

TOD IM WALDWINKEL

Auf, auf zum fröhlichen Morden

KOSMOS

Kapitel 1

Regenschauer hatte der Novemberwind die ganze Nacht über das Land getrieben. Deshalb war die Ohrmuschel des toten Försters an diesem Morgen noch mit einer kleinen Pfütze gefüllt. „Sieht fast hübsch aus“, sagte Rottek, der sich über den Kopf der Leiche beugte. „Wie ein kleiner Badesee im Sauerland.“

Hauptwachtmeister Kesselring schnaufte empört. „Ich bitte Sie, Herr Kommissar, ein deutscher Beamter ist erschossen worden!“ Er schnaufte noch einmal besonders laut, während er mit einem Ast suchend im feuchten Laub herumstocherte. „Da macht man keine Witze.“

„Herr Hauptwachtmeister, ein toter Beamter ist für mich auch nur eine Leiche, die mir Arbeit macht“, meinte Rottek, erhob sich und schaute zu, wie ein leuchtender Sonnenfleck durch den herbstlich gefärbten Eichenwald wanderte und sich dann in den Wiesen verlor. „Ich bewerte meine Toten nicht nach ihren Pensionsansprüchen.“

Der grüne Filzhut des Försters war zwei Schritte weit ins Blaubeergestrüpp gerollt. In den braunen Haaren des Opfers hatten sich gelbe Birkenblätter gefangen. Der Lodenmantel war noch ordnungsgemäß zugeknöpft und hing nass und schwer an der Leiche. Sogar das Gewehr trug der Förster auch im Tod an der Schulter, leicht verrutscht. Seine linke Geheimratsecke hatte er zu Lebzeiten eitel mit Haaren aus dem rechten Schläfenbereich überdeckt. Ein kleines böses Loch klaffte jetzt darin und die dünnen Strähnen wehten ungehorsam im frechen Herbstwind.

Rottek schaute ihm ins fahle Gesicht. „Förster Simon. Es ist unser Förster Simon.“

„Sie sind ja auch von dieser merkwürdigen grünen Zunft“, brummte Kesselring grimmig. „Waidmänner unter sich. Das wird die Ermittlungen sicher enorm beschleunigen." Der Hauptwachtmeister mochte keine Jäger. In der schlechten Zeit, nach dem Krieg, hatten sie ihm viel Ärger gemacht. Sie wussten, wenn er in seinem Garten die Kohlrabipflänzchen goss und die Kaninchenställe saubermachte. Dann hörte er es von weitem knallen aus dem Johannisgrund oder aus Konopkas Fichten.

Jagd und Waffenbesitz war ja für Deutsche noch verboten damals. Für die französischen Besatzer musste der Hauptwachtmeister deshalb dicke Akten über die illegalen Schüsse anlegen und sogar abends schwitzend Streifengänge durch die Wälder machen, währen die Nachbarn schon in den Gärten saßen und Maibowle tranken. Jäger, das waren für ihn widerspenstige Gesetzlose. „Jäger sind Strolche", das war sein Spruch. Und er vergaß nie anzumerken, dass es ja auch diesen dicken Reichsjägermeister gegeben habe: „Ein ganz besonderes Früchtchen." Nur wenn Rottek ihm zur Weihnachtszeit den Wildschweinbraten brachte, dann machte er ausnahmsweise mal keine bissige Bemerkung über die Jagd.

Rottek kniete sich noch einmal auf den Waldboden und drehte die Leiche vorsichtig um. Das austretende Geschoß hatte den Hinterkopf zertrümmert. Ein weißlicher Brei leuchtete in der klaffenden Öffnung. Hirn, von der Beschaffenheit eines Mandelpuddings. „Küchenschuss", sagte Rottek. Und als er Kesselrings fragenden Blick sah: „Küchenschuss, das sagen wir Jäger, wenn die Kugel beim Wild keine edlen Teile beschädigt hat. Die Keule oder den Rücken. Solche Bratenstücke mögen Sie ja auch."

„Herr Kommissar, ich bitte Sie!", zischte Kesselring. „Das Hirn ist bei einem Förster wirklich das edelste Teil. Sie können einen Staatsbeamten nicht mit einem Sonntagsbraten vergleichen. Immer diese Sprüche von Ihnen im Angesicht des Todes!" Rottek meinte, auf Kesselrings Gesicht ein mühsam unterdrücktes Lächeln zu bemerken. Aber er konnte sich auch geirrt haben.

Doktor Rotgold hatte seinen Arztkoffer auf den Gepäckträger des Damenfahrrads geschnallt und kam klingelnd den Waldweg entlanggeradelt.

„Alarm, Alarm“, rief er von Weitem. „Leichensache oder Ohnmachtsanfall?“, witzelte er und stieß Kesselring leicht mit dem Ellenbogen in die Rippen. Der antwortete nicht.

„So ein schöner Mann“, sagt Rotgold leise zu sich selbst. Er liebte Männer, und jeder im Ort wusste es. Aber das ahnte Rotgold nicht. Wenn am Wochenende junge Kerle bei ihm zu Besuch kamen, wurden laut Schallplatten gespielt und es ging lebhaft her in dem Einfamilienhaus neben dem Ehrenmal für die Gefallenen. „Wir hatten ein medizinisches Symposium“, erklärte der Arzt montags seiner Sprechstundenhilfe. „Weiterbildung. Die Wissenschaft schreitet voran.“

Doktor Rotgold kniete sich theatralisch auf den Waldboden und fühlte der Leiche den Puls. „Hiermit erkläre ich den Förster für verstorben“, sagte er augenzwinkernd.

„Wenn es mal mit der Medizin nicht mehr klappt, können Sie immer noch hauptberuflich Witzbold werden“, knurrte Kesselring, „Wir können uns kaum halten vor Lachen.“

„Ein Späßchen hier und da würzt das Leben“, kicherte der Doktor mit erhobenem Zeigefinger.

„In Ordnung“, brummte der Hauptwachtmeister streng. „Hier und da, aber nicht angesichts eines ermordeten deutschen Beamten.“

Doktor Rotgold zog eine Grimasse. Er hatte bereits das Stethoskop herausgeholt und wollte seinen bei der Leichenschau üblichen Scherz anbringen: Abhören möglicher Herztöne. Aber angesichts des grimmigen Hauptwachtmeisters packte er seine Utensilien wieder ein, füllte die Papiere aus und radelte unter lautem Klingeln und „Alarm, Alarm“-Rufen davon.

In einer jungen Fichte hinter ihnen zeterte laut ein Zaunkönig. Aus der Waggonfabrik am Ortsrand klang das dumpfe Stampfen des mächtigen Schmiedehammers. Gleißend weiße Wolken zogen hastig über die Baumwipfel. Sonne und Schatten wechselten schnell. Der schöne Herbst des Jahres 1963. Ein paar Sekunden lang erinnerte sich Kommissar Rottek an einen langen Spaziergang mit Anita letzte Woche über die Höhen des Westerwaldes an einem Tag, an dem wie jetzt gerade die Wolkenfetzen am blauen Himmel hinweggeflogen waren, so schwerelos und uneinholbar wie ein Glück, das verweht.

„Warum schießt man auf einen Forstbeamten?", fragte Rottek nachdenklich. „Wenn man doch nichts von ihm will, außer dass er tot umfällt."

Kesselring zuckte mit den Schultern. „Wenn Sie es nicht wissen, dann weiß ich es erst recht nicht. Ich bin nur ein einfacher Schutzmann. Ich weiß, wie man ein Fahrrad auf ordnungsgemäße Beleuchtung kontrolliert. Aber für Mord gibt es kluge Leute wie Sie."

Rottek klopfte nasse Kiefernnadeln von seiner speckigen alten Lederjacke, machte mit seiner Voigtländer Fotos von dem Toten und von der Umgebung und packte die Jagdwaffe des Försters in den grünen Polizeikäfer.

Der schwarzglänzende Leichenwagen von Bestatter Ellermann schaukelte den holprigen Waldweg herauf durch den Kalten Grund. Man sagte, der Heckflossen-Mercedes habe an die 120 PS und der alte Ellermann würde sich bei Überführungsfahrten auf der Autobahn Rennen mit BMW-Fahrern liefern. Ohne Rücksicht auf die Pietät und die sterbliche Hülle hinten auf der Ladefläche.

Ellermann hielt auf dem nassen Laub des Waldwegs neben dem Toten. Er war auch Jäger. Jagdpächter im Nachbarort. Feixend öffnete er die Heckklappe. „Waidmannsheil, Herr Kommissar, ein bedauerlicher Jagdunfall?"

Rottek gab keine Antwort. Er mochte ihn Beerdigungsunternehmer nicht. Eigentlich mochte den kaum jemand. Denn er pflegte ohne Rücksicht auf seinen ernsten Beruf einen höchst schlüpfrigen Humor.

Deswegen trug er im Ort den Spitznamen „Zotengräber" und ältere Damen gruselten sich davor, einst als Verstorbene in seine Hände zu geraten.

„Gestern beim Jägerstammtisch hat mir der Förster noch erzählt, dass er gerade großen Ärger mit Holzdieben hat", erzählte Ellermann. „Die würden ihm sogar ganze Stämme aus dem Wald klauen. Eine Familie Kerschbaum aus Weyersbusch hatte er im Verdacht. Die wollte er sich greifen. Vielleicht haben die ihm aufgelauert?"

„Vielleicht, vielleicht ...", murmelte Rottek. „Morde fangen bei mir immer an mit einem großen Vielleicht."

Bestatter Ellermann schob mit seinem stämmigen Gehilfen im grauen Hausmeisterkittel den Zinksarg in den Laderaum. „Koblenz?", fragte er.

„Koblenz", antwortete Rottek. Dort war die Gerichtsmedizin.

„Diese Kerschbaums mit den sechs Kindern, das sollen die Holzdiebe sein", rief der Bestatter Rottek noch aus dem Autofenster zu, bevor er losfuhr. „Die klauen alle. Und die Frau putzt in der Bahnhofskneipe. So eine gefährliche Rothaarige. Sie wissen ja: Rostiges Dach hat einen feuchten Keller." Sein hässliches Lachen meckerte im Wegfahren durch den Wald. Bald war das Motorengebrumm verstummt.

Ein paar Minuten noch stocherten die beiden Polizisten im Waldboden nach verwertbaren Spuren der Tat. „Hallo! Hier!" Hauptwachtmeister Kesselring deutete aufgeregt auf eine Stelle an einem Eichenstamm in Kopfhöhe. Dort steckte ein deformiertes Teil des Projektils in der zerfetzten Baumrinde. „Ganz ausgezeichnet", lobte Rottek. „Sie dürfen jetzt Frühstück machen. Haben Sie denn Ihr Eibrot schon gegessen?"

Der Hauptwachtmeister bestand darauf, vormittags pünktlich um halb zehn ein kräftig nach Speck und Butter duftendes Eibrot zum Frühstück zu verzehren. Dazu schlürfte er genussvoll käsigen

Milchkaffee aus dem Becher der Thermoskanne. Seine Ehefrau sorgte für ihn und gab ihm sogar Schnittlauch in einem Steingutfässchen mit. „Von meinen eigenen Hühnern!“, rief Kesselring jedes Mal stolz in die Runde, bevor er in das Eibrot biss.

An diesem Tag hatte er das Frühstückszeremoniell wegen des Leichenfundes verschieben müssen. „Pflichtbewusstsein ist wichtiger als Hunger“, erklärte Kesselring ernst mit erhobenem Zeigefinger. „Das hat unsere Generation noch gelernt. Sie würden ja wegen eines Käsebrötchens jeden Sittenstrolch laufen lassen.“

„Ihre Generation hat noch ganz andere Sachen gelernt.“ Rottek schob ihm von hinten die Polizeimütze ins Gesicht. „Irgendwas soll da doch vorgefallen sein.“

„Frecher Rotzbengel“, schimpfte Kesselring und schnaufte entrüstet. „Das war eine andere Zeit. Das wissen Sie doch auch. Ich hatte damals nicht den Ehrgeiz, ins Geschichtsbuch zu kommen, sondern meinen Kindern Schuhe kaufen zu können. Die Zeit rollt über dich hinweg und hinterher wird dir von den ganz Schlauen vorgeworfen, dass du kein Held gewesen bist.“

„Hier.“ Rottek hielt ihm die Schachtel Ernte23 hin. Sie lehnten sich an den Streifenwagen und rauchten schweigend.

Eine Minute später räusperte sich jemand hinter ihnen vernehmlich. „Soll ich noch was sagen?“, fragte mit brüchiger, kehliger Stimme ein junger, schlaksiger Mann, der in alte Militärsachen gekleidet war. „Wollen Sie mich nicht doch noch was fragen?“, wiederholte er jetzt, laut und frech. „Zu dieser Sache hier?“

Dunkles, fettiges Haar stand in Strähnen von seinem dicken Schädel ab. Er war unrasiert und hatte wulstige Lippen. „Kröten-Jörg“ nannte man ihn im Ort. Als Kind schlitzte ihm ein Landwirt beim Heumachen bei einem grässlichen Unfall mit der Sense die Wange vom Mundwinkel bis fast zum Ohr auf, und die spannenlange Narbe entstellte sein Gesicht: Das furchtbare Grinsen einer Kröte. Daher sein Name. Kröten-Jörg lebte allein in seinem großen, halb verfallenen Elternhaus nahe dem Sägewerk. Sein Vater galt nach der Schlacht am Kursker Bogen im Sommer 1943 als vermisst. Jörgs Mutter wurde bei einem Bombenangriff in dem Luftschutzkeller unter dem Salzturm verschüttet. Erst Jahre später hatte man sie aus dem Trümmergebirge gegraben. Man konnte die Frau nur noch identifizieren, weil sie auch im Tod noch die Aktentasche mit dem Familienstammbuch umklammert hielt.

Er hatte keine Verwandten, und sein früheres Leben als Kind mit Vater und Mutter war in einem Dunkel versunken, dass keine Erinnerung mehr durchdringen konnte. Der Wald war sein Zuhause. Bei jedem Wetter streifte er durch den Forst, kannte ihn besser als jeder andere. Die Kinder lachten über ihn und sein entstelltes Gesicht. Sie hopsten wie die Frösche, wenn er auf der Mauer vor seinem Haus saß und sie auf dem Schulweg an ihm vorbei mussten: „Kröten-Jörg, Kröten-Jörg pupst schlimmer als ein Gartenzwerg."

Doch die Jäger behandelten ihn, als wäre er einer von ihnen. Denn Kröten-Jörg wusste als einziger, in welcher Dickung die Wildschweinrotte sich eingeschoben hatte, auf welcher Wiese der alte Rehbock austrat, wo im Sommer die Hirsche stundenlang bewegungslos im flimmernden Bruch standen und wo der Fuchs am Bahndamm unterm Ginster seine Jungen großzog. Die Jäger fragten ihn um Rat, wenn es um die richtige Platzierung eines Hochsitzes ging und er führte sie oft als Treiber im Winter über die Felder, auf denen sich Hasen, Fasanen und Rebhühner ins graue, bereifte Kraut oder in die fahlen Horste des überjährigen Schmielgrases drückten.

Als Jagdhelfer lebte er nicht schlecht. Kröten-Jörg nahm sich aus der Natur, was er brauchte. Fiebernd spürte er, unbekümmert von Reviergrenzen, einem Reh oder einem Wildschwein nach, wenn im „Weißen Falken" ein Wildgulasch auf der Speisekarte stehen sollte oder wenn Frau Amtsgerichtsdirektor am Samstagabend Gäste zum

Rehbraten erwartete. Und er schoss nur selten vorbei. Die Jagd hatte ihm niemand erlaubt. Aber alle wussten davon. Und schwiegen darüber. Auch Förster Simon.

Kröten-Jörg hatte dessen Leiche gefunden. Wer sonst. Am Vormittag hatten die beiden eigentlich im Forsthaus die Möglichkeiten einer Herbstjagd besprechen wollen, erzählte er. Jörg kannte die geheimen Wege und Aufenthaltsorte des Wildes und wusste, wo der mächtige Keiler im undurchdringlichen Brombeergestrüpp seine Burg hatte. Dieses Wissen brauchte der Förster, denn ein Regierungsdirektor aus dem Landwirtschaftsministerium wollte in der nächsten Woche ein möglichst großes Wildschwein schießen, und Simon war auserwählt worden, ihm eins vor die Büchse zu schaffen. Dieses Projekt hatte sich nun allerdings erledigt.

Als Jäger kannte Kommissar Rottek natürlich Kröten-Jörg und sein Schicksal. Fast alle im Ort kannten Jörg und sein Leben, das er frei von den Fesseln des Rechts führte. Niemand hatte ihn erzogen. Und das Unheil seiner Eltern hatte ihn befreit von den Spielregeln der Gemeinschaft. Es war für viele einfach so, als seien die Eltern ein Opfer gewesen, das man in jenen wilden Tagen einfach hatte bringen müssen. Wie viele andere auch, die niemals wieder nach Hause zurückkehrten, weil sie der Rachen der bösen Zeit verschlungen hatte.

In solch dunklen Tagen, so predigte es Pastor Hühnchen ihnen damals beim ersten Friedensgottesdienst, holt sich der Tod eben seine Leute. Und die Menschen der kleinen Stadt sahen es als ihrer aller Aufgabe an, dem Waisenkind Jörg durchs Leben zu helfen, denn die Zeit der Opfer war vorbei. „Schuld" war ein Wort, das man nicht aussprach in jenen Tagen und das doch alle ratlos machte.

Zudem sahen viele das furchtbare Krötengrinsen in Jörgs Narbengesicht als ein heiliges Zeichen und nicht wenige trauten ihm sogar geheime Kräfte zu. Er würde in heißem Basaltstaub baden, erzählten sich die alten Frauen schaudernd am Waschtag, und den

Staub in der Osternacht mit dem Wasser einer tief im Wald sprudelnden Ahnenquelle abwaschen. Gesehen hatte das noch niemand, aber es musste doch so sein, wenn einer so von den Mächten des Schicksals gezeichnet war.

Für Rottek war Kröten-Jörg nicht mehr als ein Sonderling und ein schlauer Wilderer. Schon manches Mal hätte er ihn vor Gericht bringen können. Er gab sich keine Mühe, seine Straftaten zu verheimlichen und spazierte unbekümmert mit einer Wildsau oder einem Reh auf der Schubkarre durch den Ort.

Aber alle verziehen ihm seine Gaunereien, und nicht selten stand sogar ein Teller mit frischem Streuselkuchen oder ein Weckglas mit Erbsensuppe auf der Treppe vor seinem Hauseingang. Rottek war sich mit Dorfpolizist Kesselring einig, dass eine Strafverfolgung Jörgs, wie so vieles damals, nicht von Interesse und nicht so dringend war.

Der Kommissar winkte Kröten-Jörg herbei. „Weißt du, was der Förster heute Nacht vorhatte?“

„Ja, aber ich werd’ es dir nicht erzählen.“

„Ich kann dich zwingen. Der Polizei muss man alles sagen.“ Rottek hielt ihm die Zigarettenpackung hin, aber Kröten-Jörg lehnte mit einem verächtlichen Wink ab.

„Ich weiß alles über euch“, flüsterte er. „Ich weiß, was nachts geschieht. Ich weiß, wer über dunkle Straßen geht.“

„Der Förster war dein Freund?“ Rottek legte ihm den Arm um die Schulter. Kröten-Jörg schwieg und schüttelte Rotteks Arm ab. Auch der besonders strenge Blick von Hauptwachtmeister Kesselring brachte ihn nicht zum Sprechen.

Kröten-Jörg hob die Hände segnend wie ein Priester. „Was im Wald geschieht, in den Wipfeln, zwischen den Kräutern und unter dem Moos, das wissen nur wenige. Ihr werdet es nie erfahren.“

Rottek holte seinen Notizblock hervor. „Jetzt mal Schluss mit deinem blöden Waldgesäusel. Wann hast du ihn gefunden? Was hast du hier gemacht? Wir können dir Schwierigkeiten machen, mein Freund. In Limburg ist letzte Woche ein Wilderer für fünf Jahre eingesperrt worden."

„Mir Schwierigkeiten machen? Mir?", wiederholte Kröten-Jörg trotzig und traurig zugleich. „Schwierigkeiten? Meine Schwierigkeiten bringen dich auch nicht weiter." Er schaute Rottek dabei in die Augen. Der konnte diesem Blick nicht standhalten. Hauptwachtmeister Kesselring stapfte zum Streifenwagen, holte etwas aus seiner speckigen Aktentasche, stellte sich vor Kröten-Jörg und hielt ihm sein Eibrot hin. „Komm", sagte er. Mehr nicht.

Ein Ausdruck echten Bedauerns überzog das Gesicht von Kesselring, als sein kostbares Eibrot innerhalb erstaunlich kurzer Zeit im Dunkel von Jörgs breitem Krötenmund verschwand. Alle drei lehnten danach rücklings am Streifenwagen.

„Und?", fragte Rottek.

Kröten-Jörg stocherte mit einem trockenen Buchenast im Farnkraut. „Es sind nachts Holzdiebe unterwegs. Sie räumen ganze Stämme ab. Diese Kerschbaums aus Weyersbusch hatte er im Verdacht. Die sieben Kerschbaums. Er wollte sie stellen. Im Morgengrauen gegen sechs kam ich hier lang, von zu Hause, und da habe ich den Förster gefunden bei meiner Morgenrunde. Dann habe ich gleich bei Bäcker Fackelmann Bescheid gesagt, dass er nach der Polizei telefoniert. So war das."

Rottek rieb nachdenklich sein unrasiertes Kinn. „Hast du vielleicht einen Schuss gehört? Oder jemanden gesehen? Hast du vielleicht ein Auto bemerkt?" Kröten-Jörg wandte das Gesicht dem unruhigen Himmel zu, schloss die Augen und öffnete den Mund. So verweilte er zehn Sekunden. „Nichts", flüsterte er dann, „nichts. Morde geschehen doch heimlich."

„Hattest du deine Waffe dabei?" Rottek blickte ihm forschend in die Augen.

„Welche Waffe?“ Er lächelte die beiden mit seinem verzerrten Krötenmund so grässlich an, dass sie sich abwandten. Ein Schwarzspecht rief klagend drüben im Buchenaltholz. Über das Gesicht der Försterleiche lief ein bräunlicher Käfer mit klammen Beinen.

„Was jetzt?“, fragte Jörg frech.

Rottek und Kesselring schauten sich unsicher in die Augen. Dann zuckten beide mit den Schultern. „Du kannst gehen“, sagt Rottek und drehte sich zu Kröten-Jörg um. Aber der war schon verschwunden.

„Irgendeine Vermutung?“ Rottek zeigte in die Richtung, in der Kröten-Jörg gerade noch gestanden hatte.

„Ich vermute nicht nur, ich bin mir sicher“, brummte Hauptwachtmeister Kesselring, „dass mein schönes Eibrot keine gute Investition in die Aufklärung des Falles war.“

Kapitel 2

„Ein Kännchen schwarzen Tee, bitte. Und einen Weinbrand." Susi Eigenherz saß im „Weißen Falken" am Wirtshaustisch unter dem großen Ölbild von einem mit zwei schweren Belgiern pflügenden Bauern und breitete eine alte Landkarte vor sich aus. „So", sagte sie zu sich selbst. „Kann losgehen hier." Sie schüttelte unternehmungslustig den Kopf, und das Blond floss über ihre Schultern auf die grobe Wolle des rosa Rollkragenpullovers. Aus einer alten, abgegriffenen Mappe holte sie einen mit Buntstiften handgemalten Plan, vielleicht so groß wie zwei Schreibmaschinenseiten, und legte ihn daneben.

„Oh, sie wollen Ausflüge machen?" Gastwirt Fettweiß stellte das ovale Tablett mit den Getränken vor ihr auf den Tisch. „Äffchen" nannten ihn die Einheimischen, wenn sie in der verräucherten Wirtsstube saßen, von der Saujagd erzählten, Skat kloppten und über Fürze lachten. „Äffchen", denn als Junge war er der beste Kletterer gewesen, der die Elsternnester im höchsten Kirschbaum aushob und der die senkrechten Kiefernstämme hochkraxelte. Die blonde Frau hatte sich gestern Abend im „Weißen Falken" einquartiert.

„Machen Sie Ausflüge in unsere schöne Natur! Wir haben eine gute Luft. Das hat der Kaiser schon gesagt, der war mal hier in den Manövern. Neunzehnhundertzehn, so die Zeit. Plötzlich ist er hier reingekommen und sein Adjutant hat gerufen: Schinkenbrote für Ihre Majestät! Meine Mutter war allein im Haus und hat einen großen Schreck bekommen, aber sie hat ihm Schinkenschnittchen gebracht. Sie hatte gerade Brot gebacken. ‚Möchte der Herr Kaiser auch ein Ei? Sie sind ganz frisch!', hat meine Mutter gerufen. Da hat der Kaiser gelacht und gesagt: ‚Madame, ihr habt hier so eine gute Luft, da brauche ich kein Ei mehr!' Wie es so war."

„Das ist ja sehr interessant", schmunzelte Susi Eigenherz und rührte in ihrer Teetasse. „Dann danke ich erst mal schön." Sie beugte sich über die Karten. Äffchen Fettweiß schaute interessiert auf das Papier. „Ach, Sie haben sich da schon ein Plätzchen eingezeichnet. Geht's zum Picknick? Wir machen Ihnen gerne was zurecht für unterwegs. Das ist Rehbeins Hafer, was Sie da eingezeichnet haben, die Stelle. Gehörte zu dem alten Mönchskloster Mariengnaden. Das ist abgebrannt gleich nach dem Krieg. Die Mönche hatten Schweine gemästet und an die französischen Besatzer Speck verkauft, Wurst und Schinken. Den Einheimischen haben sie nichts mehr abgegeben, sondern nur noch vom Jesulein gesprochen und der Herr wird euch sättigen. Dann hat es da gebrannt eine Nacht, und es stehen heute nur noch ein paar Mauern. Die Mönche sind in den Ort gekommen und haben gebettelt vor Hunger, aber die Leute haben nur gesagt: Liebliches Jesulein, der Herr wird euch sättigen. Wie es so war."

„Danke, ich komme schon zurecht", sagte Susi Eigenherz freundlich, aber knapp und deckte den handgemalten Plan beiläufig mit einer Serviette ab.

„Auf Rehbeins Hafer war ein Flüchtlingslager", fuhr Äffchen Fettweiß unbeirrt fort. „Solche Leute aus dem Osten, mit Pferdewagen. Die sind dann irgendwo bei Verwandten untergekommen und waren auf einmal weg. Da haben sich unsere Bauern die Wagen geholt. Einige stehen wahrscheinlich immer noch in den Scheunen."

„Ist gut jetzt", zischte Susi Eigenherz ärgerlich scharf. „Entschuldigung, aber das stört mich jetzt, dass Sie mir einen Vortrag halten."

Gastwirt Fettweiß drehte sich schulterzuckend um und schlurfte mühsam zum Tresen. Seine linke Hüfte wollte nicht mehr. „Verschleiß", hatte der Arzt gesagt, „nimm Dachsschmalz." Susi Eigenherz legte ihre Karten nebeneinander und verglich sie lange. Dann nippte sie am Weinbrand, holte noch einen vergilbten Brief aus der Schreibmappe und buchstabierte ihn angestrengt. Äffchen Fettweiß lehnte sich hinter den Tresen an den Gläserschrank, presste die Hand gegen die schmerzende Hüfte und schaute nachdenklich aus dem Fenster, wo seine drei Enkelkinder sich auf der Straße kreischend mit einer toten Ratte bewarfen.

Einmal, vor vielen Jahren, da wohnte schon einmal eine schöne, blonde Frau für zwei Wochen im „Weißen Falken“, die suchte nasses Land zu kaufen für Karpfenteiche. Sie hieß Claudia und war in einem hellblauen Fiat 1100 mit offenem Verdeck angekommen. Er hatte ihr spät abends noch einen Speckpfannkuchen gemacht und dann hatten sie Riesling getrunken von der Mosel.

Bis früh um vier waren sie mit dem Cabriolet durch die Nacht gefahren. „Komm mit mir. Wir sind füreinander bestimmt“, hatte sie ganz dicht an seinem Ohr geflüstert, als über Scharfensteins Kartoffelacker schon der Himmel rosa wurde. „Mein Geld reicht für uns beide.“ Aber seine Irmgard lag damals schon hilflos im Bett mit ihren entzündeten dicken Beinen, die immer schwärzer wurden und die er morgens und abends einsalben und bandagieren musste.

Die blonde Frau fuhr an einem Sonntagnachmittag wieder fort und Äffchen Fettweiß hatte lange auf der Herrentoilette geweint. Jetzt war seine Irmgard schon so lange tot, und in Gedanken fuhr er oft mit Claudia durch die Sommernacht. Er nahm ein Geschirrtuch und trocknete Gläser. „Wie es so war“, murmelte er gedankenverloren. „Wie es so war.“

Kapitel 3

Zum Forsthaus führte eine lange Birkenallee. Zwei Jagdhunde, Deutsch Drahthaar, liefen Rottek neugierig entgegen, als er auf den Hof fuhr. Die Förstersfrau stand schon auf der Steintreppe vor der Haustür, die Hände vor dem Mund gefaltet, die Augen gesenkt. Sie war eine Schönheit: dunkelhaarig, groß, schlank. Sogar in der hellblauen Kittelschürze sah sie gut aus.

„Frau Simon?", fragte Rottek nur leise und führte sie ins Haus.

„Sie sind ja ganz kalt", schluchzte sie. „Ich mach Ihnen erst mal etwas Heißes." Rottek wehrte ab, aber sie setzte Wasser auf dem Emailleherd in der Küche auf und gab zitternd Kaffeemehl in den Papierfilter. „Nehmen Sie Milch und Zucker?" Sie wartete die Antwort nicht ab, sondern sank auf einen Stuhl.

„Wo haben Sie ihn gefunden?", fragte sie mit zitternder Stimme.

„Im Kalten Grund. Er wurde erschossen."

Die Förstersfrau weinte leise in ein Handtuch. Beklemmende Minuten, die kein Ende nehmen wollten. Längst sprudelte das Kaffeewasser auf dem Herd. Rottek setzte sich ihr gegenüber an den Küchentisch, zeichnete bedächtig mit dem Zeigefinger das Margeritenmuster auf dem Wachstischtuch nach, hob ab und zu den Kopf und schaute aus dem Fenster.

Leuchtend rote Dahlien und violette Astern blühten noch in einem kleinen Beet. Dunkle Kiefern bogen sich im Wind vor dem weißblauen Herbsthimmel. Krähen flogen mit schwimmendem Flügelschlag krächzend um einen Wipfel, in dem ein Bussard saß. Am Küchenschrank ein blasses Farbfoto von den beiden Simons als junge Menschen. Sie saßen auf einem Hochsitz und lachten. „Dagmar und Bernd, Berzhausen 1951" stand auf dem vergilbten Rand.

Dagmar Simon holte ein Taschentuch aus der Schürzentasche und schnäuzte sich laut. Dann ging sie zum Herd, goss den Kaffee auf. „Gestern hat er noch ein Schwein geschossen." Ihre Stimme klang fester. „Wollen Sie es sehen?"

Rottek hatte schon viele Leichen gesehen. Auch tote Sauen. Deshalb lehnte er ab. Die Försterei hatte die einzige gekühlte Wildkammer weit und breit. Deshalb brachten die meisten Jäger ihr erlegtes Wild nach dem Ansitz hierher. Sie klingelten und Dagmar Simon schloss die Wildkammer auf. Meistens war das spät abends oder sogar nachts. Der Schlachter holte es am nächsten Tag ab.

„Was muss ich denn jetzt machen?", fragte sie hilflos. „Es kommt ja so viel auf mich zu. Und dann auch noch die Leiche. Es ist so viel zu regeln."

„War denn gestern irgendetwas Besonderes?", fragte Rottek. „Oder überhaupt: Hatte er Schwierigkeiten mit jemandem? Als Beamter hat man ja immer irgendwelche Querulanten. Ich hab was gehört von solchen Holzdieben. Diese Leute aus Weyersbusch mit den sechs Kindern, die sollen das sein. Haben Sie da was mitbekommen?"

„Im Mai hat er Kletterrosen gepflanzt, da vorne am Hundezwinger. Echte Rosen mit einem englischen Namen aus einem Katalog. Welcher Mann macht das schon? Und dann schießt man ihn tot." Sie weinte wieder, aber sie brühte den Kaffee dabei auf.

„Er hat in den letzten Wochen oft telefoniert. Öfters als sonst, glaube ich, und er hat am Telefon geschimpft. Das konnte ich hören. Es ist Holz weggekommen, viel Stammholz. Das hat ihn sehr geärgert. Und dann gab es immer wieder Schwierigkeiten mit den Jägern wegen irgendwelcher Schüsse. Wissen Sie, wer etwas zu verteilen hat, der bekommt immer Ärger. Mein Mann hat alles sehr genau genommen in seinem Beruf."

Sie verstummte und goss Rottek ein. Der Kommissar rührte nachdenklich in der Tasse, obwohl er weder Milch noch Zucker genommen hatte. Die Förstersfrau blieb am Herd stehen, schaute mit leeren Augen vor sich auf den Boden.

„Er war so einzeln", flüsterte sie halblaut. „So ein ganz einzelner Mensch, und zu mir ganz zugeschlossen. Ich hab immer gedacht: Da lebt man mit ihm, Jahr um Jahre, und dann weiß man nicht einmal, was er denkt. Wissen Sie, hier draußen im Wald, und dann mit so einem ernsten Mann, da hat man Angst, dass man das Sprechen verlernt. Für mich war er oft nur eine abwesende Amtsperson. Im Wald unterwegs mit den Arbeitern, viele Stunden auf der Jagd, am Stammtisch in der Gaststätte. Gestern? Ich habe gefüllten Wirsing gemacht mit Salzkartoffeln. Und eine schöne Specksoße dazu. Nach dem Essen ist er in den Wald gefahren und ich habe Fotos geschaut von früher. Nachts hatte ich von unserem zahmen Reh geträumt. Deshalb habe ich am Nachmittag die alten Fotos vorgeholt."

Rottek stand auf. „Sein Büro?", fragte er. „Er hatte doch eins?"

Dagmar Simon hob abwehrend die Hände. „Da durfte man nicht so ohne Weiteres hinein, das hat er sehr genau genommen." Dann lächelte sie. „Aber jetzt ist es ja egal. Er kommt ja nicht wieder."

Von des Försters Schreibtisch aus schaute man die Birkenallee entlang. Eine Wand war bedeckt mit Rehgehörnen und Wildschweinzähnen. Über der Schreibmaschine ein Damhirschgeweih. Im Regal Bücher über Forstgeschichte, über Jagdhunde, über Kanada, über Pilze. Viele Leitzordner.

Dagmar Simon stand in der Tür. „Kennen Sie das, wenn etwas für immer verloren ist?", fragte sie leise.

Rottek schaute nachdenklich aus dem Fenster. „Ich kenne es, wenn man die Welt anhalten will, weil man nicht mehr weiter weiß", sagte Rottek nach einiger Zeit, ebenso leise.

„Schussbuch und Jagdtagebuch", las er auf dem Rücken einer Kladde. Er schlug sie auf. Der letzte Eintrag, vom Tag zuvor. „Pastorentannen, ein Überläufer, 44kg, 7 Uhr 35", las Rottek. Und, mit Bleistift ganz klein darunter geschrieben: „Ein Schatten vor der Kiefernschonung." Er blätterte zurück. Häufig fanden sich in den letzten Monaten solche Einträge mit Bleistift. „Schritte hinter mir in den Buchen" stand dort in winziger, feiner Schrift. „Eine Hand im Weißdorn am Diestelberg" oder „Person in der kleinen Anpflanzung".

„Holzdiebe verfolgen einen Förster nicht. Eher umgekehrt", sagte Rottek zu sich selbst. „Warum hätten ihm die Kerschbaums nachstellen sollen?" Die wollten doch nur in Ruhe klauen.

Er hörte die Förstersfrau in der Küche hantieren. „War ihr Mann ein ängstlicher Mensch?", rief er. Sie kam und blieb wieder in der Tür des Büros stehen.

„Er war sehr ordentlich", sagte sie, „auch bei der Jagd. Gewissenhaft, das war eines seiner Lieblingswörter. Gewissenhaft. Wer nicht gewissenhaft war, den hat er abgelehnt. Deshalb hat er manchmal Jäger weggeschickt. Hier sind ja immer Jäger, die ansitzen dürfen. Da hat es so einen Schießwütigen gegeben, der im Forst zur Jagd gehen durfte. Dieser Uhrmacher war das, der mit dem roten Gesicht. Der hat neulich mal wieder ein Reh angeschossen und sich nicht um das Tier gekümmert. Am anderen Tag hat unser Birko das tote Reh zufällig im Wald gefunden. Der Förster ist wütend geworden und hat den Uhrmacher aus der Jagd rausgeworfen. Dann hat er ihn noch angezeigt, wegen Tierschutz und solchen Sachen. Der Uhrmacher muss den Jagdschein wohl abgeben. Der hat dann hier im Büro herumgebrüllt: Du Beamtenarsch, ich zeig dir noch mal, wie man richtig trifft. Und auch am Telefon hat er dauernd Ärger gemacht. Wie heißt der denn noch?"

„Diedrich heißt der." Rottek kannte ihn. Der Uhrmacher hatte ein riesiges Feuermal auf der ganzen Stirn. Man sagte, er dürfe nicht in Kinderwagen schauen, weil der Säugling sonst blutigen Durchfall bekäme. Er galt als Fachmann für alte Uhren. Alte Standuhren mit Westminster-Gong und goldene Taschenuhren, die Großväter ihren

Enkeln schenken wollten und die vorher durchgesehen werden mussten. Diedrich saß im weißen Kittel mit der Lupe im Auge viele Stunden still über seine Werkbank und die winzigen Teile der Uhrwerke gebeugt.

Aber eine unerklärliche Wut staute sich tagsüber in ihm auf. Am Tresen vom „Weißen Falken" brüllte er dann abends immer den gleichen alten Zorn heraus, schimpfte auf die vergangene Zeit, auf die Amerikaner und auf die Politik, bis sich in ihm nach einer Viertelstunde wieder Ruhe und Heiterkeit ausbreiteten. Dann drückte er in der Musibox „Im Hafen von Adano" und sang laut und glücklich mit. Es gab etliche Männer, die im „Weißen Falken" nach ein paar Gläsern laut wurden. Andere wurden schweigsam beim Trinken und verfluchten den Krieg. Uhrmacher Diedrich war auch im Krieg gewesen, wie fast alle Männer aus dem Ort. Er sprach nicht darüber. „Sonderauftrag", sagte er nur, wenn die anderen ihn fragten. Später fragten sie nicht mehr.

Wenn junge Mütter zu ihm in den Laden wollten, für ein neues Lederarmband oder wegen eines defekten Uhrenglases, ließen sie den Kinderwagen draußen auf dem Gehweg stehen und bekreuzigten sich, bevor sie hineingingen. Wegen dem Teufelsmal auf seiner Stirn. Diedrichs Frau kaufte jeden Morgen bei Bäcker Fackelmann Mohnbrötchen für ihn. „Er ist so gut zu mir", erzählte sie der Bäckersfrau, wenn sonst niemand im Laden war, „und zärtlich, zärtlich, zärtlich. Hättest du geglaubt, dass ein Uhrmacher so gut küssen kann? Und auch sonst ..."

Die anderen Jäger mochten Diedrich nicht. „Die Kugel muss raus", brüllte er, wenn sie ihm wegen seiner schlechten Schüsse und seiner Rücksichtslosigkeit gegenüber dem Wild Vorhaltungen machten. „Raus muss sie. Jagd ist, wenn's kracht." Jetzt hatte Förster Simon ihn also wegen Tierquälerei angezeigt. Diedrichs Jagdschein sollte entzogen werden, und am Tresen vom „Weißen Falken" schimpfte er so laut und böse keuchend auf den Förster und auf alle Beamten, dass der Speichel in seinen Mundwinkeln schäumte.

Gastwirt Äffchen Fettweiß versuchte, ihn zu besänftigen und redete mit seiner weichen Stimme auf ihn ein. „Aber du hast doch genug Unglück angerichtet bei den Tieren. Das kannst du keinem anderen vorwerfen. Wir wissen es alle. Ich hab das Wild doch gesehen, wenn es hier in die Küche gebracht wurde. Du hast es völlig zerschossen. Hast du denn kein Mitleid mit der Kreatur?"

Diedrich mahlte mit dem Unterkiefer und zerbröselte einen Bierdeckel in winzige Fetzen. „Wer Mitleid hat, der soll nicht zur Jagd gehen", brummte er böse. „Jagd ist Härte."

„Der Diedrich also", sagte Rottek und schaute der Förstersfrau durch zwei Türen zu, wie sie auf dem Küchentisch mühsam Quitten in Viertel schnitt. Ihr schönes Gesicht war weich und sanft geworden. Ein Mariengesicht. Er versuchte sich ein paar Sekunden lang vorzustellen, wie diese Frau auf ihren Mann schoss. Aber es gelang ihm nicht. Er hatte schon Frauen erlebt, die ihre Männer getötet hatten. Es hatte für sie keinen anderen Weg gegeben. Aber hier? Ein geordneter Beamtenhaushalt. Frieden, Harmonie und Zweisamkeit. Der Förster hatte seiner Frau sogar Rosen gepflanzt.

„Werden sie den Diedrich jetzt verhaften?", rief Dagmar Simon mit einem Unterton voll schüchterner Hoffnung in der Stimme aus der Küche. „Wenn einer so wütend ist, dann schießt er doch auch:"

„Wütend zu sein ist nicht verboten." Rottek zeigte auf das Schussbuch des Försters. „Das Tagebuch Ihres Mannes nehm ich mal mit. Kommen Sie zurecht alleine?"

Die Förstersfrau schaute ihn an und nickte. „Irgendwie war ich hier immer alleine. Wenn Sie mit einem Jäger zusammen sind, dann ist das schlimmer, als wenn ein Mann eine Geliebte hat. Die Geliebte wird ihm irgendwann langweilig. Die Jagd nie."

Fast stiegen ihr wieder Tränen in die Augen. Aber ihre Stimme wurde härter. „Diese Jäger sind mit ihrer Seele immer im Revier. Die leben in ihrer eigenen Welt. Da finden Frauen ganz oft nicht hinein. Bernd war auch so einer. Der Wald und die Jagd, die Jagd und der Wald. Dagegen hatte ich keine Chance. Deswegen muss ich mich jetzt nicht groß umstellen."

„Ich weiß", sagte Rottek. „Ich bin auch Jäger. Ich weiß. Man muss sich entscheiden."

Dagmar Simon sprach lächelnd weiter, als ob sie es nicht gehört hätte. „Und ich hab ja die Hunde. Die halten zu mir. Aber zu mir wird er ja nicht kommen, der wütende Diedrich."

Sie gingen zur Tür. Von der Seite warf Rottek noch einen Blick auf Dagmar Simon. Einen Moment lang war er versucht, sie tröstend in den Arm zu nehmen. Aber sie hob abwehrend die Hände, als ob sie es gespürt hätte. Gelbe Ahornblätter wirbelten neben der Treppe. Rottek war es, als husche ein Schatten hinter den Hartriegelbüschen in den Kiefernwald. Aber es konnte auch ein Reh gewesen sein.

„Denken Sie über alles noch einmal nach. Sie können mich jederzeit antelefonieren, wenn ihnen noch etwas in den Sinn kommt." Er wollte Dagmar Simon die Hand reichen. Aber sie zögerte.

„So einen Mord aufzuklären, das ist ja auch keine angenehme Tätigkeit", meinte die Förstersfrau mit einem heiteren Unterton in der Stimme. „Eine Leiche und so viele böse Menschen. Und immer grübeln, bis man die Wahrheit weiß. Haben Sie denn keinen anderen Beruf gefunden?"

Rottek schwieg ein paar Sekunden lang. „Ich weiß auch nicht", sagte er. „Ich glaube, es war gerade keine andere Stelle frei."

Kapitel 4

Susi Eigenherz zog knarrend die Handbremse von dem Opel Olympia an und stieg aus dem Auto. „Rehbeins Hafer" hatte Gastwirt Fettweiß die Stelle genannt, zu der sie jetzt mühsam hingefunden hatte. Auf der Motorhaube breitete sie wieder ihre Karten aus, drehte sie hin und her, schritt das Gelände ab und wischte sich nach einer halben Stunde verzweifelt über die Augen. Ein steiniger Acker, eine zerfallene Scheune und zwischen Kreuzdornbüschen dünn gewordene, vergehende Brennnesseln, die sich vom flegelhaften Herbstwind schütteln lassen mussten. Mehr konnte sie hier nicht sehen.

Ein Rotkehlchen rollte seinen melancholischen Gesang von einem hohen Holunderast über das Feld. Weit im Ort kreischte eine Kreissäge immer wieder wie eine misshandelte Kreatur auf. Noch einmal hielt Susi die mit Buntstiften handgezeichnete Karte hoch, drehte sie vor ihrem Gesicht und ließ dann die Hände hilflos sinken. Noch einmal versuchte sie sich zu orientieren, setzte Schritt für Schritt, zählte dabei und fand sogar ein Stück Mauer, das auf der Karte eingezeichnet war. Aber am Ende sank sie mutlos in das Auto, und die Federung des Opels seufzte dabei kläglich auf, als ob sie das Elend der Schatzsucherin mitfühlen würde.

Susi war sicher: Der große Koffer mit dem Familiensilber mussten immer noch hier tief unter diesem öden Feld schlummern. Die Mutter hatte ihn 1945 mit viel Glück auf der Flucht aus Westpreußen unter den Betten auf dem Pferdewagen bis hierher gebracht und dann in einer Mainacht mühsam vergraben, als sie Schüsse hörte aus dem Ort und Gebrüll. „Die Russen sind da", sagten die anderen Flüchtlinge und die Frauen versteckten sich im Wald. Es waren nicht Russen gewesen, sondern Franzosen, aber am Ende wussten sie, dass es da keinen großen Unterschied gab. Die Mutter hatte sich am anderen Morgen Buntstifte von den Kindern geborgt, um sorgfältig diese Karte zu zeichnen, mit deren Hilfe der Silberschatz wiedergefunden werden sollte, wenn die Zeiten einmal besser geworden wären.

Susi Eigenherz war schon im November 1944 mit den Wuthenows aus Westpreußen geflüchtet. Die Mutter wartete weiter mit gepackten Koffern, was geschehen würde. „Vielleicht wird ja alles doch noch gut", sagte sie immer wieder. „Es kann doch nicht sein, dass alles zusammenbricht. Ich habe doch so viel gebetet." Außerdem hatte ja der Mann mit dem Bärtchen im Radio so oft den Sieg versprochen, und wem sonst sollte sie glauben als demjenigen, für den sich ihr Mann in Frankreich von einer Granate hatte zerreißen lassen.

„Scheißsilber", hatte Susi viele Jahre lang gedacht. So oft weinte die Mutter wegen des vergrabenen Schatzes und seiner Geschichte. Nachts hatte sie es im Dunkeln in den Schränken zusammengerafft und in Bettbezügen aus dem Haus getragen. „Scheißsilber, Scheißsilber", fluchte Susi unhörbar. Der Großvater hatte das kostbare Geschirr bekommen von einem Gutsbesitzer, den der Selbstgebrannte ruiniert hatte und der, als er schon gelb vom Leberkrebs war, seine Schulden an die Nachbarn mit kostbarem Hausrat bezahlte.

So viele große Höfe und Güter im Osten waren damals zugrunde gegangen, weil die Besitzer nichts kannten außer Pferde und Jagd. Der Kaiser würde die alten Familien nicht im Stich lassen, sagten die Gutsherren und lasen im grünen Salon bei Zigarren und Cognac sorglos die „Wild und Hund". Aber plötzlich war der Kaiser weg und der, auf den sie viele Jahre später alle Hoffnung setzten, gab ihnen am Ende nichts als maßlose Trauer und den Strudel des Untergangs.

Nichts vom Wohlstand des Elternhauses hatte Susis Mutter in ihr neues Leben im Westen retten können. „Das Silber, hätte ich nur das Silber!", begannen ihre Klagen über das Verlorene und endeten regelmäßig in einem Weinkrampf, den Susi nicht ertragen konnte. Die neue Zeit verstand die Mutter sowieso nicht mehr. Sie lebte in einem Dämmer, aus dem immer wieder die Orte und Menschen der Vergangenheit auftauchten. Ihre Gegenwart war die längst versunkene Welt. Nach all der Trauer schien ihr Hirn taub geworden vor Schmerz, glaubte Susi. Und deshalb hasste sie das Silber und hasste die Vergangenheit, deren Verluste die Mutter erschütterten und lähmten. So dass auch Susis Leben an den verlorenen Schatz gefesselt schien und er ihr die Lebensschritte schwer machte.

„Scheißsilber." Susi Eigenherz brüllte es über Rehbeins Hafer. „Scheißsilber." Das Auto war voller Gerätschaften, mit denen sie den Schatz ausgraben und bergen wollte: Spaten, Seile, eine Spitzhacke, Eimer. Sie hatte sich sogar von einem Kanalarbeiter beraten lassen für die Expedition.

Die Mutter saß zu Hause in Spitzenkragen und dunkelgrüner Samtbluse heiter in ihrem Korbsessel unter der Stehlampe neben dem Radio, sprach mit unsichtbaren Besuchern, bot ihnen Mokka und Mandelhörnchen an und erzählte ihnen von dem Stutfohlen oder von der Weizenernte. „Sie müssen einmal zum Tee kommen, wenn meine Pfingstrosen blühen", hatte die Mutter neulich zu Susi gesagt. „Herbert wird ihnen auch die Pferde zeigen."

Ihr Bruder Herbert war vor fast zwanzig Jahren als Flakhelfer tödlich verunglückt, aber im von der Trauer zermürbten Hirn der Mutter waren er und viele andere Tote auferstanden. Sie lebte wieder glücklich in der guten Zeit und ihre Augen strahlten.

„Junger Herr, mein Gatte reitet um zehn Uhr aus, dann kommen Sie heimlich durch den Garten zurück und wir trinken einen Sherry", hatte sie letzte Woche augenzwinkernd zu dem Mann gesagt, der den Strom sperren wollte. Aber es gab keinen Mokka, keinen Sherry und keine Mandelhörnchen mehr. Und keinen Strom. Sondern Nudeln mit Zucker, Nudeln mit Margarine und Semmelbröseln, Nudeln mit gebratenen Zwiebeln, Nudeln mit Pflaumenmus. Das Silber, so dachte Susi, könnte sie vielleicht für eine Weile von der beißenden Armut erlösen. Einen neuen Anfang ermöglichen. Das Scheißsilber. Deshalb hatte sie die Schatzsuche mit dem geliehenen Gerät und dem geliehenen Auto unternommen. Susi Eigenherz fühlte sich müde. Unendlich müde vom ständigen Nachdenken über ihre Armut und von der Suche nach einem Ausweg.

Zu Hause jeden Morgen der Gang in das graue Büro des staubigen Baugeschäfts. Die faltigen Hände des Seniorchefs, die immer öfter über ihre Schulter und in ihren Nacken krochen. Die zotigen Witze der Arbeiter, wenn sie über den Hof ging, die gemurmelten Unverschämtheiten des dicken Buchhalters. Und kein Tag ohne Anspielungen auf ihre Herkunft: „Flüchtlinge", „die von drüben". Und, wenn ihr ein Fehler unterlief, „polnische Wirtschaft".

Zu alledem erwartete sie jeden Mittag daheim neues Entsetzen, wie zuletzt, als die Mutter in der Küche ein Chaos mit Scheuersand und Butter angerichtet hatte und sie mit den Worten empfing: „Wie war die Schule? Ich habe dir einen Kuchen gebacken!" Oder ihre neue Wäsche in den Mülleimer geworfen hatte mit der Begründung: „Da bist du doch längst rausgewachsen."

Welcher Weg führte hinaus aus diesem jämmerlichen Leben? Sie war doch hübsch und klug. Wann hörte das Unglücklichsein auf? So viele Menschen lebten jetzt gut und machten Pläne. Ihre Cousine Caroline, die jetzt für ein paar Tage bei der Mutter wohnte, hatte Schinken mitgebracht. Es war der erste Schinken, den Susi jemals gegessen hatte.

Sie schrie so laut auf, dass die Dohlen aus den Kieferwipfeln erschrocken krächzend davonflogen und ein Wildschwein aus der nahegelegenen Fichtenschonung prasselnd durchs Unterholz flüchtete. Eine entsetzliche Fratze war vor ihrem Gesicht aufgetaucht. Ein junger Mann mit einem grässlichen Krötengesicht und einem blutigen Reh auf der Schulter. Offenbar versuchte er, freundlich zu lächeln.

Aber das sah aus, als ob er sie mit seinem riesigen Maul verschlingen wollte.

„Kann ich Ihnen helfen? Brauchen Sie Hilfe?", fragte er mit brüchiger, kehliger Stimme. Unter seiner grünen Wollmütze quoll fettiges, dickes Haar hervor.

Kröten-Jörg hatte tief im Wald ihren verzweifelten Schrei gehört, mit dem sie auf das Silber fluchte. Auf das Scheißsilber. Susi Eigenherz benötigte einige Zeit, bis sie sich von dem Schock seines Anblicks erholt hatte. Der schlaksige Junge legte das tote Reh hinter das Auto in einen Busch. Er wirkte in seinen alten Militärsachen nicht unsympathisch.

„Nein, ich …", stammelte sie. Sie wollte irgendeine Ausrede anbringen, aber ihr fiel so schnell keine Lüge ein. Zudem wehte im gleichen Augenblick ein scharfer Windstoß die Papiere von ihrem Schoss aus dem Auto über das Feld, so dass Kröten-Jörg sie nur mit einiger Mühe wieder einfangen konnte. Er warf nur einen flüchtigen Blick auf die Kartenblätter.

„Haben Sie sich verfahren?", fragte er. „Wohin möchten Sie denn? Ich kenne mich hier aus." Susi winkte ab und stützte den Kopf in die Hände, müde und mutlos.

„Dann ist ja alles gut." Kröten-Jörg warf noch einen prüfenden Blick auf die zusammengesunkene Gestalt und stapfte dann mit dem Reh wieder davon Richtung Stadt.

„Warten Sie! Warten Sie!", rief Susi ihm nach. „Vielleicht …"

Kapitel 5

Rottek hatte sich für den Nachmittag mit Anita im Café Weiler verabredet. In jener kleinen Konditorei, aus deren Fenstern man auf die belebte Wilhelmstraße schauen konnte. Sie saßen an dem schmalen grauen Tisch, an dem sie vor langer Zeit schon als verliebte Schüler gesessen hatten. Viele Stunden verbrachten sie damals dort, lasen sich Gedichte vor und schauten sich in die Augen. Damals reichte das Geld gerade für ein Kännchen Kakao und ein Stück Frankfurter Kranz mit zwei Kuchengabeln.

Die dicke Frau Weiler mit der blütenweißen Schürze zerfloss hinter dem Tresen vor Rührung über das junge Glück und stellte ihnen schon mal verschwörerisch schmunzelnd ein Gläschen grünlichen Pfefferminzlikör hin. Wie gerne wäre sie auch einmal so verliebt gewesen. Ernst und traurig schaute sie ihrem wuchtigen Mann zu, der im Unterhemd einen pudrigen Sack Weizenmehl auf dem schwarz behaarten Rücken aus der Lagerkammer trug und der immer sauer roch nach Schweiß und nach Flaschenbier. Sein Liebesglück waren die speckigen Heftchen, die er hinter den Mohneimern versteckt hatte und die er nachts hervorholte, wenn ihm in der Hitze der Backöfen die spitzbusigen Frauen nicht mehr aus dem Sinn kamen.

Rottek holte die orangefarbene Zigarettenschachtel aus seiner speckigen alten Lederjacke. Sie rauchten schweigend über ihren Teegläsern und schauten aus dem Fenster. Zahnarzt Biermann parkte gegenüber mit seinem neuen Ford 17 M, und Schrotthändler Daimeling warf gerade vor Wasmuths Trümmergrundstück rostige Stangen auf seinen dreirädrigen Tempo Hanseat

So lange schon trafen sie sich in dem winzigen Café und längst schaute die alte Frau Weiler nicht mehr bewundernd auf ihr Glück, sondern legte sich auf dem kleinen Sessel hinter dem Kuchentresen das Katzenfell um die dicken, schmerzenden Knie, die ihren Körper nur noch mit Mühe tragen konnten. In einer Zeitung hatte sie gelesen, dass es vielleicht bald Ersatzgelenke aus Gummi geben würde. In Amerika würden sie schon ausprobiert. Oft, wenn es still war im Café, schloss sie die Augen und flehte leise zu Gott, dass er ihr bald die neuen Gummiknie schicken möge.

„Ein ermordeter Förster. Interessant." Anita teilte das Stück Frankfurter Kranz gerecht in zwei Hälften. Sie nahm nur halbherzig Notiz von Rotteks Kriminalfällen. Von diesen wilden Geschichten, in denen entfesselte Seelenkräfte und blutige Leidenschaften wüteten. Für ihn war die kleine Stadt und waren die Dörfer bevölkert von Menschen, von denen viele irgendwann einmal kleine Gauner oder große Verbrecher würden. „Nur eine Frage der Zeit", sagte Rottek. Und was Anita entsetzte: So oft hatte er recht.

In Anitas Blumenladen am Marktplatz war kein Platz für seine finsteren Erzählungen. Wie sollte sie lilafarbene Astern, weißes Schleierkraut und Herbstzweige mit üppigen roten Beeren zu einem schönen Strauß binden und dabei an einen zerplatzten Försterschädel denken? „Es gibt schon Freesien", sagte Anita und schaute auf die Straße, wo zwei Sperlinge an einem Pferdeapfel pickten. „Freesien duften ganz nach Frühling."

Rottek teilte ein Stück vom Kuchen ab und schaute auf ihre Hände. Anitas schöne Hände, die so rau und rot geworden waren von der Arbeit im Blumenladen und von denen immer noch dieser Zauber ausging. Dieser Zauber, der ihn atemlos machte, wenn ihre Fingerspitzen seine Haut berührten. Und diese wilden blonden Locken, die er immer vor Augen hatte, wenn er an Anita dachte.

Es war nicht gut gegangen damals mit ihnen beiden. Jahre folgten, in denen sie sich kaum noch sahen. Anita hatte sich in einen anderen Mann verliebt, einen Abschleppunternehmer mit großem gelbem

Kranwagen, und sie hatte zwei Kinder von ihm bekommen. Rottek spürte damals zum ersten Mal in seinem Leben den Schmerz, wenn etwas Großes zu Ende geht. Und diese Hilflosigkeit darüber, dass man etwas nicht ändern kann.

Nach vier Jahren war Anitas Mann mit einer anderen weggegangen, einer reichen Pferdehändlerin aus Köln. Für Anita zerbrach die Welt, und sie lebte seitdem mit den Kindern in ihrem kleinen Gartenhaus auf der Feldseite. Sie traf Rottek im Sommer beim Schützenfestumzug wieder und da war dieser Blick in seinen Augen, der in ihr wie Phosphor brannte und sie lange nicht einschlafen ließ in jener Nacht.

Es hätte damals sofort wieder neu beginnen können mit ihnen beiden. Sie verabredeten sich an einem Dienstagnachmittag in dem kleinen Café und die Augen der alten Frau Weiler glänzten vor Rührung über das auferstandene Glück, das sie zu entdecken glaubte. Aber das mit dem auferstandenen Glück war nicht so einfach gewesen. Rottek hatte inzwischen das Leben von einer anderen Seite gesehen. Er war Polizist. Ein Mann, für den Menschen so oft vom Schatten des Bösen verfolgt wurden und manchmal sogar in blutige Geschichten verwickelt waren, deren finsteren Zusammenhängen er auf der Spur war. Und die ihn verändert hatten.

Und Anita war inzwischen eine Frau, die frühmorgens Mettwurstbrote und Apfelstücke in den Schultornister ihrer Kinder packte, auf die die Trümmer ihrer Ehe immer wieder in seitenlangen Anwaltsbriefen herunterprasselten und die bei der Sparkasse bitten gehen musste, wenn das Geld nicht reichte. Sie und Rottek fühlten, dass sie zusammengehörten. Aber es war ja so leicht gewesen zu lieben damals, als sie zwanzig waren. Und so schwer, wieder zueinanderzufinden, als ihre Lebenswege längst auseinandergelaufen waren. Doch es gab dann doch wieder den Zauber jener Stunden in den Nächten, in denen sie sich umarmten, als sei es für immer und immer.

„Welche Farbe haben Freesien?“, fragte Rottek.

„Leichenlippenhellblau und Mörderkotzedunkelgelb“, sagte Anita. „Und manchmal rosa wie eine frisch gewaschene Polizistenseele.“

„Frau Weiler, verwandeln Sie dieses ungezogene Blumenfräulein bitte sofort in einen Krümelkuchen“, rief Rottek der hinter dem Tortentresen in Gedanken versunkenen Wirtsfrau zu. Frau Weiler schlug sich klatschend auf die dicken Oberschenkel und kreischte gellend auf. Ihr lustiges Mädchenlachen hatte sie schon lange verlernt.

Kapitel 6

Äffchen Fettweiß stand mit Wandermetzger Karasek im trüben Stalllicht vor dem Koben der Wirtshaussau Julchen. Julchen vertilgte genussvoll schmatzend einen Eimer Küchenabfälle, den der Wirt wie einen Abendsegen in ihren Trog gekippt hatte.

„Klappt das nächste Woche Donnerstag, halb sieben?", fragte Äffchen Fettweiß.

Metzger Karasek nickte. „Halb sieben."

Morgens halb sieben: Das war die geplante Todesstunde für die Wirtshaussau. Das jährliche Schlachtfest im „Weißen Falken" stand bevor. Seit über hundert Jahren gab es dieses wichtige Ereignis im Herbst. Sogar in der schlechten Zeit und selbst in wilden Kriegstagen hatte man damit nicht ausgesetzt. Seit Jahrzehnten war Wandermetzger Karasek mit der wichtigen Aufgabe betraut. Alle Schweine im „Weißen Falken" hießen Julchen. Manche waren besonders stattlich, manche klein, und manchmal waren es zwei. Ihre Todesstunde schlug immer am Schlachttag morgens um halb sieben.

Manchmal, in schlechten Zeiten, da war die Hausschlachtung verboten. Mit der Obrigkeit hatte man sich deswegen stets im Rahmen eines gewissen Entgegenkommens arrangieren müssen. Aber wo geschlachtet wird, gibt es Neider und Missgunst. 1918 zogen marodierende Landsturmsoldaten durchs Land und gaben sich als Marxisten vom Spartakusbund aus.

Sie rochen die Schlachtsuppe im Keller vom „Weißen Falken" und forderten unter Androhung von roher Gewalt Würste und Schinken. Mutter Fettweiß drohte ihnen mit dem hölzernen Brühpaddel, aber die angeblichen Marxisten ließen sich nicht einschüchtern und verlangten sogar noch Butter und Eier. Der kleine Äffchen Fettweiß wurde zur Hintertür hinausgeschickt, um Verstärkung zu holen. Wenig später rückte ein Dutzend kräftige Landjungen den Plünderern auf den Pelz und trieb ihnen mit Eschenknüppeln auf dem Misthaufen den Spartakismus aus. Jedes Jahr wurde beim Schlachtfest diese Geschichte unter dem gleichen dröhnenden Gelächter aufs Neue erzählt. „Wer keine Sau mehr schlachtet, hat sich aufgegeben", pflegte man in der Gastwirtsfamilie Fettweiß zu sagen. Deshalb war es sozusagen die Beschwörung ihrer Überlebensfähigkeit, wenn jeden Herbst Julchens Blut floss, wenn es nach Metzelsuppe duftete und das Kesselfleisch zu frischem Brot, zu Pfeffer, Salz und Meerrettich dampfend aus der kochenden Brühe gehoben wurde.

„Komm, wir nehmen schon mal einen", sagte Äffchen Fettweiß zu Wandermetzger Karasek, und die beiden gingen in die Wirtsstube an den Tresen. Alle Tische in dem verrauchten Schankraum waren besetzt. Fettweiß griff die Flasche mit dem Alten Lohhäuser und schenkte zwei großzügig bemessene Schnäpse ein.

„Halb sieben?", fragte er augenzwinkernd.

„Halb sieben!", antwortete Karasek, wie seit fast dreißig Jahren. Und sie kippten die Schnäpse. Äffchen Fettweiß schenkte gleich noch mal nach, obwohl Karasek energisch abwinkte. „Danach muss ich aber", drängte der Wandermetzger. „Die Welt ist voller Schweine, und die müssen tot."

Uhrmacher Diedrich stand im grauen Arbeitskittel am Tresen. Er brüllte wie fast jeden Abend seinen aufgestauten Tageszorn hinaus und bellte mit erhobenem Zeigefinger laute Beschuldigungen in die Gaststube gegen die Amerikaner. Sie hätten viele Deutsche mit Schlaganfall infiziert. „Der Ami will uns fertigmachen!", kreischte er. „Die haben neue Bakterien entwickelt, damit machen sie uns fertig! Wir kriegen alle Gehirnschlag, da gibt es kein Gegenmittel." Sein Feuermal auf der Stirn leuchtete im Hass wie Glut. Keiner hörte ihm richtig zu.

„Dein Freund ist tot!“, rief Bestatter Ellermann vom Jägerstammtisch dem Uhrmacher beiläufig zu. „Der Förster Simon, den haben wir heute Morgen abgeholt. Das war doch dein ganz spezieller Freund, Diedrich? Den hat jemand auf dem Gewissen. Den hat jemand ausgeknipst, der ihn nicht leiden konnte. Den er vielleicht mal angezeigt hat, so wie dich. Bist mal ganz ruhig mit deinem amerikanischen Gehirnschlag, Diedrich.“

Der Uhrmacher verstummte und hob beide Hände wie abwehrend vor die Brust. Aber keiner schaute ihn an. Deshalb ließ er die Hände wieder sinken, drehte sich um und starrte in sein Bierglas. Nach einer Minute wandte er sich plötzlich wieder Ellermann zu und schrie ihn an: „Und wegen der zwei Polen von eurem Mühlenhof, darüber wollte er mit dir auch noch mal sprechen. Da hatte er speziell an dich noch ein paar Fragen, Ellermann. An dich ganz allein.“ Der Bestatter winkte ab, ohne ihn anzusehen.

Kurz nach dem Krieg, da waren ehemalige polnische Kriegsgefangene durch die Gegend gezogen, hatten geplündert und sogar einen Bauern erstochen, bei dem sie gearbeitet hatten und der sie schlecht behandelt hatte. Zwei Polen sollten bei so einem Überfall auf den Mühlenhof von Ellermann und seinem Vater überwältigt, im Keller totgeschlagen und nachts im Wald vergraben worden sein. Es gab solche Gerüchte. Aber niemand wusste Genaues darüber.

Außerdem hielt es damals keiner für wichtig. „Der sanfte Schnee des Vergessens“, so nannte es Hauptwachtmeister Kesselring. Den gab es in jener Zeit. Dieser sanfte Schnee verhinderte, dass man sich länger mit Angelegenheiten befasste, die niemandem nutzten, sondern den günstigen Lauf der neuen Zeit nur aufhielten. So war es damals. Es würde ja nur wieder Ärger geben. Nutzlosen Ärger. Deshalb geriet die Sache in Vergessenheit.

Waldarbeiter hatten aber neulich nach einem Sturm bei Rodungsarbeiten Skelette gefunden, die ziemlich eindeutig den Polen zuzuordnen waren. Ihre Schädel waren eingeschlagen gewesen. Förster Simon hatte im Ort gefragt, ob jemand etwas darüber wüsste. Da erinnerte man sich an die Gerüchte von damals, an die Gerüchte von Ellermanns Mühlenhof. Und weil Bestatter Ellermann so unbeliebt war, erzählte man Förster Simon von der Geschichte und wollte mit ihm darüber sprechen. Das ging nun nicht mehr. Der Förster konnte jetzt keine Fragen mehr stellen. Jetzt, wo er in einem Kühlfach in der Gerichtsmedizin in Koblenz lag. Mit einem Küchenschuss.

„Diedrich, hör auf mit den Sachen aus der alten Zeit", raunte Äffchen Fettweiß ihm zu. „Wir haben doch alle Dreck unterm Teppich. Auch du. Was immer gewesen ist mit den Polen, die werden ja nicht mehr lebendig, wenn du hier rumbrüllst. Wie es so ist. Was weißt du denn? Warst du dabei? Also. Es geht uns doch gut, Diedrich, wir haben nix auszustehen. Es läuft doch alles. Mach es dir doch nicht so schwer."

Der Kopf des Uhrmachers erglühte plötzlich in Rottönen wie ein Schmiedefeuer. Er machte zwei Schritte auf den Jägerstammtisch zu. „Manche Polen werden wieder richtig lebendig!", brüllte er. „Ellermann, deine Toten kriegen wieder Beine, dafür werde ich sorgen! Die kriegen alle wieder Beine! Es geht uns doch gut? Wem geht es hier denn gut? Ich scheiße im Strahl darauf, dass alles läuft! Im dicken Strahl!" Er öffnete seinen Gürtel und wollte die Hose herunterlassen.

Äffchen Fettweiß sprang hinter dem Tresen hervor, packte den Uhrmacher an der Jacke und zerrte ihn aus dem Raum. „Du Sauhund, du Sauhund", keuchte Fettweiß, „bleib mir aus dem Laden jetzt mit deiner alten Scheiße. Du kommst hier nicht mehr rein, du Stinkstiefel. Lokalverbot, verstehst du? Lokalverbot!" Diedrich hob wieder die Hände, als ob ihn jemand mit einer Waffe bedrohte, zog seine Hose hoch, drehte sich wortlos um und verschwand im Dunkeln.

Das Lampenlicht dämmerte durch die Gaststube. Der ausgestopfte Wildschweinkopf und die Rehgehörne, die Schinkenhäger-Werbung und die grünen Sparkästchen schimmerten durch den mehligen Nebel der Raucher. „Brennend heißer Wüstensand“ spielte die Musikbox. Von Freddy. Die Männer vom Jägerstammtisch sangen laut und lustig statt „Wüstensand“ „Brennend heißer Würstchenstand“ und lachten. Ziegeleibesitzer Bromberger stand auf, tat so, als ob er Gitarre spielte und ergänzte knödelnd die Zeile: „Alle Würstchen sind verbrannt …“ Obwohl diese Spaßeinlage schon uralt war, lachten alle. Auch Gastwirt Äffchen Fettweiß, die Männer am Skattisch und die Invaliden vom Kriegsopferbund. „Mein Würstchen ist nie verbrannt, immer schön knusprig“, kreischte Bestatter Ellermann in die Runde. Einige Jäger kicherten. Damenfriseur Muldenschlag bestellte eine Runde Doppelte vom Alten Lohhäuser, und die Jäger brachten für ihn ein dreifach donnerndes Horrido aus. Nach Waidmannsart.

Die Jäger trafen sich hier fast jeden Abend, oft auch nach dem Ansitz. Denn Jäger müssen über die Jagd sprechen. Ihre Erlebnisse werden nur wertvoll, wenn sie sie mit einem anderen Jäger teilen können. Jagd ist eine eigene, schwierige Welt. Deshalb rotten sich Jäger auch zusammen, weil nur ein Jäger einen anderen Jäger verstehen kann.

Nur Uhrmacher Diedrich, der blieb immer allein. Er wollte sich nicht an den Stammtisch der Waidmänner setzen. „Ich bin Einzeljäger und ihr seid alles Quatschköppe“, sagte er. Schon als kleiner Junge ging er seine eigenen Wege. Als die anderen zum hundertsten Geburtstag von Otto von Bismarck den Bühnenauftritt „Wir Kinder grüßen den großen Fürst“ einstudierten, später einen Mandolinenclub gründeten oder sich mit Schaufeln und Schubkarren einen eigenen Fußballplatz auf der Karlshöhe bauten, da wollte Diedrich nicht dazugehören. Er baute stattdessen jahrelang an einer Falle, mit der man Eichhörnchen in einem Holzfass fangen und ersticken konnte. Sie funktionierte nie.

Diedrich bekam jeden Abend am Tresen seinen Wutanfall und benahm sich wie ein geifernder Kettenhund. Solch einen schwierigen, lauten Menschen mochten die Jäger nicht an ihrem Stammtisch haben. Anfangs saß er bei ihnen und schimpfte noch verhalten auf die Welt, so wie er sie sah. Aber die Jäger mochten lieber über Wildschweine, Füchse und Rehböcke sprechen und nicht über das Finanzamt, die Amerikaner oder die Sozis. Deshalb fand Uhrmacher Diedrich irgendwann seinen Platz am Tresen. Dort konnte er seinen Hass herausbrüllen und störte niemanden dabei.

Sechs Stammgäste kamen fast jeden Abend zum Jägerstammtisch. Sie erzählten bei den saftigen Wildschweinfrikadellen der alten Köchin Irmela, bei scharfem Senf und knusprigem Bauernbrot von dem, was sie auf dem Ansitz gesehen hatten, von alten Abenteuern, von neuen Waffen, von großen Taten ihrer Hunde oder den Missgeschicken anderer Jäger. Dann blickten sie für Minuten wieder schweigend in ihre Humpen. Manchmal sagte einer in die Stille „So ist Jagd", und die anderen nickten zustimmend. Dann fragte einer: „Was machen dieses Jahr die Hasen?" oder ein anderer fragte nach einem bestimmten, alten und auffälligen Rehbock, der hier und da aufgetaucht war. Ob den einer mal wieder gesehen hätte? „Alte Böcke, die sind heimlich. Die siehst du nicht", war meist die Standardantwort.

Wortführer am Stammtisch war Bestatter Ellermann. Besonders flache Zoten waren seine Spezialität. Er beschäftigte sich aber auch intensiv mit den Lebensgewohnheiten des Rehwildes und dozierte zu später Stunde nach dem achten Doppelten vom Alten Lohhäuser mit getragener Bestatterstimme weitläufig über dieses Thema, insbesondere über Besonderheiten des Rehgehörns. Bei den Schilderungen über das Brunftverhalten der Rehe ließ er seiner Neigung zu Schweinigeleien freien Lauf. Seine Witze zu diesem Thema waren in Jägerkreisen indes schon lange bis ins Detail bekannt. Den anderen Stammtischbrüdern am Tisch sank dabei deshalb bei seinen Ausführungen nach geraumer Zeit der Kopf auf die Brust. Sie gähnten ungeniert, schauten zur Uhr und riefen mitten in dem wildbiologischen Vortrag: „Äffchen, zahlen!"

Damenfriseur Muldenschlag war auf die Fuchsjagd spezialisiert. Er stellte den Füchsen mit Eifer und Bosheit nach, war ein listiger Fallenjäger und ließ aus den Winterbälgen für seine große Familie und seine Freundinnen Mützen, Muffs, Krägen, Westen und Decken anfertigen.

Nach dem Umtrunk klopfte der blonde Hüne gerne noch in der Mühlengasse bei der Schwarzen Maria an und schlug eine Dreiviertelstunde später vergnügt singend den Weg zur Wohnung über dem Frisiersalon ein, wo seine Frau noch spät am Bügelbrett stand und wo die vier Kinder längst in ihren Bettchen schliefen. „Ob blond, ob braun, ich liebe alle Frau'n", das war sein Lieblingslied. Er schmetterte es auf dem Heimweg von seinen abendlichen Vergnügungen und summte es im Friseurladen, wenn er Haare aufkehrte oder am Lederband die Klingen schärfte für den Messerschnitt.

Der sehr beleibte Ziegeleibesitzer Bromberger erzählte oft von einem Freund in der Steiermark und trug schon nach dem dritten Doppelten vom Alten Lohhäuser gerne Geschichten von der Gamsjagd vor, von der gefährlichen Pirsch auf Bären in Kanada oder von verwegenen Safaris in den glühenden Steppen Afrikas. Er erzählte spannungsgeladen, den Daumen hinter die Hosenträger geklemmt, wobei er stets von ungeheurer Dramatik erfüllt und vom jagdlichen Fieber ergriffen seine gefährlichen Abenteuer im Grenzbereich von Sein oder Nichtsein schilderte. Das enorme Doppelkinn des Ziegeleibesitzers bebte dabei heftig vor Leidenschaft und am seinem kahlen Kopf schwollen die Adern: Bromberger hatte nach seinen Erzählungen jede Gams erst nach einem dramatischen Einsatz im rauen Hochgebirge bei unwirtlichsten Wetterbedingungen erlegt, den Büffel in heldenhaftem Zweikampf oder Auge in Auge mit einem

Grizzly, den er niederrang. „Ich wundere mich, dass ich noch hier sitze", waren jedes Mal seine abschließenden Worte. Die anderen wunderten sich auch darüber, dass Bromberger trotz seiner ungewöhnlichen Leibesfülle derart athletische Leistungen vollbringen konnte. Aber sie fragten nicht nach. Bei der Jagd ist eben alles möglich. Krachend stießen die schäumenden Humpen der Waidmänner dann über der zernarbten Tischplatte zusammen und die Jäger schauten sich nickend an. Sie wussten ja, dass man bei der Jagd ständig dem Tod ins Auge blickte. Allerdings galt dies in der Regel meistens nur für das Wild und seltener für den Jäger.

Nie aber erzählte Ziegeleibesitzer Bromberger, dass er fast verhungert aus der Kriegsgefangenschaft in Sibirien gekommen war. An Heiligabend 1947 hatte er sich nachmittags nach einer monatelangen winterlichen Irrfahrt in die Küche seines Elternhauses geschleppt, als die Familie vor der Bescherung gerade für ihn betete und ihn noch im ewigen Frost von Jakutsk vermutete. Seitdem aß er. Ein ganzes Brathuhn mit Reis, fünf Koteletts mit einer Schüssel Kartoffelsalat verschlang er mühelos. Aber wenn jemand von Weihnachten oder von Heiligabend sprach, dann schoss ihm oft das Wasser in die Augen und er schluchzte lange und wehrlos. „Entschuldigt, Leute", schniefte er, „aber …"

Schmiedemeister Strübecke war der jüngste am Stammtisch. Man nannte ihn „Sankt Hubertus". Denn er spürte mit seinem kleinen Münsterländer „Rommel" jedem angefahrenen Reh und jedem schlecht geschossenen Wildschwein so lange nach, bis er es gefunden hatte und erlösen konnte. Er stellte schlechte Schützen zur Rede und redete ihnen immer wieder ins Gewissen, auf dem Schießstand zu üben, bis sie entnervt seinem Drängen nachgaben. Strübecke machte sich nicht nur Freunde damit.

Insbesondere Uhrmacher Diedrich, der als leichtfertiger Jäger bekannt war und es mit dem präzisen Schuss nicht so genau nahm, konnte ihn und seine Ermahnungen nicht ausstehen. Er griff dann in die Jackentasche und holte eine Handvoll Patronen heraus. „Such dir eine aus“, zischte er Strübecke böse zu. „Mit der treff ich dich ganz bestimmt.“

Was seine Schmiede anging, lebte Strübecke in einer großen Zeit. Zwar wurden dem Schmied immer noch Ackergäule zum Beschlagen gebracht. Aber viele Bauern besaßen schon Traktoren. Für den Preis eines kleinen Eicher Leopard mit 15 PS musste ein Landwirt sein Pferd und 15 Schweine verkaufen. Alles veränderte sich. Die kanadischen Schlepper von Massey Ferguson drängten auf den Markt. Fast jeden Monat gab es neue Agrartechnik, und ein Landmaschinentechniker wie Strübecke musste sich bewegen, um in der Branche nicht den Anschluss zu verlieren.

„Du musst investieren“, sagte der Mann von der Raiffeisenkasse zu ihm und bot ihm Riesendarlehen an. Für Strübecke hieß das erst einmal, Geld auszugeben, dass er nicht hatte. „Du lebst auf Pump“, hätte sein Vater gesagt. Das hatte es bei Strübeckes noch nie gegeben. Nachts, bei Mondlicht, saß Strübecke auf dem Hochsitz und wartete auf Sauen, die nie kamen. Aber da konnte er endlich in Ruhe über sein Geschäft nachdenken.

Auch Förster Simon war oft zum Stammtisch gekommen. Er blieb immer bis zuletzt. Simon saß schweigend vor seiner Limonade und wenn er sprach, dann klagte er über Missstände im Forst. Über Pilzsucher, Holzsammler oder über faule Waldarbeiter. Die Ordnung im Wald, das war für ihn ein Heiligtum. „Ordentlich“, das war sein Lieblingswort. Ordentlich sollte es auch bei der Jagd zugehen. Und Uhrmacher Diedrich war für ihn einer, der als Jäger nicht ordentlich war. Der in Simons Forst viel und schlecht schoss. Neulich hatte er ein Reh durch einen schlechten Schuss verletzt und das Tier gleichgültig seinem Schicksal überlassen. Simon entdeckte die Sache zufällig. Das war etwas, was ihn bis zur Weißglut wütend werden ließ. Deshalb stellte er ihn hier, im „Weißen Falken“, scharf zur Rede und warf ihn aus der Jagd. Der Uhrmacher brüllte daraufhin tagelang am Tresen gegen diese Demütigung an und bedrohte Simon. Aber der ließ sich nicht beirren.

Und dann die Holzdiebe. Die französischen Besatzer hatten ohnehin nach dem Krieg die wertvollsten Stämme gefällt und abtransportiert. Jetzt, nach fast fünfzehn Jahren, konnte Simon wieder Kiefern oder Fichten einschlagen, aber es wurde viel von dem geklaut, was am Weg zum Verkauf bereitlag. Die Hände des Försters zitterten vor Wut, wenn er davon sprach. Ständig fehlte irgendwo Holz. Manchmal war er nachts Streife gegangen. Trotzdem hatten Diebe im Schutz der Dunkelheit dicke Stämme aus seinem Forst gestohlen. Er war sicher, dass es die sieben Kerschbaums gewesen waren, aber er konnte es ihnen nicht beweisen. „Diese Kerschbaums“, knurrte er. „Diese verfluchten Kerschbaums.“

Kommissar Rottek kam nur selten zum Jägerstammtisch. Gerne hätte er öfter in der kauzigen Runde in der alten, gemütlichen Wirtsstube gesessen. Jäger hocken gerne zusammen. Sie brauchen die Gemeinschaft, weil Jagd so viel mit Gefühlen zu tun hat, die kein anderer versteht. Aber Rottek wusste als Polizist zu viel über manchen Gast, um unbefangen dabeizusitzen, wenn witzige Sprüche über die Tische flogen, wenn einer seinen Lebenskummer stumpf mit Doppelten vom Alten Lohhäuser ertränkte oder halblaut Geschichten erzählt wurden, von denen ein Kommissar besser nichts wissen sollte.

Abends, im Wirtshaus, da wurden keine Fragen gestellt. Aber wenn, dann hätte auf manche Fragen Rottek als einziger die Antwort gewusst. Da gab es schon Mal kurze, bedeutsame Blicke zwischen ihm und einem anderen im Raum. Auch am Jägerstammtisch. Und nur sie beide wussten, was dieser Blick bedeutete.

Am Nebentisch lärmten die Skatspieler und lachten dröhnend über ihre Fürze. Am Tisch vor der Garderobe schimpften die Veteranen vom Kriegsopferbund auf die schlechte Prothesenberatung bei dem jungen Orthopäden. Dort versammelten sich die gezeichneten Verlierer des Kriegs: Dünners Paul hatte statt eines Unterarms eine Prothese mit einem Haken, und an den hatte er aus Spaß einen Flaschenöffner geschraubt. Das war beim jährlichen Schützenfest immer eine große Lachnummer. Der Unterarm selbst war im Panzerturm abgequetscht worden und irgendwo in den Vogesen vermodert.

Invalide Klawitter trug stets ein schmutziges Mullkissen auf dem chronisch eitrigen Ohr. Das Souvenir einer Granatsplitterverletzung in der Flakstellung. Kleine Metallstücke saßen noch im Schädelknochen und Klawitter nahm starke Schmerzmittel. Er hatte auch einen zerschossenen Fuß und brauchte dafür einen maßgeschneiderten Spezialschuh.

Die größte Klappe von allen hatte der, den sie Stutzig nannten und dessen richtigen Namen nur Rottek kannte. Ihm fehlte ein halbes Bein. Charkow, erzählte er. In Charkow hätte der Iwan ihn erwischt. Stutzig tönte oft, er hätte die sechste Armee aus Stalingrad herausgeführt, wenn man ihn nur gelassen hätte. Aber alle wussten, dass er in Kalbslederhandschuhen auf der Leipziger Straße in Berlin herumspaziert war, als sich die Landser in Russland die Füße abfroren. Und den Unterschenkel hatte man ihm abgenommen, weil er 1949 beim Eierklauen in einem Hühnerstall in einen rostigen Nagel getreten war. Blutvergiftung.

Nach dem fünften Doppelten wurde Invalide Klawitter sentimental. Er zeigte weinend Fotos von sich als jungem Mann, auf denen er als Gitarrist der Tanzkapelle „Die Roccos“ im Kölner Gürzenich abgebildet war. Die „Roccos“ hatten damals sogar Schallplattenaufnahmen gemacht. Jetzt war es schon lange vorbei mit der Musik. In der Wehrmacht hatte man keine Tanzkapellen gebraucht. „Die haben mir mein Leben gestohlen“, schimpfte Klawitter. „Wir wurden auf dem Altar des Vaterlandes geopfert.“

„Hör doch auf“, rief Dünners Paul, „hör auf. Wir haben doch alle gekriegt, was wir verdient haben.“

Susi Eigenherz saß mit Kröten-Jörg in der Ecke, unter dem Ölbild von einem Bauern, der mit schweren Ackergäulen pflügte. Vor ihnen auf dem Tisch eine Vase mit orangefarbenen Lampionblumen. Sie hatten die Kartenblätter von dem vergrabenen Schatz auf Rehbeins Hafer vor sich ausgebreitet. „Sind Sie denn sicher, dass das Silber noch dort ist? Das da überhaupt noch was zu finden ist? Sie kennen sich doch hier aus“, fragte Susi mit einem Gesichtsausdruck, in dem keine Zuversicht, sondern nur Ungeduld lag.

Fast zwei Stunden hatten die beiden auf dem Acker herumgestochert und nach dem Silber gesucht. Dann begann es zu dämmern und Kröten-Jörg wollte weg, das erlegte Reh zu Frau Amtsgerichtsdirektor bringen. Sie hatte ihren Bridge-Freundinnen für den nächsten Abend Wild versprochen. Die beiden Schatzsucher vereinbarten deshalb, sich am Abend im „Weißen Falken“ wieder zu treffen.

„Ich wüsste es, wenn auf dem Acker jemand etwas ausgegraben hätte. In dieser Stadt bleibt nichts verborgen“, flüsterte Kröten-Jörg geheimnisvoll und versuchte ein ermutigendes Lächeln. Aber wegen seiner schrecklichen Gesichtsnarbe, die sich vom Mundwinkel bis zum Ohr hinzog, sah es so aus, als ob ein Fabelwesen eine geopferte Jungfrau verspeisen wollte. Er senkte seine Stimme zu einem dumpfen Murmeln, das Susi beeindrucken sollte. „Ich weiß alles vom Wald, und was sich unter Moos und Wurzeln verbirgt. Vielleicht bin ich ein Zauberer. Aber ich gebe mich nicht zu erkennen.“

Susi hörte nicht zu. Sie schaute an ihm vorbei auf das Bild von dem pflügenden Bauern. Kröten-Jörg versuchte in einer dünnen Hoffnung, ihren Blick aufzufangen. Das üppige Haar dicht vor seinen Augen: Soviel Blond hatte er noch nie zuvor gesehen.

In seinem Körper war etwas erwacht, das er nicht kannte. Ein Gefühl, das ihn wehrlos machte, und das ihn ihre Nähe suchen ließ, immer größere Nähe. Seine Flasche Libella-Limonade war halb geleert. Er zerkaute die Spitze des Strohhalms und suchte wieder ihren Blick, als sie ratlos in der Wirtsstube umherschaute und dann auf den runden Bierdeckel vom „Germania"-Bier starrte, den sie nervös in ihren Fingern drehte.

Lachen und Schwadronieren in der Wirtsstube übertönte das Schweigen, das zwischen ihnen stand. „Wo meine Sonne scheint und wo meine Sterne steh'n", klang es aus der Musikbox. Eine Frau sang. „... da kann man der Hoffnung Glanz und der Freiheit Licht in der Ferne sehen." Schön. Susi Eigenherz dachte an ihre Mutter, die jetzt zu Hause neben dem Radio unterm Lampenschirm im Sessel sitzen würde und vielleicht jemandem, der schon lange tot war, heiter ihr Rezept für gefüllte Rebhühner verriet. Oder das vom glasierten Schweinsbraten. Das machte sie gerne. Aber es gab ja in Wahrheit bei ihnen zu Hause derzeit nur Nudeln mit Apfelmus. Oder manchmal mit Margarine.

„Das Scheißsilber", dachte Susi. „Das Scheißsilber". Sie lächelte bitter. Kröten-Jörg deutete das Lächeln falsch und versuchte, seine Hand der ihren zu nähern. Aber im gleichen Moment schob sie energisch den Stuhl zurück und erhob sich.

„Bis morgen, Herr Jörg", sagt sie und kramte die Papiere zusammen. „Wir wollen es morgen nochmal versuchen mit der Schaufelei. Vielleicht haben wir ja mehr Glück als heute. Wenn Sie mir helfen möchten? Wir können uns dort wieder treffen. Ich werde dort sein. Wie Sie Zeit haben. Ihre Limo bezahle ich. Bis morgen." Kröten-Jörgs Blick blieb an ihr haften, als sie am Tresen bezahlte und im Treppenhaus verschwand. „Fräulein Susi", flüsterte er leise und voller Zärtlichkeit. „Fräulein Susi."

Vom Jägerstammtisch dröhnte eine Lachsalve durch den Raum. Damenfriseur Muldenschlag erzählte, dass ein flüchtendes Wildschwein bei einer Treibjagd das herbstliche Gartenfest der Sudetendeutschen gesprengt hätte. Das Kuchenbuffet sei im entstandenen Tumult umgestürzt und zwei Frauen seien in Ohnmacht gefallen. Als die Jäger wegen des Zwischenfalls zur Rede gestellt worden seien, habe er, Damenfriseur Muldenschlag, geantwortet, die Wildsau sei ja auch in gewisser Hinsicht heimatvertrieben gewesen, und habe wohl Schutz suchend ihresgleichen gesucht.

Muldenschlag erzählte wegen des großen Heiterkeitserfolgs die Geschichte gleich noch einmal, und wieder brandete eine Lachsalve durch den Raum. „Die Sau ist ja in gewisser Hinsicht auch heimatvertrieben gewesen", wiederholte Muldenschlag brüllend und prustend die Pointe. Aber diesmal lachte er als einziger darüber.

Kapitel 7

Die Uhrmachersfrau wachte jeden Morgen als Erste auf. Bevor sie aufstand, den Frühstückstisch am Fenster zu dem kleinen Garten deckte und Mohnbrötchen holte, weckte sie ihren Mann. „Diedrich, es ist Zeit", sagt sie auch diesmal sanft. Sie redete ihn nur mit Nachnamen an. Für mehr war er ihr nie nahe genug gewesen. Es kam kein wütendes Brummen als Antwort zurück, wie sonst. „Diedrich!", rief sie noch einmal und langte zu ihm herüber, um ihn wachzurütteln. Aber sie griff in etwas Kaltes, Feuchtes, und als sie auf ihre rechte Hand schaute, war sie blutig.

Uhrmacher Diedrich lag tot neben ihr in einem blutdurchtränkten Bett. Eine riesengroße Wunde klaffte an seinem Hals. Jemand hatte ihm in der Nacht die Kehle durchgeschnitten. Die Uhrmachersfrau schaute sich die Wunde ruhig und sorgfältig an. Der Kopf war seltsam weit abgewinkelt. Sie sah den weißen Knorpel des durchtrennten Kehlkopfes und in der Tiefe der Wunde etwas, das aussah wie Knochen vom Halswirbel. Das angetrocknete Blut hatte das gleiche Rot wie das Feuermal in seinem Gesicht. „Diedrich", sagte sie leise, „mein Diedrich, nun ist es vorbei."

Sie deckte den Frühstückstisch nur für sich allein. Sie zog sich die graue Strickjacke mit den gestickten Edelweißblüten über und ging eilig zum Bäcker.

„Wie immer?"

„Nein, nur zwei heute." Die Bäckerin erkundigte sich noch wegen eines neuen Armbands, aber die Uhrmachersfrau schüttelte ablehnend den Kopf und verließ das Geschäft. Wenige Sekunden später stand sie wieder in der Bäckerei. „Ich nehm' doch noch ein Puddingteilchen!", rief sie, fast fröhlich.

In der Wohnung legte sie die Bäckertüten auf den Tisch und schritt langsam durch die Zimmer. Sie schaute sich um, als sähe sie die Räume zum ersten Mal. In der Diele das Ölbild mit der Wildschweinrotte im Schnee. Die Messing-Garderobe mit seinem Jagdmantel, auf der Ablage der Jägerhut. An der Wand zwei Dutzend verstaubte Rehgehörne, eine ausgestopfte Schnepfe.

Die nahm sie und warf sie gleich mal in den Abfalleimer. „Der ganze Jagdquatsch", murmelte sie. In der Wohnstube über dem Radio eine Stickerei mit Wildenten. Daneben ein geschnitzter Jägerspruch: „Waidmannsheil und fette Beute!" Durch die offenstehende Schlafzimmertür sah sie Uhrmacher Diedrich in seinem blutigen Bett liegen mit dem leicht verdrehten Hals. Der Tote war für sie jetzt schon ein Fremder.

Seit er wieder nach Hause gekommen war nach den Jahren der schlimmen Zeit, da war er ein anderer. Ein Zerbrochener. Einer, in dem es arbeitete, wild und unkontrollierbar. Eine Kriegstrauung war es gewesen vor über zwanzig Jahren, als sie geheiratet hatten. Er trug dabei diese schwarze Uniform mit diesem winkligen Kreuz, dem Totenkopf vorn auf der Mütze und den zackigen zwei Buchstaben am Ärmel.

Der Pfarrer hatte sie wegen dieser zwei Buchstaben nicht trauen wollen. „Dann lass ich Ihnen Ihre Kirche zu Klump hauen", hatte Diedrich leise zu ihm gesagt. Der Pfarrer hatte sie dann im Rathaus getraut. Weil das keine geweihte Stätte war. Sie hatte vorher zwei große Gläser Stachelbeerwein getrunken, damit sie nicht weinen musste im weißen Kleid. Aber sie weinte dann doch. Weil die Glocken nicht für sie läuteten. „Kind, Kind, wie das wohl ausgeht", hatte ihre Mutter geschluchzt. „Wenn der liebe Gott nicht dabei ist, dann liegt kein Segen drauf."

Schneidig hatte Diedrich ausgesehen und er fühlte sich großartig dabei. Einige Leute wechselten die Straßenseite, wenn sie ihm begegneten. Diedrich ging zu ihnen und schnauzte sie an: „Haben Sie was gegen mich?“ Nein, niemand hatte etwas gegen ihn. „Wie heißen Sie? Ich werde Meldung machen!“, brüllte er einen buckligen, ängstlichen Schuster an, dem vor Schreck die Kappe vom schwarzen Haarschopf rutschte. „Früchtchen wie Sie kenne ich! Machen Sie sich auf was gefasst!“

Der Mann hatte nichts gemacht, was man ihm vorwerfen konnte. Er war ihnen nur aus dem Weg gegangen auf dem schmalen Gehsteig der Wilhelmstraße. Am anderen Morgen hing der kleine Schuster in der Koblenzer Straße von der Wiedbrücke an einem Strick. Da wusste sie in ihrem Entsetzen ganz sicher, dass die Hochzeit ein Fehler gewesen war. Und dass es mit dem Diedrich niemals gut gehen würde. Es gab ja auch diese anderen Sachen. Nachts. „Du musst es tun. Ich befehle es“, sagte der Diedrich dann und erregte sich ganz besonders dabei. Sie tat es, mit Befehl oder ohne. Egal. „Das ist eben die Liebe“, dachte sie.

Jetzt klebte sein Blut an der Wand, auf dem Boden. Blutige Fußabdrücke führten zur Terrassentür. Die stand offen. Das Holz am Schloss war gesplittert. Sie befeuchtete den Zipfel ihres Taschentuchs mit Spucke und wischte probehalber an einem verschmierten Blutfleck am Türrahmen. „Das ist wirklich eine Riesensauerei“, seufzte sie.

Nach kurzem Nachdenken kochte sie zwei Eier. Wie immer. „Heut ess ich zwei!“, trällerte sie. Die Tageszeitung durfte sie heute als Erste lesen und bekam nicht nur die langweiligen Blätter zugeteilt. Wie sonst: „Der Sport im Landkreis“.

Die Uhrmachersfrau frühstückte genussvoll. Ein fremder Geruch wehte aus dem Schlafzimmer, so wie aus einem Schlachthaus oder von einer toten Wildsau, die manchmal auf der Terrasse gehangen hatte. Sie sprühte etwas „Tosca“ aus dem Flacon in die muffige Schlafzimmerluft, schloss die Tür, verspeiste dann noch vergnügt die zwei

Eier und das Puddingteilchen, räumte den Tisch ab und ging nebenan in den Uhrmacherladen zum Telefon.

Hauptwachtmeister Kesselring nahm auf der Wache den Anruf entgegen. Er hatte gerade seinen Dienst begonnen. „Mein Mann ist tot", sagte sie ruhig und emotionslos. „Uhrmacher Diedrich."

Kesselring schwieg einige Sekunden lang. „Der Jäger?", fragte er.

„Der Uhrmacher", sagte sie.

„Brauchen Sie einen Pastor und den Bestatter?"

„Können Sie einen Detektiv vorbeischicken? Der Kopf ist ab."

„Das ist was anderes", brummte Kesselring. „Wenn der Kopf ab ist, kommt die Polizei."

Die Uhrmachersfrau faltete ihr Nachthemd zusammen und richtete das Bett. Sie staubte den Frisiertisch ab, den Kleiderschrank und wischte übermütig mit dem Staubwedel auch der Leiche durch das Gesicht.

Kapitel 8

Die Fahrt durch den morgendlichen Wald war wunderschön. Rottek konnte sich nicht sattsehen an den brennenden Herbstfarben der Buchen und am strahlenden Licht der Spätjahrsonne über der Landschaft. Er bog auf der Wambacher Höhe von der Landstraße auf einen Feldweg ab und parkte seinen grauen DKW Junior am Waldrand. Auf einer Bank setzte er sich in die warme Sonne. Rote Hagebutten im Wildrosenbusch glühten gegen den wolkenlosen Himmel. Metallblaue Schlehen leuchteten im Strauch gleich neben ihm. Wunderbare Früchte. Sie brauchten Frost, sonst schmeckten sie ungenießbar sauer. Wenn sie einmal gefroren waren, konnte man sie mit Doppelkorn zu einem guten Likör ansetzen. Oder zu einem großartigen Schnaps brennen.

Diese Stille. Wie plötzlich es im Herbst still wurde draußen. So eine feierliche Ruhe lag über der Natur. Gegenüber neben dem Birkenwäldchen standen drei Rehe und äugten zu Rottek herüber. Dann ästen sie weiter. Rottek war Jäger. Aber er würde sich in solch einem wunderbaren Augenblick nicht überwinden können, eines dieser Tiere zu schießen. Er hatte es noch nie jemandem eingestanden, aber schon oft hatte er in einem plötzlichen Gefühl des Mitleids die Waffe abgesetzt. Er wusste, dass er die Vergänglichkeit damit nicht abschaffen konnte. Und dass das Tier ohnehin irgendwann sterben würde. Vielleicht auch längst nicht so schnell und schmerzlos wie durch ein Jagdgewehr. Aber er konnte in dem Moment nicht töten.

Gab es noch mehr Jäger, die so empfanden? Keiner von ihnen sprach darüber. „Waidwerk ist eine raue Zunft", dachte Rottek. „Wir lieben unser Wild, aber wir schießen es tot. Verrückt." Gefühle. Darüber redete kein Jäger. Auch Rottek nicht. Aber in solchen Momenten wie auf der Bank am Waldrand fühlte er sich wie wehrlos gegenüber der Schönheit der Natur. Vor drei Tagen hatte er für Anita einen Rehrücken mit Steinpilzen zubereitet. Da spürte er die unendliche Schönheit der Natur nicht. Da war ihm das Reh gleichgültig. „Völlig verrückt", sagte er zu sich selbst. „Wir Jäger sind irgendwie verrückt."

Die Novembersonne verzauberte die weite, bunte Landschaft vor ihm. Die karge Landschaft, mit der er aufgewachsen war. Er wollte nie in einer anderen Region leben, nicht am Meer und nicht in den Bergen. Und vor allem: niemals in der Großstadt. Vor ihm am Wegrand verwelkte dürr und grau diese Wiesenblume, die sie Maria Bettstroh nannten. Sie blühte in rosa Rispen. Später verwandelten sich die Rispen in weißes, federleichtes Seidengespinst. Das war Maria Bettstroh.

Er lebte in der kleinen Stadt mit Menschen zusammen, von denen viele mit den Geheimnissen der Natur vertraut waren. Die die schmalen Blätter des Beinwells kannten, das Grau und Braunrot des bitteren Beifußes, die wussten, dass der milde Westwind den Frühling brachte und dass im November der erste Schnee fiel, wenn man vom Dornberg aus das Siebengebirge sehen konnte. So viele Menschen lebten noch in der Stadt aus der alten Zeit. Die noch von den Kaisermanövern berichten konnten, von den wilden Jahren nach dem Ersten Krieg, oder die Mitschüler gehabt hatten, nach deren Schicksal nun niemand mehr fragte und von denen keiner erzählte. Die jeden Samstagnachmittag den Gehweg vor dem Haus fegten und übermütig winkten, wenn ein Bekannter hupend im Auto vorbeifuhr, die frische Birkenäste an den Gartenzaun banden zum Schützenfest und denen es im Gesangverein fast die Kehle zuschnürte, wenn „Wie's daheim war" angestimmt wurde, das Lied von der großen Sehnsucht nach damals.

Rottek kannte aus seinen frühen Kindererinnerungen die Stadt noch, als Männer in erdfarbenen Uniformen durch die Straßen marschierten und vom großen Sieg sangen. Und als später die Stadt fast nur noch aus Trümmergrundstücken bestand, aus Bombenkratern und Mauerresten, in denen der Löwenzahn blühte und aus denen Birkensämlinge wuchsen.

Damals, in der Kinderzeit, spürte er keine Trauer um die zerstörte Stadt. Er war viel zu neugierig gewesen auf all das, was dann geschah. Jeden Tag ereigneten sich neue, unglaubliche Dinge: Dunkelhäutige Soldaten in ganz aufregenden Autos, mächtig donnernde Panzer, die über die Trümmerberge hinwegrasselten und Armeeangehörige, die eine fremde Sprache redeten, vor denen die Erwachsenen sich klein und demütig zeigten, und die, genau wie vorher die Erdfarbenen, brüllend Menschen aus ihren Wohnungen holten und auf Lastwagen wegfuhren. Und es gab viel zu viele wunderbar verbotene Orte, in denen man Gewehre und Patronen finden konnte, Panzerfäuste und unter eingestürzten Kellerwänden graue Uniformen, in denen noch tote Menschen steckten.

Der Vater nahm ihn an der Hand und ging mit ihm den Heuweg entlang. Er zeigte ihm das kleine Haus mit dem Gärtchen, für das er das Geld schon zusammengespart hatte und das er von seiner alten Tante Franziska hatte kaufen wollen. Jetzt lag es in sich zusammengefallen, Dachbalken ragten aus dem Schutt in den Himmel. „Volltreffer" sagten die Erwachsenen. In dem Gärtchen dahinter klaffte ein Bombenkrater, die Apfelbäume blühten, obwohl sie umgeworfen und teilweise zerfetzt waren. Die Ligusterhecke vor dem Haus grünte frisch, als habe es keinen Krieg gegeben.

Auf dem Sportplatz wuchs die Melde aus dem Schotter und ein Fußballtor war umgestürzt, weil die Balken über der Erde wegfaulten. Einmal trafen sie dort Morri Graf. Er saß unten auf der kleinen Holztribüne. Morri war ein gefürchteter linker Läufer gewesen. Jetzt hatte er nur noch ein Bein und ging an Krücken. Vater und er drehten sich Zigaretten. „Unsere schöne Stadt", sagte Morri traurig. „Führer, wir danken dir", sagte Vater, und Morri liefen beim Rauchen die Tränen die Wangen hinunter.

Für die Ziegeleibesitzerfamilie Bromberger begann damals eine große Zeit. Sie hatte sich am Stadtrand auf den Feldern Richtung Hemmelsberg ein riesiges Grundstück zusammengekauft mit einer Lehmschicht so dick wie zwei Häuser hoch, und brannte viele Hunderttausende von roten und gelben Ziegeln. Die halbe Stadt musste ja neu gebaut werden, und Jungen wie Rottek lagen hinter dem Bagger, wenn wieder eine Lehmschichte weggesprengt wurde und waren dabei, wenn der zahnlose Onkel Engelbert die Ringöfen mit Buchenholz heizte für den Ziegelbrand. Bromberger hatte Anfang der fünfziger Jahre Material gespendet für den Bau des Ehrenmals am Dornberg, das an die Gefallenen der Kriege und an die Opfer des Bombenangriffs erinnern sollte. Bei der Einweihung stand er im schwarzen Anzug auf den Basaltstufen und trug als Solist „Ich bete an die Macht der Liebe" vor. Viele Stunden später, im Festsaal vom „Weißen Falken", da schwenkte er mit roten Augen die Sektflasche wie ein Tambour und sang „Panzer rücken in Afrika vor".

Weit am dunstig blauen Horizont erhob sich der Förderturm der Erzgrube Julius. Über die Wambacher Höhe zogen Graugänse nach Südwesten. Aus dem Amterother Feld hörte Rottek leise die Schrotschüsse einer Treibjagd. Vielleicht wäre er ein andermal gerne dabei gewesen, aber diesmal war ihm Jagd so fern. Er schaute in die blendend schöne Herbstlandschaft und träumte von Anita. Er tastete mit der linken Hand auf der grün gestrichenen Holzbohle der Bank entlang und fand das Herz, das er hier einmal für sie beide eingeritzt hatte. Wie lang war das her? Zehn Jahre? Fast fünfzehn vielleicht? Früher hatte er auf dieser Bank oft mit Anita gesessen. Sie machten viele Wanderungen damals. Im Frühling, wenn am Südhang schon die kleinen Sterne des Huflattichs zwischen den allerletzten Schneeresten gelb strahlten. Im warmen Sommerwind, wenn die jungen

Bussarde über ihnen kreisten und der Weizen in knisternden Hocken auf den Feldern stand. Einmal saßen sie hier eng umschlungen die halbe Nacht, weil ein Riesenmond vor ihnen aufging und ihre Herzen entzündete mit jener Sehnsucht, die man nur mit achtzehn spüren kann. Rottek erinnerte sich an ein Gedicht, das Anita damals aufgesagt hatte: Ein Gedicht von einem Postillion, der in einer Sommernacht über Land fuhr. Nie konnte er dieses Bild vergessen.

Er hatte ihre dunklen Augen wieder so nah vor sich gesehen letzte Nacht. So nah, dass das Gefühl der Liebe ihn betäubte. Ihre Hände, die sein Gesicht streichelten und die seine Hände fanden. Eine von diesen Nächten, die nicht endeten. Sie lagen später nebeneinander und sahen den Sternenhimmel durch das Dachfenster vom Gartenhaus. Leise hörten sie die Rufe der Kraniche, die von Nordosten über sie hinwegzogen.

„Du, wir bleiben jetzt so für immer hier liegen", flüsterte Rottek. „Mal sehen, was passiert."

„So einfach ist das Leben nicht", sagte Anita heiter und ging hinunter, um im Kachelofen Holz nachzulegen. Die Nächte wurden kalt.

„Mach nicht alles so kompliziert", rief Rottek ihr nach.

Anita lief im Dunkeln wieder die schmale Treppe hoch und ließ sich lachend auf ihn fallen.

„Fräulein Mehlsack, ich verbitte es mir, dass hier auf mir herumgeplumpst wird!", keuchte Rottek.

Anita nahm seinen Kopf in ihre Hände. „Du gehörst mir. Das reicht ja wohl zum Plumpsen."

Rottek schloss eine Minute die Augen und genoss auf der Bank am Waldrand noch einmal die warmen Sonnenstrahlen auf seinem Gesicht. Dann stieg er wieder in seinen grauen Dienstwagen. Er war unterwegs nach Weyersbusch zu dieser Familie Kerschbaum. Sie sollten Holzdiebe sein. Hatten sie auch Förster Simon auf dem Gewissen? Einige im Ort trauten ihnen das zu. Aber niemand wusste etwas

Genaues über sie. Rottek kannte die Familie. „Hühnerdiebe", nannte Hauptwachtmeister Kesselring sie. Rottek wusste: Das war untertrieben. Sie stahlen fast alles, was sich stehlen ließ. Nur keine Hühner.

Tagsüber waren sie mit ihrem rostigen VW Bulli Pritsche unterwegs und kundschafteten Gelegenheiten aus. Nachts gingen sie dann auf Beutezug. Sogar der kleinste der sechs Kerschbaum-Jungen, der achtjährige Menno, hatte dabei seine Aufgabe. Wenn es sein musste, kroch er durch kleine Keller- oder Schuppenfenster und öffnete die Türen von innen. Von den großen Kerschbaums saß häufig mal einer in Koblenz im Gefängnis. Ein paar Wochen oder wenige Monate. Selten länger. Denn die Schuldfrage wurde in der Familie danach geklärt, wer von ihnen gerade keine Bewährungsfrist hatte.

Holzdiebstahl? Rottek traute es ihnen zu. Sicher. Aber Mord? Der alte Kerschbaum war in der Fremdenlegion gewesen. Algerien, so erzählte man. Ein bulliger kleiner Mann mit gewaltigen, zerschundenen Pranken. Er trug immer noch stolz sein grünes Barett der Legion und das Scharfschützenabzeichen. Jupp Kerschbaum hatte vor nichts Angst, erzählte man. Wenn ein Stier vor dem Schlachthaus zu bändigen war oder ein durchgegangenes Pferd eingefangen werden musste, dann holte man ihn. Es hieß, er könne mit bloßen Händen einen hunderter Breitflansch zurechtbiegen. Die Kerschbaums waren für viele Straftaten gut. Nur eins war sicher: Sie wilderten nicht. „Das ist was für Bauern", sagte der Alte. Rottek glaubte ihm.

Manchmal waren die sieben Männer der Kerschbaums ein paar Tage verschwunden. Nur die rothaarige Mutter sah man in der Bahnhofskneipe putzen, zu Hause die Katzen füttern oder Wäsche aufhängen. Irgendwann kam die Truppe zurück. Die Männer saßen dann tagelang vor der Tür auf der Bank, rauchten, lachten, tranken Pilsner Bier und aßen Spiegeleier. Sie hatten Geld. Mutter Kerschbaum trug dann oft ein nagelneues Kleid und ging zur Dauerwelle. Der alte Jupp putzte jeden Sonntagmorgen auf dem Hof seine hellblaue 1955er Harley Davidson und drehte damit nach dem Gottesdienst eine Runde. Das satte Knattern kannte man von weitem. „Der Jupp", sagten die Leute. „Hört mal, der Jupp ist wieder unterwegs."

Die sieben Kerschbaums saßen in ihrer schmutzigen, unaufgeräumten Werkstatt auf einer Bretterbank, auf kaputte Stühle und eine umgedrehte Bierkiste verteilt. Sie trugen alte, ölverschmierte Militärklamotten, die ihnen entweder viel zu groß oder viel zu klein waren. Von einem großen Teller nahmen sie mächtige Marmeladenbrote, als Rottek auf das Grundstück einbog. Ein Lkw-Motor lag auf dicken Bohlen, teilweise auseinandergenommen. Große Schraubenschlüssel, Zangen und eine Drahtbürste daneben auf der Erde. An den Wänden hing sortiert Werkzeug. Von einem Hudora-Reklameschild lächelte eine spärlich bekleidete Rollschuhläuferin.

Alle sahen ihn gleichmütig kauend an. „Was willst du?", knurrte der Alte und hielt ihm eine dick mit Butter und Erdbeerkonfitüre bestrichene Scheibe Weißbrot hin. Rottek nahm sie an.

„Eigentlich nichts", sagte er, biss in das Brot und nahm von dem ältesten Sohn Joschka auch noch eine nicht ganz saubere Aluminiumtasse mit Milch entgegen. „Eigentlich nichts."

„Das ist gut", brummte Jupp und schaute grinsend in die Runde. Seine sechs Söhne grinsten zurück.

Sie kauten schweigend, schauten zum Kastanienbaum, von dem die Blätter gelb wie die Finger eines Kettenrauchers zu Boden segelten.

„Sonst alles in Ordnung?", fragte Jupp. „Auch der Hauptwachtmeister gesund und wohlauf?"

„Alles bestens", antwortete Rottek. „Und? Eure Geschäfte laufen?"

„Wir sind sehr zufrieden." Jupp schmunzelte. „Du weißt ja: Wer günstig einkauft, kann gut handeln."

Rottek konnte das Lachen nicht zurückhalten. Die öligen Gesichter der sieben Kerschbaums strahlten ihn an.

„Was war denn mit dem Förster?“, fragte Rottek plötzlich ernst. „Was habt ihr mit dem?“

„Was genau?“ Der alte Jupp schaute ihm fest in die Augen. „Mit dem Förster ist immer irgendwas. Das ist so ein Korinthenkacker.“

Rottek schaute streng zurück. „Holz“, sagt er. „Ihr habt da Holz mitgehen lassen. Richtig viel Holz sogar. Der Förster ist hinter euch her.“

Die sechs Kerschbaum-Söhne sahen den Alten an. Der zuckte mit den Schultern und zündete sich einen Burger Stumpen an. Er rauchte die Zigarren auf Lunge und hustete im Minutentakt wie ein alter Kettenhund. „Holz“, sagte er. „Holz. Was ist schon Holz? Ein Streichholz hältst du dran, und es ist weg. Der Specht macht ein Loch rein, die Maus nagt an der Wurzel, der Wurm beißt sich durch den Stamm, der Wind wirft es um, und vielleicht schwimmt es mit dem Regen fort. Holz ist ein ganz unruhiger Stoff.“

„Aber dicke Stämme“, sagte Rottek, „die dicken schweren Stämme, die sind nicht unruhig. Die bleiben normalerweise im Forst, wo sie sind. Doch jetzt sind sie woanders. Verschollen sozusagen.“

Jupp sah durch die Werkstatttür hinauf zum blauen Himmel. „Herbst ist die Zeit der Veränderungen“, sagte er. „alles verändert sich. Und überhaupt: So viel ist in dieser schlimmen Zeit heute hier und morgen weg. Warum nicht auch ein Baumstamm? Gottes Rätsel sind groß, und wir können oft nur zuschauen, wie er seine Wunder tut.“ Er bekreuzigte sich.

Rottek sah ihn ernst an. „Der Förster ist tot“, sagte er. „Man hat ihn erschossen. Und es gibt Leute die glauben, dass ihr etwas damit zu tun habt.“

Der Alte schien unbeeindruckt und hustete gründlich ab. Seine sechs Söhne schauten ihn immer noch aufmerksam an. „Ja, er ist tot. Ich hörte davon“, murmelte er. „Wir sind sehr traurig. Wir haben große Holzgeschäfte mit ihm gemacht. Er war unser Freund und

Gönner, aber manchmal war er auch sehr hartherzig. Immer wollte er alles aufschreiben. Immer alles korrekt. Das hat uns manches Mal betrübt. Man muss sich doch das Leben nicht so schwer machen."

„Könntest du jemanden töten?", fragte ihn Rottek hart.

„Ja", sagte Jupp, „das könnte ich. Wenn es sein muss. Ich war so viele Jahre Soldat. Da lernt man das. Und ich sag dir, du verlernst es nie mehr."

„Und den Förster?", fragte Rottek.

„Die Frage ist nicht freundlich", meinte Jupp und schaute in die Runde seiner Sprösslinge, die fleißig Zustimmung nickten. „Das ist eine ganz unfreundliche Frage. Wir sind Geschäftsleute, wir handeln hier und da und kaufen günstig ein. Aber wir machen uns nicht Schwierigkeiten, die das Geschäft belasten. Unser Leben hier ist schön, Herr Kommissar, ein schönes, freies Leben. Das wäre doch dumm, wenn wir uns mit einem toten Förster beschweren. Vor allem weil er auch unser Gönner war. Ein Korinthenkacker, aber auch unser Freund."

„Jupp." Rottek schaute ihm hart ins Gesicht. „Halt keine Sonntagspredigt. Was war mit dem Förster?"

„Schau, Rottek." Der alte Kerschbaum kauerte sich vor ihn auf die Erde und sah zu ihm hinauf. „Schau. Der Förster war ein kluger Mann. Wir haben Holzgeschäfte gemacht. Einmal gute, einmal schlechte, und manchmal sehr gute. Meinst du, für gute Geschäfte müssen wir den Förster totschießen? Wir Sieben sind immer siebenmal schlauer gewesen als er. Nachts, bei Regen, da schnarcht er im Bett. Aber wir sind wach. Und wir sind sieben Mann. Wir haben immer bekommen, was wir wollten. Dazu müssen wir nicht schießen. Ein jeder möchte doch vom Leben seinen Vorteil? Du, ich, der Förster, alle. So läuft es in der Welt. Das muss man wissen. Jemanden totschießen für ein bisschen Holz? Ach, Rottek, du weißt ja nichts. Der Förster war unser Freund."

„Freunde können böse werden miteinander. Das weiß ich. Und dann geht es oft nicht gut aus."

„Ja, das ist so." Jupp lächelte ihn kalt an. „Ja, das ist schon mal so. Einer sagt dies, der andere sagt das, dann knallt es und einer fällt um. Das ist normal. Das kennen wir."

„Hast du keine Angst vor Beweisen? Ich finde immer was. Das weißt du."

„Beweise, Rottek, Beweise, das ist deine Welt. Ich kann nur reden. Aber du musst etwas herausfinden. Das ist der Unterschied. Komm wieder, wenn du etwas hast, das du Beweise nennst. Wir haben immer für dich Zeit."

„Mach keinen Fehler, Jupp. Denk drüber nach. Wir könnten Freunde sein. Wär doch schön."

Der Alte hustete krächzend. „Wir sind Freunde, Rottek. Freunde fürs Leben. Wenn du nur willst."

Als Rottek in der Werkstatt seine Tasse Milch austrank, fiel ihm ein merkwürdiges Quäken und Knistern auf dem Hof der Kerschbaums auf. Als er auf seinen grauen DKW Junior zuging, wurden die Geräusche lauter.

Rottek stutzte. „Ach so", sagte er zu sich selbst. Es war das Funkgerät im Dienstwagen, aus dem die ganze Zeit die aufgeregte Stimme von Hauptwachtmeister Kesselring rasselte.

„Siebzehn fünfzig kommen für siebzehn null eins. Hallo! Kommissar Rottek melden für Dienststelle."

„Siebzehn null eins kommen. Was gibt's?"

„Mensch, wo stecken Sie denn? Ich rufe schon seit einer Viertelstunde."

„Warum? Ich war bei Kerschbaums. Wegen Förster Simon. Wissen Sie doch."

„Jaja. Aber Sie müssen hier mal dringend erscheinen. Ein weiterer von Ihren grünen Freunden hat sich verabschiedet. Der Diedrich hat den Kopf ab. Sagt seine Frau. Wir sollten uns das vielleicht mal ansehen."

„Ein Jagdunfall?"

„Nein, eher zu Hause, denke ich. Wie lange brauchen Sie?"

„Viertelstunde. Bis gleich."

„Ende für siebzehn fünfzig."

Kapitel 9

Dagmar Simon fütterte die Jagdhunde. Jeder der kräftigen Deutsch Drahthaar bekam auf dem Hof eine große Schale Fleischbrühe mit Reis und gekochten Innereien vom Wild. Die Hunde fraßen gierig und geräuschvoll ihre Näpfe leer.

Liebevoll schaute die Förstersfrau ihnen zu. Sie lehnte sich mit dem Rücken an den alten Augustapfelbaum und spürte den wunderbaren, leuchtenden Morgen auf ihrer Haut. Letzte Kletterrosen blühten klein und herbstmüde am Hundezwinger. Dahlien und die Astern strahlten feuerrot, weiß und violett aus ihren Beeten.

Die Hunde hatten ihre Schalen leergefressen und legten sich vor die Steinstufen des Eingangs auf ihre alten Matten in die Sonne, schlossen die Augen, schnauften tief und schliefen ein.

Die Förstersfrau ging die paar Schritte weiter zum Holzschuppen und warf Buchenscheite in eine Schubkarre. Plötzlich schoben sich von hinten zwei blutige Hände an ihr vorbei. Sie nahmen ihr das Holzstück aus der Hand. Dagmar erstarrte, aber nur für eine halbe Sekunde.

„Solch eine schwere Arbeit für eine schöne, traurige Frau", flüsterte ihr Kröten-Jörg ins Ohr. „Da helfe ich doch gerne. Försterin, ich werde alles für Sie tun." Dagmar Simon ließ die Hände sinken. Kröten-Jörg füllte die Schubkarre mit Feuerholz und schob sie zum Dieleneingang. Die Förstersfrau folgte ihm. Ein toter Frischling lag im Gras. Den hatte er wohl hergeschleppt.

„Ist es so recht?", fragte er sanft. „Was kann ich noch tun, um den Schmerz der Witwe zu lindern?" Sie trat zwei Schritte vor, nahm ein scharfkantiges Buchenscheit aus der Schubkarre und schleuderte es Kröten-Jörg mit ihrer ganzen Kraft ins Gesicht. Das Blut schoss ihm aus der Nase und rann von den aufgeschlagenen dicken Lippen herunter. Die Hunde erwachten von dem Gepolter und registrierten jetzt erst den Besucher. Aber sie schauten nur ein paar Sekunden auf und senkten dann wieder die Köpfe. Kröten-Jörg war ihnen gleichgültig. Schon seit Jahren. Von der ersten Begegnung an.

„Es ist aus hier mit Försterin“, schrie Dagmar Simon laut und hart. „Scher dich zum Teufel, du Scheusal. Bernd ist tot, und das war's für dich. Du hast dich lange genug hier herumgetrieben. Geh in den Wald und schieß tot, was du willst. Zur Not dich selbst, du Jägeridiot. Aber komm mir nicht mehr auf den Hof. Ich muss jedes Mal fast kotzen, wenn du hier auftauchst mit deiner Affenfratze. Jetzt ist Schluss! Jetzt ist Schluss, verstehst du! Schluss!“

Kröten-Jörg schaute sie ungläubig an. Als Dagmar Simon nach einem weiteren Buchenscheit griff, hob er abwehrend die Hände, ging langsam rückwärts, hob das kleine Wildschwein auf und schritt schnell auf dem Waldweg Richtung Konopkas Fichten. Bevor er hinter den Haselnusssträuchern verschwand, dreht er sich noch mal um. „Ich weiß, was nachts geschieht“, sagte er gerade so laut, dass sie es hören konnte. „Ich weiß, wer über dunkle Wege geht. Ich könnte ein Zauberer sein. Aber noch gebe ich mich nicht zu erkennen.“

Dagmar Simon warf das Buchenscheit in seine Richtung, aber es landete dreißig Schritt vor ihm auf dem Weg. Kröten-Jörg schaute sie herausfordernd an. Als sie ins Haus lief, drehte er sich um und ging mit eiligen Schritten in den Wald. Er ahnte, dass Gefahr drohte. Keine zehn Sekunden später stand Dagmar Simon mit einer Kugelbüchse im Hauseingang und zielte auf die Stelle, wo Kröten-Jörg gerade noch gestanden hatte. Aber er war verschwunden.

Sie sicherte die Waffe und stellte sie an der Hauswand ab. Dagmar setzte sich auf die unterste Treppenstufe in die Sonne und vergrub ihre Hände in das Fell der Hunde. Ihr Gesicht war starr wie Stein. Minutenlang blickte sie vor sich auf den Schotter des Innenhofs.

Ein blauweißer Lloyd Kombi bog auf das Grundstück ein. Der Lieferwagen von Schlachter Ahrens. Ahrens stieg in seiner Metzgerjacke aus und bemühte sich um eine Miene, aus der Anteilnahme sprach. Er ging auf Dagmar Simon zu. „Beileid", sagte er, „Beileid. So ein Verlust!" Er schüttelte den Kopf. „Wie ist das bloß alles gekommen?"

„Ja, wie ist das alles bloß gekommen?", sprach sie ihm langsam nach. „Es gibt so Sachen", sagte sie schulterzuckend. „Es gibt so Sachen, die geschehen, und dann weiß man eben nicht, wie es dazu gekommen ist. Und so ist das hier auch."

„Ja, ich denke, so ist es", pflichtete Ahrens ihr bei. „Haben Sie denn schon was gehört? Ich meine, mit dem Förster, was da los war?"

„Man hört so viel." Dagmar Simon winkte ab. „Fragen Sie den Schutzmann. Der weiß alles." Die Förstersfrau ging zur Scheune und öffnete die Wildkammer. Dort hing der Überläufer am Haken, den Bernd Simon am Tag vorher noch geschossen hatte. „Hier." Sie zeigte auf das Wild. „Deswegen kommen Sie ja wohl."

„Ja genau." Ahrens schulterte das Schwein und warf es in den Laderaum seines Lieferwagens. Jetzt, im Herbst und im Winter kaufte er den Jägern viel Wild ab.

„Wir rechnen dann später ab", sagte er geschäftsmäßig. Er schlug die Hecktür des Lloyd LS 600 zu, kratzte sich die unrasierte Wange und überlegte angestrengt, was er der Witwe noch sagen könnte. „Traurig", murmelte er und senkte den Kopf.

„Frau Simon, es ist einfach so traurig, das alles." Sie antwortete nicht.

Ahrens wurde immer verlegener. Mühsam quetschte er sich noch ein paar Worte ab. „So oft war ich hier bei Ihnen, und jetzt das."

Dagmar Simon schaute dem Schlachter fest in die Augen. „Und jetzt das. Wollen Sie reinkommen?"

Ahrens nickte unsicher. Sie gingen die Stufen hoch. Als sich an der Tür ihre Schultern berührten, legte sie den Arm um seine Hüfte.

Kapitel 10

Die Frau des Uhrmachers hatte mit einem dicken Stift ein Stück Karton beschriftet und heftete es von innen an die Ladentür: „Heute geschlossen.“ Dann ging sie wieder in die Wohnung, wo Kommissar Rottek und Hauptwachtmeister Kesselring im Schlafzimmer neben Diedrichs Leiche standen.

„Da hat sich einer aber richtig Arbeit gemacht.“ Rottek schaute sich die tödliche Wunde aus der Nähe an.

„Der Diedrich hat doch sicher noch gezappelt. Aber es ist ja kaum was zerwühlt.“ Hauptwachtmeister Kesselring zog das blutige Federbett von dem toten Uhrmacher herunter. Nichts deutete darauf hin, dass hier möglicherweise ein Kampf stattgefunden hatte. Diedrich lag mit Wollsocken an den Füßen auf dem Rücken wie ein friedlich Schlafender, die Hände unter der Bettdecke.

„Wenn dir jemand die Kehle durchschneidet, dann zappelst du doch“, meinte Kesselring, fast empört. „Jeder normale Mensch zappelt, wenn er so ermordet wird. Früher oder später jedenfalls. Aber der Diedrich. Das war eben so ein Querulant. Bei dem wundert mich überhaupt nichts.“

Rottek schaute zu der Frau des Uhrmachers, die schüchtern mit gefalteten Händen neben dem Frisierspiegel stand. „Haben Sie was gemerkt? War ihr Mann mal besonders unruhig letzte Nacht? Oder sonst irgendwas?“

„Nein“, sagte sie, „er hat zum Schlafen immer was eingenommen vom Arzt. Wegen der Psychologie, das stand mal auf einem Zettel. Ohne Tabletten ist er die ganze Nacht herumgewandert. Manchmal saß er im Dunkeln am Küchentisch und hat geweint. Sachen von früher gingen ihm im Kopf rum.“

Rottek fotografierte das Bett, die Leiche, die Fußabdrücke und die blutverschmierte Terrassentür. Fast hätte er sich dabei seine alte speckige Lederjacke mit dem Blut des Uhrmachers beschmutzt. „Haben Sie denn wirklich nicht mitbekommen, dass hier aufgebrochen wurde?"

„Die Tür ist schon seit vielen Jahren kaputt. Die konnte man mit einem Küchenmesser aufhebeln. Das Holz ist morsch. Der Diedrich hat nichts mehr machen lassen am Haus. Es ist ja kein Geld mehr übrig gewesen in den letzten Jahren. Und wenn was übrig war, hat er es für die Jagd ausgegeben oder ins Wirtshaus getragen."

„Dass Sie nichts gehört haben in der Nacht, Frau Diedrich? Das frag ich mich. Da bricht jemand ein und schneidet Ihrem Mann die Kehle durch. Und Sie kriegen nichts davon mit?"

„Ich schlaf immer gut. Wenn Sie mit so einem Mann zusammen sind, dann müssen sie wenigstens gut schlafen."

„Mit so einem Mann?"

„Sie kennen ihn alle. Sie sind doch auch Jäger. Da weiß man doch über so einen Bescheid. Der Diedrich, den kennt man doch. Das war nicht einfach mit dem, sag ich Ihnen. Der hat sich so gequält mit sich selbst. Die Sachen von früher. Was die Vergangenheit mit einem Menschen machen kann, das glaubt man nicht."

„Frau Diedrich, ich weiß nur, dass er als Jäger viel Ärger gemacht hat. Aber das war weniger die Vergangenheit als seine schlechten Manieren. Wenn ich das jetzt mal so sagen darf. Mein Eindruck ist das jedenfalls."

„Es hängt eben alles irgendwie zusammen. Wenn einer schwierig ist, dann hängt das mit diesem und jenem zusammen. So muss man das sehen. Aber das hilft ihm jetzt auch nichts mehr."

Hauptwachtmeister Kesselring stellte sich an die Schlafzimmertür und schaute streng durch den Raum. „War der Arzt da, Frau Diedrich?"

„Welcher Arzt? Meinen Sie, man kann noch was machen?“

„Nein, wegen der Leichenschau. Dass er tot ist, das müssen sie schriftlich haben.“

„Das genügt mir eigentlich so, Herr Hauptwachtmeister. Dafür brauche ich keine Bescheinigung.“

„Gute Frau, das ist alles geregelt. Einfach so tot, das gibt es nicht. Dafür brauchen Sie ein Formular. Rufen Sie mal den Doktor. Dass er sich das ansieht und so eine Bescheinigung ausstellt. Vorher ist der Diedrich nicht tot.“

Sie nickte und verschwand schnell im Laden. Man hörte sie telefonieren.

Rottek und Kesselring schauten sich an. „Schon wieder so ein Ding“, sagte Rottek. „Was meinen Sie dazu?“

„Wieder ein Jäger. Jetzt haben Sie schon zwei Freunde weniger.“ Kesselring zog die Augenbrauen hoch. „Zufall?“

„Wer sollte hier etwas gegen Jäger haben? Außer Ihnen. Sie sind ja der Feind aller Waidmänner. Aber wie ich Sie kenne, haben Sie für diese Nacht ein Alibi.“

„In dieser Stadt schläft man nachts“, meinte Kesselring. „Und wer nicht schläft, ist verdächtig.“

„Ein Mord. Noch ein Mord. Ich versteh das nicht.“ Rottek schaute ratlos aus der Terrassentür.

„Sie sollen es ja nicht verstehen, sondern es aufklären“, sagte Kesselring. „Wir legen erst mal eine schöne Akte an. Das ist schon der erste Schritt zum polizeilichen Erfolg. Dann machen wir kernige Vernehmungen und das Netz zieht sich zu. Am Ende sperren wir den Täter schön ein, reichen uns die Hände und trinken einen Schnaps.“

„Höhö“, machte Rottek. „Was reden Sie da? Ach ja, Sie hatten Ihr Eibrot noch nicht. Wird Zeit. Das Hirn schwächelt.“

„Stimmt. Vor lauter ermordeten Jägern vernachlässige ich meine Ernährung. Das Eibrot wartet schon auf mich. Wird Zeit.“

Die Uhrmachersfrau kam vom Telefonieren zurück.

„Der Doktor kommt", sagte sie leise. „Er hat etwas Unanständiges gesagt."

Kesselring schaute grimmig. „Was hat er denn gesagt?"

Sie schluchzte. „Er hat gesagt, wenn der Diedrich wirklich tot ist, dann schickt er mir ein Glückwunschtelegramm."

Kesselring mahlte mit dem Unterkiefer. „So ein Arschloch. So eine miese Ratte."

Rottek untersuchte das Schloss der Terrassentür. „Alles verrottet. Hier kann ich ja so die Schrauben rausziehen", rief er. „Frau Diedrich, das müssen Sie mal richten lassen."

Sie schaute sich im Frisierspiegel an. „Ich lass hier gar nichts mehr richten", sagte sie. „Ich kann Ihnen mal sagen, wie unser Konto aussieht. Da muss ich froh sein, wenn ich das Geld für die Beerdigung zusammenbekomme."

Die graugetigerte Hauskatze lief zur Terrassentür herein, strich ihr um die Beine und sprang aufs Bett. Sie schnupperte interessiert an Diedrichs Blut, versuchte daran zu lecken. „Nein, Miezi, nein, das ist pfui", rief die Frau.

Die Katze kletterte vorsichtig über die Leiche und windete an der Wunde. „Miezi, das ist pfui!", rief die Uhrmachersfrau noch einmal. Hauptwachtmeister Kesselring griff die Katze im Nacken und warf das fauchende Tier durch die Terrassentür ins Freie.

„Der Diedrich hat die Katze überhaupt nicht gemocht", sagte die Uhrmachersfrau und lächelte. „Aber sie hat ihn geliebt. So ist er gewesen. Gefühle hat er nicht gewollt. Die hatten keinen Platz in seiner Welt. Liebe, das Wort hat er niemals ausgesprochen. Ich habe mir das in den letzten Jahren so sehr gewünscht. Ich habe bei mir gedacht: ‚Diedrich, du machst es dir selbst so schwer. Aber sag doch einmal das Wort zu mir, nach all der Zeit. Sag einmal Liebe. Ich habe doch auch für dich gelebt.' Aber er kannte das Wort nicht. Ich habe es nie von ihm gehört. Dann habe ich am Ende gedacht: Diedrich, du lebst da und ich lebe hier. Bis zum Ende. So ist es gewesen. Darf ich so zu Ihnen sprechen, Herr Kommissar? Darf ich solche Sachen sagen? Frauen reden ja eher schon mal über so etwas. Oder bin ich jetzt schon durcheinander?"

„Haben Sie ihm denn einmal das Wort gesagt, Frau Diedrich? Haben Sie mit ihm über Liebe gesprochen?"

„Nein, Herr Kommissar. Ich denk immer: Viel reden ist auch nicht gut. Je mehr man redet, umso weniger hören einem die Leute zu."

„Aber Frau Diedrich, einer muss doch den Anfang machen. Wie soll das gehen, wenn immer einer darauf wartet, dass der andere anfängt?"

„Das ist ja ein richtiges Verhör, Herr Kommissar. Wissen Sie, ich kenn mich da auch nicht mehr aus. Ich glaube, wir haben alles falsch gemacht. Aber jetzt ist es auch egal."

„Es ist nicht egal, Frau Diedrich. Sagen Sie es ihm jetzt noch. Wenn wir aus dem Haus sind, dann können Sie es ihm sagen. Bevor er für immer geht, müssen Sie es ihm sagen. Das Wort. Liebe. Können Sie das?"

„Ich bin froh, dass es zu Ende ist, Herr Kommissar. Das werde ich ihm sagen. Nur das."

Draußen näherte sich der Lärm einer Fahrradklingel. „Alarm, Alarm", rief Doktor Rotgold aus dem Laden. Er schaute erstaunt auf die Leiche. „Das sieht nicht nach einer natürlichen Todesursache aus", grinste er.

Dann nahm er die Hand des Toten und fühlte den Puls. „Ich muss hier jetzt hippokratisch tätig werden." Er wollte mal wieder auf seine Art witzig sein. Aber niemand reagierte.

„Können Sie etwas über die Verletzung sagen?", fragte Rottek trocken.

Der Doktor wollte als Antwort wieder einen flapsigen Spruch loswerden, aber der bitterböse Blick von Hauptwachtmeister Kesselring ließ ihn verstummen. Er beugte sich über die Wunde.

„Da hat einer wohl zwei Mal zugeschlagen“, meinte er. „Mit einem Schwert oder einer Machete. Oder ein großes Messer. So was in der Richtung. Das ist ganz schnell gegangen. Hier: Der Nackenwirbel ist auch fast durch. Das Opfer hat wahrscheinlich nichts gemerkt davon. Wirbelsäule zerhackt, Feierabend.“

„Zappelt so einer noch?“, fragte Rottek.

„Glaub ich nicht. Da gibt es vielleicht manchmal noch so Reflexe vom Rückenmark, solche Überbleibsel aus ganz frühen Entwicklungsstadien der Lebewesen. Habe ich mal gelesen. Aber dass einer da noch eine große Abschiedsvorstellung gibt, das erscheint mir nicht möglich. Der Diedrich, der hat sich nicht mehr gemuckst.“

Die Uhrmachersfrau schaute den Arzt mit großen Augen an. „Und der Kopf, Herr Doktor?“, fragte sie mit dünner Stimme. „Merkt denn der Kopf, dass er ab ist? Dass er mir vielleicht noch Lebewohl gesagt hat in Gedanken?“

„Das müssen Sie den lieben Gott fragen oder den Diedrich, falls Sie ihn da oben wiedersehen wollen. Wenn er jetzt noch etwas hören könnte, würde ich ihn beschimpfen, weil er mir letzte Woche auf dem Heimweg von der Kneipe in den Blumenkübel gepinkelt hat. Die Geranien sind inzwischen eingegangen.“

Kesselring griff den Doktor hart am Arm und zog ihn aus dem Raum. „Machen Sie ihren Papierkram fertig und dann raus“, zischte er ihm zu. „Sie sind ein dämlicher Komiker.“

„Ich weiß“, sagte Rotgold. „Ich weiß. Ich bin das größte Arschloch der westlichen Hämorrhoide! Das höre ich häufiger!“ Sein dumpfes Lachen war noch aus dem Laden zu hören. Ein Rascheln der Formulare, dann schlug die Tür zu. „Alarm, Alarm“, rief er draußen und lärmte im Wegfahren mit der Fahrradklingel.

„Was jetzt?“, fragte die Uhrmachersfrau.

Rottek und Kesselring schauten sich an.

„Wollen Sie noch mit ihm allein sein?“, fragte Rottek.

„Nein. Ich war lange genug mit ihm allein. Über zwanzig Jahre.“ Tränen standen in ihren Augen, aber sie wischte sie nicht fort. „Ich möchte gerne diese Sauerei wegmachen“, sagte sie sachlich und zeigte auf das Blutbad in Diedrichs Bett.

„Haben Sie jemanden, zu dem Sie heute Abend gehen können?“, fragte Rottek. „Über Nacht?“

„Nein, ich brauche keine Betreuung.“

Die Uhrmachersfrau winkte ab. „Wenn der Diedrich hier erst mal raus ist, dann komme ich zurecht.“ Sie schaute Rottek ein paar Sekunden lang hilfesuchend an. „Wegen der Jagdsachen. Sie sind doch auch Jäger. Wissen Sie da jemanden? Oder was man damit macht? Und dieser ganze Knochenkram.“

„Sind das keine Andenken an ihn?“, fragte Rottek. „Er war doch ein passionierter Waidmann. Da wollen Sie doch bestimmt ein jagdliches Andenken zurückbehalten?“

„Herr Kommissar, ich habe schon viel zu viele Andenken an ihn. Die gemeinsame Zeit, die Gute und die Schlechte, das wird man ja nicht mehr los. Aber dafür brauche ich keine Souvenirs. Die hindern einen nur am Vergessen.“

„Frau Diedrich, nachher kommen noch Kollegen von uns, die hier Fingerabdrücke suchen und so was. Dass Sie bitte vorher nichts saubermachen. Das ist wichtig. Und wegen der Jagdsachen, da kümmere ich mich mal drum“, sagte Rottek. „Das eilt ja nicht.“

„Doch, es eilt“, sagte Frau Diedrich.

Bestatter Ellermann stand in der Tür. „Halali, Jagd vorbei!“, rief er. „Jetzt wird’s aber voll in unserem Jägerhimmel!“

Er trat an Diedrichs Bett. „Oh“, sagte er. „Oh. Gerichtsmedizin Koblenz?“

„Gerichtsmedizin Koblenz", sagte Rottek.

Ellermann konnte den Blick nicht von der Leiche wenden. Er zeigte auf die Wunde und feixte: „So was hatten wir noch nicht. Hat sich da einer beim Skalpieren vertan?"

Keiner lachte. „Sehr witzig!", knurrte Hauptwachtmeister Kesselring und versuchte, den Bestattungsunternehmer mit einem besonders grimmigen Blick zur Ordnung zu rufen. Aber Ellermann wandte sich ab und grinste nur.

„In manchen Betten geht es eben wilder zu als in anderen!", johlte er seinem Gehilfen zu, als sie den Sarg heraustrugen. Auf der Straße brüllte er den Spruch noch einmal, und sein meckerndes Lachen war noch zu hören, als Frau Diedrich lange und kummervoll über dem blutige Bettzeug seufzte.

Kesselring sah ihm nach. „Ihr Jäger seid alle Bestien", sagte er.

„Ich auch?", fragte Rottek und hielt ihm die Zigarettenschachtel hin.

„Wenn einer Jäger wird, dann hat er vorher schon einen Knacks."

Sie gingen durch die aufgebrochene Terrassentür ins Freie und rauchten.

„Wenn einer Wachtmeister wird, auch", sagte Rottek. Sie schauten sich ein paar Sekunden lang an. Dann platzten sie beide lachend heraus.

„Ich hab noch einen guten Nussschnaps im Schreibtisch", sagte Kesselring. „Den sollten wir nachher mal verkosten.

Sie suchten draußen noch lange nach Spuren. Die blutigen Fußspuren verloren sich im Garten. Eine Tatwaffe war nicht zu finden.

„Fertig hier?", fragte Kesselring und schob sich die grünweiße Mütze aus der Stirn.

„Für heute jedenfalls", sagte Rottek. „Was das wohl noch wird."

Sie gingen hinunter in die Waschküche. Frau Diedrich rührte Seifenlauge in einer Zinkwanne an.

„Das können Sie sich merken für das nächste Mal“, erklärte sie und wischte sich die Haare aus dem Gesicht. „Blutige Sachen erst kalt einweichen. Nur lauwarm waschen. Nicht kochen. Die werden sonst nie sauber.“

Kapitel 11

Kröten-Jörg marschierte wie in Trance durch den Wald. Den Frischling hielt er am Hinterlauf gepackt und zog ihn hinter sich her. Die Frauen vom Rommé-Club „Pik Dame", die dem blutbesudelten Mann mit dem toten Tier auf ihrem Morgenspaziergang begegneten, liefen entsetzt kreischend davon. Zwei Jungen aus Wambach saßen auf einer Böschung und schnitzen sich Pfeile. Sie kannten ihn. Der eine schoss sogar mit dem Flitzebogen einen Pfeil auf Kröten-Jörg ab, ohne ihn zu treffen. Der nahm keine Notiz davon. Er spürte auch nicht den Schmerz der Verletzungen in seinem Gesicht.

Kröten-Jörg hatte am Tag zuvor in den Stunden mit Susi Eigenherz zum ersten Mal diese wunderbare Nähe einer Frau gespürt. So eine selbstverständliche Nähe. Er hatte gefühlt: Ich hab etwas Wunderbares gefunden. Und gedacht: Wenn man freundlich ist, so wie die Schlagersänger im Radio, dann ist es wahrscheinlich bei allen Frauen so. Man muss höflich sein und nett, dann ergibt sich Zuwendung von Frauen. Das hatte er gelernt.

Aber schon bei Dagmar Simon war es ganz anders gekommen. Er wusste, sie war ein ganz ungewöhnlicher Mensch. Klug und vielleicht sogar gefährlich. Aber sie war schön. Und wenn er freundlich war, würde ihm vielleicht diese Schönheit gehören. Und er dürfte auch ihre Nähe spüren, diese aufregende, prickelnde Nähe. Aber so hart und böse wie sie hatte ihn nie zuvor ein Mensch behandelt. Er, Jörg, war doch der Herrscher hier im Wald. Der sogar ein Zauberer sein könnte. Der anderen Lebewesen Wunden zufügte, der tötete, der alles wusste und der Geheimnisse kannte.

Förster Simon war der einzige Mensch gewesen, mit dem er über seine Geheimnisse sprechen konnte und dem er vertraute. Sie waren die beiden Waldkönige. Das sagte er oft zu sich selbst: „Der Förster und ich, wir sind die Waldkönige." Oft hatten sie beide auf der Bank unter dem Birnbaum gesessen an dem groben Eichentisch und von der Jagd gesprochen. Von den Rehkitzen im Frühsommer, vom Habichtshorst und von den vielen Kaninchen.

Manchmal zog im Herbst ein einzelner Damhirsch durch den Forst. Kröten-Jörg fand seine Fährte und wusste, wo er im Erlenwäldchen seinen Einstand hatte. Stundenlang wartete er, bis der Hirsch am Nachmittag auf die Brandschneise trat und er ihn beobachten konnte. Damwild war nicht oft im Revier. Aber an der Forstgrenze war der Brunftplatz, dort hörte man im November ihre seltsamen Rufe, mit denen sie die weiblichen Tiere anlockten.

Im September erst war ein alter Damhirsch über die Gerstenstoppel gezogen. „Schießen Sie ihn?", hatte er den Förster gefragt. „Ich führe Sie hin."

„Vielleicht", sagte Simon müde, „ich hab noch so viel Arbeit im Büro. Oder besser nicht. Ist mir egal." Am anderen Tag fiel ein Schuss, den niemand hörte. Auch der Förster nicht. Kröten-Jörg mühte sich am Abend über die Kreisstraße mit einem schweren Wildkörper auf der Schubkarre. Und auf der Speisekarte vom „Deutschen Hause" in Rodenbach stand danach wochenlang „Hirschbraten".

„Du bist ein Satan", hatte der Förster zu Kröten-Jörg gesagt. „Wenn sie dich mal erwischen, dann bin ich auch dran." Sie tranken einen Korn auf das Waidmannsheil und Kröten-Jörg verschwand wieder im Wald.

Er hatte gedacht, es würde sich nach seinen neuen Erkenntnissen vielleicht jetzt etwas ergeben mit der Förstersfrau, etwas mehr als nur Nähe. Weil er so freundlich war. Sie aber schleuderte ihm ein Holz ins Gesicht. Wie konnte jemand so böse zu ihm sein?

Kröten-Jörg trottete über eine Stunde durch den Forst. Plötzlich hörte er von weitem eine weibliche Stimme rufen. „Hallo, hallo, Herr

Jörg! Was ist mit Ihnen?" Susi Eigenherz stand vor ihrem Opel Olympia auf Rehbeins Hafer und studierte immer noch verzweifelt und fluchend den Plan des vergrabenen Silberschatzes. Höchstens mit Kröten-Jörg, das war ihr inzwischen klar, würde sie hier noch weiterkommen. An das Silber glaubte sie fast schon nicht mehr.

„Aussichtslos." Dieses Wort hatte sie in der Nacht ein paarmal zu sich selbst gesagt, als sie in dem muffigen Wirtshausbett aufwachte. „Aussichtslos." Wahrscheinlich würde sie maßlos enttäuscht nach Hause fahren in das trostlose Leben mit der Mutter, die nur noch in ihrer Vergangenheit lebte und daraus nicht mehr zurückfand. Die mit Scheuerpulver und dem letzten Ei im Schrank Kuchen buk und aus dem Wohnzimmerfenster segnend die Erntedankansprache an Knechte und Mägde hielt, bis unten eine johlende Menge von Straßenkindern ihr Beifall klatschte.

Kröten-Jörg blieb stehen. Dann schritt er langsam auf den Acker zu, wo Susi Eigenherz ihn entgeistert anschaute. „Oh Gott", rief sie, „oh Gott, Sie sind ja schwer verletzt! Haben Sie mit dem Wildschwein gekämpft?"

Kröten-Jörg ließ den Frischling fallen. „So ungefähr", sagte er leise. „Ja, so ungefähr." Er nahm ein Büschel vom taunassen Gras und tupfte sich die aufgeplatzten Lippen.

„Ich fahre Sie zum Arzt", meint Susi, aber Kröten-Jörg winkte ab. „Das sind nur Schrammen", brummte er. „Kein Arzt."

Auf dem Fahrweg stand eine große Regenpfütze. Kröten-Jörg kniete davor nieder, netzte sich vorsichtig das Gesicht und trank ein paar Schluck aus der Hand. „Geht wieder", sagt er. „Geht wieder."

Schweigend beugte er sich dann auf der Motorhaube über den handgezeichneten Plan vom Silberschatz. Blutgefärbtes Wasser rann ihm vom Kinn. Er deutete mit dem blutigen Zeigefinger auf eine angekreuzte Stelle und schaute einmal mehr über den Acker.

„Und?", fragte Susi.

„Mühsam“, sagte Kröten-Jörg. „Nicht einfach. Lohnt das denn alles? Silber ist doch auch nichts wert, oder?“

„Alte Familiensachen“, sagt Susi. „Ich will sie haben. So oder so. Unbedingt.“ Sie verschränkte die Arme vor der Brust und schaute trotzig auf den Haferschlag. „Das Scheißsilber“, flüsterte sie unhörbar. „Und wenn es nur das Scheißsilber ist.“

Kröten-Jörg blickte sie ein paar Sekunden lang an, wie sie vor ihm stand mit ihrer blonden Mähne über dem trotzigen, schönen Gesicht. Der dicke rosa Rollkragen quoll aus dem blauen Trenchcoat heraus. Kröten-Jörg spürte wieder dieses Gift der Nähe. Es arbeitete unter seiner Haut. Er wendete sich ab.

„Spaten?“, fragte er.

„Kofferraum“, antwortete sie.

Kröten-Jörg packte den Spaten und stapfte über das Feld. Alle paar Schritte grub er systematisch vielleicht vierzig, fünfzig Zentimeter tief. Vergeblich.

„Gute Methode“, rief Susi, „Und?“

„Nix“, rief Kröten-Jörg.

Am Rand des Ackers lag ein gewaltiger Basaltbrocken. Ein Holunder wuchs darunter hervor. Kröten-Jörg grub auch hier. Nach fünf Minuten ein metallisches Geräusch.

„Ist da was?“, rief Susi Eigenherz neugierig.

„Hier ist was“, brummte Kröten-Jörg.

Kapitel 12

Schlachter Ahrens trat vor die Tür des Försterhauses und knöpfte sich eilig die Hose zu. Dagmar Simon stand mit offener Bluse hinter ihm, schaute ihn liebevoll an und fuhr ihm mit einer Hand durch die Haare.

Schlachter Ahrens stand wie erstarrt. Er schloss die Augen.

„Du, Frau Simon", sagte er leise. „Das ist doch alles verrückt. Das ist völlig verrückt."

Sie packte ihn bei den Schultern und drehte ihn zu sich um.

„Was ist hier verrückt, du kleines Schlachterschweinchen? Wenn man es sich mal gemütlich macht, das ist doch nicht verrückt."

Schlachter Ahrens riss die Augen auf und schüttelte den Kopf. „Aber solche Sachen. Daran denkt man doch nicht."

Dagmar Simon griff ihn am Gürtel und presste ihn an sich. „Wie doof du bist. Herrlich. Am liebsten würde ich …"

Ahrens erschrak. „Was? Was, jetzt?" Er schaute zur Uhr, tippte mit dem rechten Zeigefinger auf das Uhrglas. „Hier, also ich muss weg. Der Laden und alles." Er schaute ängstlich an sich herunter. „Sieht man irgendwas?"

Sie äffte ihn nach: „Sieht man irgendwas? Sieht man irgendwas? Man wird doch wohl noch ein bisschen miteinander ins Bett gehen dürfen? Das darf doch jeder sehen. Erzähl mir lieber, wann du wiederkommst, mein Schlachterschweinchen."

Ahrens zupfte sich die Jacke zurecht. Er räusperte sich verlegen.

„Die Trauer", murmelte er. „Jetzt kommt doch erst mal Ihre Trauer. Und dann können wir ja mal sehen."

„Ich zeig dir meine Trauer", sagte sie und küsste ihn. Ahrens lehnte sich rücklings an die Wand.

„Also wirklich", sagte er entrüstet, als er wieder zu Wort kam. „Ich kann das nicht. Ich hab das noch nie gekonnt. Nächste Woche soll ich Obermeister der Fleischerinnung werden. Da kann man nicht einfach so rumpoussieren. Das fällt nachher auf mich zurück. Dann heißt es: Schaut euch mal den an."

Dagmar Simon ließ ihn los. „Schaut euch mal den an", äffte sie ihn nach. „Schaut euch mal den an."

Sie griff an seine Beine. „Du hast so schöne dicke, stramme Oberschenkel. Und du hast dich überhaupt nicht gewehrt. Das hat mir gut gefallen. Wenn sich ein Mann nicht wehrt, dann mach ich es ganz besonders gern."

„Es war ein Zwischenfall", sagte Schlachter Ahrens ungeduldig und sah zu seinem Lieferwagen. „Für mich war es ein Zwischenfall."

„Du warst Lust von meiner Lust", murmelte Dagmar Simon. „Ein lustvoller Zwischenfall. Ein strammes Schlachterschweinchen kam in mein Haus, und es kam zu einem Zwischenfall." Sie lachte. Erst leise, dann immer lauter.

„Jetzt, wirklich …" Schlachter Ahrens schaute ernst zur Uhr. „Ich muss jetzt …"

„Erzähl mir doch noch was", sagte sie heiter und hielt ihn am Ärmel fest. „Die Sonne scheint. Schön heute. Willst du wirklich schon wieder zu deinen Würsten? Erzähl mir doch, was ein Schlachterschweinchen so im Bett alles macht, mit seinen strammen Oberschenkeln."

„Frau Simon, solche Sachen, wir sollten das lieber lassen. Als künftiger Obermeister der Fleischerinnung stehe ich im Lichte der Öffentlichkeit. Stellen Sie sich doch einmal vor, wenn gesprochen wird: Der Obermeister poussiert. Und meine Frau. An das Kind will ich gar nicht denken."

„Hat es dir denn nicht gefallen? Ich fand es schön. Ich habe sehr, sehr lange darauf warten müssen, dass es im Bett wieder einmal so schön ist. Kannst du das denn nicht verstehen?"

„Ich bin ein einfacher Mann, Frau Simon. Solche Gespräche, ich kann das nicht so ausdrücken. Verstehen Sie doch."

Sie strich ihm durchs Haar. Er beugte sich zurück und schaute sich ängstlich um.

„Wie schön doof du bist", flüsterte sie ihm ins Ohr. „Was du für ein wunderbar doofer Mann bist. Herrlich."

Schlachter Ahrens reckte den Hals im Kragen und fuhr sich durchs Haar. „Die Pietät", sagte er streng. „Der Förster ist noch nicht kalt, und sie machen hier mit mir solche Sachen. Das ist mal wirklich keine Pietät!"

Sie hielt ihr Gesicht ganz nahe an seines. „Ganz kalt", zischte sie. „Der Förster ist ganz kalt. Und du bist so schön warm. Soll ich dir sagen, dass Pietät ganz langweilig ist? Nur weil der Mann tot ist, soll die Frau einen Weinkrampf kriegen? Ach, mein Schlachterschweinchen. Im Bett ist es so schön. Weinen kann ich immer noch. Ich hab noch hundert Jahre Zeit zum Weinen."

„Wir müssen noch abrechnen", sagte Ahrens sachlich. „Wegen der Wildsau. Dann können wir ja noch mal sprechen. Es kommt ja einiges auf Sie zu. In so einer Situation ist man ja ganz allein. Das Haus Ahrens, ich meine, wenn Sie Unterstützung brauchen, rein freundschaftlich. Dann scheuen Sie sich nicht."

Dagmar Simon lachte. „Ja, wir werden abrechnen. Du kommst her, und wir werden bald wieder schön abrechnen. Und dann bin ich wieder ganz allein. Und dann kommt mein doofes kleines Schlachterschweinchen und wir rechnen im Bett wieder miteinander ab. Du wirst von jetzt an daran denken, Schlachterschweinchen. Du wirst jeden Tag denken: Ich möchte wieder ihr wehrloses Opfer sein im Försterbett."

Schlachter Ahrens ging ein paar schnelle Schritte von ihr weg zu seinem Lieferwagen. „Quatsch“, rief er. „So ein Quatsch. Sie haben mich da in was reingezogen. Ich stehe dafür nicht mehr zur Verfügung.“

Sie lachte lauthals und öffnete ihre Bluse weit. Er lief zu seinem Auto, stieg ein. Im Wegfahren dreht er die Scheibe herunter. „Ich werde alles abstreiten!“, rief er. „Von solchen Geschichten habe ich überhaupt keine Ahnung. Das ist doch alles ein Riesenquatsch.“

Die beiden Hunde lagen auf ihrem Schattenplatz unter dem Holunderbusch und hoben nur kurz die Köpfe, als Ahrens vom Hof fuhr. Ein warmer Wind ging durch die Kiefern. Dagmar Simon pflückte ein paar Dahlien und ging ins Haus.

Zehn Minuten später kam sie wieder heraus und trug eine Doppelripp-Unterhose mit spitzen Fingen vor sich her. Sie blieb stehen und prustete lachend. Die Hunde kamen schwanzwedelnd auf sie zu, schnupperten an der Unterhose, drehten sich aber ganz schnell um und legten sich wieder unter den Holunderbusch.

Dagmar Simon öffnete die Mülltonne, wollte die Unterhose hineinwerfen. Sie hielt inne, ging in die Wildkammer und hängte die Unterhose an den Fleischerhaken, an dem vorher die Wildsau gehangen hatte.

Kapitel 13

Kommissar Rottek stand am Fenster der Polizeiwache und schaute hinaus. Der Ölofen bullerte. Taubenschwärme flogen über die Felder. An den Rändern der Feldwege leuchteten die Vogelbeeren. Einige Birken waren schon kahl. Am Horizont, der dunkle Streifen, das war der Forst. Dort, gut einen Kilometer entfernt, im Kalten Grund, dort hatten sie den erschossenen Förster Simon gefunden.

„Sie haben doch das Geschoss im Baum entdeckt. Haben wir schon ein Untersuchungsergebnis?", fragte er und drehte sich zu dem kleinen Pausentisch um, an dem Hauptwachtmeister Kesselring saß und soeben seine Thermosflasche aufschraubte.

„Frühstück!", rief Kesselring übertrieben laut. „Jetzt müssen mich Ihre Leichen mal eine Viertelstunde in Ruhe lassen. Hier!" Er holte das Eibrot aus der Aluminiumdose und zeigte es in die Runde. „Von meinen eigenen Hühnern!" riefen er, Rottek und die Sekretärin Elvira Duvenbeck im Chor.

Zufrieden biss Kesselring in sein Eibrot und nahm einen Schluck Milchkaffee hinterher. Elvira Duvenbeck zeigte ebenfalls ihr Pausenbrot. „Gibt es jetzt neu", erklärte sie. „Knäckebrot. Mal probieren?"

„Nö." Kesselring lehnte kauend ab.

„Ich krieg noch nichts runter", meinte Rottek. „Was ist das denn für ein Krümelkram?"

„Aus Schweden. Sehr lecker. Wird man nicht dick von." Sie schnitt sich ein Stück von ihrer Salatgurke ab und aß es zum Knäckebrot. Sie viertelte eine Tomate, strich sich Quark darauf und schob es sich in den Mund.

„Wenn ich das essen müsste, was Sie essen, würde ich nach drei Tagen eine Wurstbude überfallen", brummte Kesselring. „Sie essen ja ständig so ein Zeug und werden nicht dünner. Machen Sie nebenher noch eine Pralinenkur?"

Elvira Duvenbeck schwieg schmollend und schaute in deutlicher Verstimmung aus dem Fenster. Sie hatte ungewöhnlich dicke Waden. Schon bei den Fußknöcheln wuchsen sie zu unförmigen Keulen an. Die Sekretärin versuchte seit langem, diese dicken Waden loszuwerden. Einmal hatte sie zehn Kilo abgenommen, aber da war nur ihre Brust flacher geworden. Die Waden blieben. Hauptwachtmeister Kesselring behauptete, sie erinnerten ihn an Kuhbäuche.

Rottek massierte sich die Stirn. „Diese Kerschbaums, denen trau ich alles zu", sagte er mehr zu sich selbst als zu den anderen. „Die hatten irgendwas mit dem Förster. Da bin ich mir sicher. Die legen einen um wegen hundert Mark, glaube ich."

Kesselring hatte gerade den Mund leer. „Und am nächsten Tag hauen die dem Uhrmacher den Kopf ab, weil sie sich mit dem Förster wegen hundert Mark gestritten haben? Glauben Sie doch wohl selbst nicht." Er gestikulierte beim Reden so wild mit dem Becher der Thermosflasche, dass der Milchkaffee herausschwappte.

„Da hat einer einen Kurzschluss im Kopf", ergänzte er, während er mit seiner Serviette die Kaffeepfütze vom Tisch wischte. „Einer, den wir kennen. Fräulein Elvira vielleicht? Elvira, haben Sie den Förster erschossen?"

Die Sekretärin trank mit gekränkter Miene von ihrem Hagebuttentee und packte das halbe Knäckebrot wieder ein. „Nein", antwortete sie stachelig. „Ich habe mir die Patrone für einen gewissen Hauptwachtmeister aufgehoben."

Rottek presste die Stirn an die Glasscheibe. „Wer tötet? Wer tötet? Wer tötet?", fragte er immer wieder halblaut. „Wollen wir die Kandidaten mal durchgehen?"

„Gerne, Moment bitte noch", sagte Kesselring und hielt demonstrativ den Rest von seinem Eibrot hoch. Genussvoll hielt er ihn zwischen Daumen und Zeigefinger und steckte ihn langsam in seinen Mund. Mit dem Rest Milchkaffee spülte er nach. Kesselring packte seine Aluminiumdose in die speckige Aktentasche, ließ am Waschbecken Wasser in die Themosflasche laufen, spülte sie gewissenhaft aus und stellte die lederne Tasche sorgfältig auf ihren angestammten Platz neben seinem Schreibtisch.

„So", sagte er, beugte sich tief hinunter und fischte eine Schnapsflasche aus dem rechten Rollschrank. Dann beugte er sich zur anderen Seite tief hinunter und zauberte zwei Schnapsgläser hervor.

„Darf ich Sie zu einem Dienstvergehen einladen, lieber Herr Kommissar?"

Rottek setzte sich schweigend zu ihm. Sie hoben die Gläschen und stießen an. In dem Augenblick klingelte das Telefon an Rotteks Tisch. Er stand auf und griff den Hörer.

„Kommissar Rottek."

„Staatsanwalt Baumdienst, Koblenz. Sagen Sie mal, Rottek, was ist denn bei Ihnen los?"

„Tja. Wieder ein Tötungsdelikt. Und wieder kein Tatverdächtiger. Eine harte Nuss."

„Sehr interessant. Sehr interessant. Dann ist ja bei Ihnen richtig was los. Was meinen Sie, Rottek, kriegen Sie das hin?"

„Herr Staatsanwalt, wir kriegen das hin."

„Also, Rottek, Sie kriegen das hin. Ich hätte mich ja liebend gerne in die Ermittlungen eingeschaltet, aber ich habe gleich noch ein wichtiges Tennisspiel. Wichtiges Tennisspiel. Was ist mit Kesselring? Hilft er Ihnen? Hat er schon sein Eibrot gegessen?"

„Herr Staatsanwalt, Hauptwachtmeister Kesselring ist ein wichtiges Glied in den Ermittlungen. Ich möchte das deutlich hervorheben."

„Bin beruhigt, Rottek. Bin doch sehr beruhigt. All right, sprach die Maid."

„All right", meinte Rottek noch, aber der Staatsanwalt hatte schon aufgelegt.

„Der Staatsanwalt", sagte Rottek in den Raum.

„Ach was!", meinte Kesselring. „Ich dachte schon, es wäre die Müllabfuhr."

Rottek ging wieder zum Fenster und schaute gedankenverloren nach draußen.

„Nun setzen Sie sich erst mal wieder hin", sagte Kesselring. „Wir hatten unser Dienstvergehen noch gar nicht abgeschlossen." Sie stießen noch einmal an und leerten die Schnapsgläser. Rottek schüttelte sich wie ein Hund.

„Puh. Was ist das denn für ein Betriebsstoff?"

„Nussschnaps, mein Lieber. Hat mein Schwiegervater selbst gebrannt. Etwas ganz Feines."

„Der schmeckt eher nach Schwiegermutter", meinte Rottek und verzog das Gesicht. „Ich bring wohl besser mal einen schönen Himbeergeist mit. So was Fruchtiges. Nicht so einen Rostlöser wie von ihrem Schwiegervater."

„Also ich nehm' noch einen Kleinen." Kesselring goss sich ein halbes Glas vom Rostlöser ein, prostete Rottek zu und trank es umgehend aus. Er schüttelte sich kurz und stellte die Flasche wieder tief in seinen Rollschrank.

Rottek schrieb auf und las laut vor.

„Kröten-Jörg. Kerschbaums. Wer noch?"

„Der Diedrich. Ist ja möglich, dass der in seinem Hass den Förster getötet hat."

„Und dann?"

„Und dann. Die Frage ist: Konnte er ihm nachts im Wald auflauern? Wie konnte er wissen, welchen Weg der Förster nimmt? Und ihn im Dunkel auch noch tödlich treffen."

„Mit einem Küchenschuss."

„Rottek, Sie sind auch so ein Spezialkomiker. Machen Sie mal einen vernünftigen Vorschlag."

„Wir fahren zu Diedrich. Die Frau wird ja vielleicht doch etwas von dem mitbekommen haben, was der Mann nachts gemacht hat. Was ist mit dem sichergestellten Geschoss?"

„Das liegt hier noch", rief Sekretärin Duvenbeck aus dem Nebenraum.

„Warum?"

„Mir hat keiner was gesagt."

„Dann sag ich es jetzt: Nach Koblenz zur kriminaltechnischen Untersuchung. Deswegen habe ich es ihnen gestern auf den Schreibtisch gelegt. Oder haben Sie gedacht, Sie sollten sich davon einen Ohrring anfertigen lassen?"

„Nee. Eigentlich hab ich mir gar nichts gedacht. Hier liegt ja immer was rum."

Rottek verdrehte die Augen. „Hallo, Herr Hauptwachtmeister, ich nehm' doch noch einen."

„Na also." Kesselring fischte die Flasche erneut hervor und schenkte Rottek einen Nussschnaps ein. Der trank ihn tapfer aus, zog eine Grimasse und schnappte nach Luft.

Die Uhrmachersfrau hatte den Laden wieder geöffnet. Sie stand an der Kasse, als Rottek und Kesselring eintrafen. „Ihre Kollegen waren auch schon da", rief sie. „Die haben über eine Stunde hier alles untersucht."

„Sie sind ja sehr pflichtbewusst", meinte Rottek. „An so einem Tag, und dann machen Sie weiter, als sei nichts geschehen."

„Die Kunden wollen doch ihre Sachen wiederhaben! Was soll ich mich denn auf das Sofa setzen und jammern? Ich hab immer zu dem Diedrich gesagt: Wenn dir mal was passiert, dann geht das Leben für mich weiter."

„Und? Was hat er geantwortet?"

„Er hat gesagt ‚Wenn mir mal was passiert, dann ist mir sowieso alles scheißegal'. Ja, so war der Diedrich. Sie kennen ihn ja."

Rottek schaute sie an und nickte. „Frau Diedrich, was wir noch wissen wollten. Vor vier Tagen die Nacht. Wo war Ihr Mann da? Können Sie sich an irgendwas erinnern?"

Sie schaute an die Decke. „Vor vier Tagen die Nacht. Also letzte Nacht ist klar. Da drei Nächte vorher, meinen Sie? Die ganze Nacht oder eine bestimmte Uhrzeit?"

„Erst mal die ganze Nacht. So von abends an."

„Naja, Herr Kommissar, er ist natürlich ins Wirtshaus gegangen. Fast jeden Abend außer sonntags war er in diesem Wirtshaus. Das schöne Geld, was er da über den Tresen gegeben hat. Seit zwei Jahren brauchte ich einen neuen Wintermantel. Aber nein, er bringt das Geld ins Wirtshaus. Er hat gesagt, er braucht das, damit er Dampf ablassen kann. Das konnte er nicht zu Hause. Er konnte mich nicht anbrüllen. Er hat's versucht, er hat den Mund aufgesperrt, aber er konnte nicht brüllen. Er hat gesagt: Du bist doch mein Lenchen."

„Und was war da nun, in jener Nacht?"

„Nichts Bestimmtes. Er ist mal rumgetigert, hat mal etwas Radio gehört, Kreuzworträtselheftchen gemacht, weil er nicht schlafen konnte. Solche Sachen. Aber nichts Besonderes. Jedenfalls nichts, was ich mitbekommen habe. Ich habe ja auch geschlafen. Ihm ist immer so viel durch den Kopf gegangen, dass er ganz unruhig davon war. Obwohl er Tabletten eingenommen hat für seine Psychologie."

„Ist er mal weggefahren? Hat er vielleicht die Waffe aus dem Schrank geholt? Oder ist er in der Nacht erst früh am Morgen von der Jagd gekommen?"

„Nein. Ich hab natürlich nicht alles mitbekommen. Aber dass er in der Nacht etwas unternommen hat, das ganz bestimmt nicht. Ich schlaf sonst ganz gut, aber wenn die Tür geht oder der Diedrich zieht sich Schuhe an, das merke ich sofort. Er wollte immer schlafen. Der

Diedrich hat immer gesagt: Einmal von allem ganz lange ausruhen und tagelang schlafen. Aber es waren immer nur ein paar Stunden Schlaf, die er bekam."

Rottek schaute sie lange an. „Frau Diedrich, wo hat der Diedrich denn sein Gewehr?"

„Sein Gewehr? Das hat er immer versteckt. Immer woanders. Ich weiß auch nicht. Brauchen Sie das denn dringend?"

„Ja, das brauchen wir dringend, Frau Diedrich."

„Weil, ich finde das sicher irgendwann beim Aufräumen. Ich will ja jetzt erst mal richtig aufräumen. Dann bring ich es Ihnen vorbei."

„Nein, wir brauchen es jetzt. Heute und jetzt. Wir werden jetzt suchen. Haben Sie denn eine Idee?"

„Nein. Dieser ganze Jagdquatsch, das hat mich sowieso nicht beschäftigt. Und mit dem Gewehr, da war er immer ganz eigen, dass ich das nicht finde. Er hat gesagt: ‚Lenchen, Finger weg von dem Gewehr. Du kommst an den Hahn, und dann knallt es'. Das waren so seine Gedanken. Naja, er war immer etwas schwierig, der Diedrich. Also Sie wollen suchen. Dann suchen Sie. Oben oder unten?"

„Erst oben. Und dann unten. Hauptwachtmeister Kesselring, sind Sie bereit?"

Kesselring zwinkerte unmerklich. „Ich bin bereit, Herr Kommissar, jawohl."

Frau Diedrich schaute erstaunt. „Ist das eine Amtshandlung?"

Rottek legte den Zeigefinger an die Lippen. „Ja. Aber es bleibt unter uns."

Die beiden Polizisten stiegen ins Dachgeschoss. Kisten mit Weihnachtsdekoration, veralteten Werbeaufstellern, zwei Zwiebelzöpfe hingen von den Dachbalken, staubige Zeitungsstapel in der Ecke. Der älteste von 1946. Ein altes Bügelbrett, ein Einkochkessel, Weckgläser.

Ein großer Kleiderschrank. „Was ist das denn?" Rottek holte eine gut erhaltene Uniform heraus. Eine Uniform mit jenem besonderen

Kreuz, den zwei gezackten Buchstaben. Die passende Mütze dazu mit dem Totenkopf. Sogar geputzte Stiefel standen darunter.

„Holla“, sagt Kesselring. „Das erinnert mich dunkel an etwas.“

„Frau Diedrich, was ist das denn mit dieser Uniform hier im Schrank?“, rief Rottek nach unten.

Die Uhrmachersfrau kam keuchend die Treppe hoch. „Das ist seine Uniform von früher. Wissen sie doch.“

„Nein, weiß ich nicht.“ Rottek schaute sie fragend an.

„Die hat er sonntags immer angezogen. Nur im Haus allerdings. Er hat gesagt, das gibt ihm die Kraft. Er hat sich jedes Mal darauf gefreut, wieder die Uniform anzuziehen. Er ist den ganzen Tag damit rumgelaufen. Es hat ihn, wie soll ich sagen, auch erregt gewissermaßen. Das war sein Sonntagsvergnügen, dieses alte Zeug.“

„Er war eben doch speziell“, meinte Rottek und suchte weiter.

„Er war sehr speziell, wirklich.“ Frau Diedrich schaute ihnen noch ein paar Minuten zu, dann ging sie wieder hinunter.

„Was mich mal interessiert.“ Rottek stocherte mit einem alten Regenschirm hinter den Kleiderschrank. „Was mich mal interessiert, Herr Hauptwachtmeister. Was haben Sie eigentlich für eine Uniform getragen in dieser Zeit?“

„In welcher Zeit?“

„Nun, in dieser Zeit von Diedrich. Seine Uniformzeit. Sie wissen schon.“

„Rottek, das geht Sie einen Scheißdreck an. Ich war Polizist. Und damit Sie es genau wissen: Wir haben alle den Arm gehoben. Ich auch. Hier im Ort alle. Und wenn ihnen dieser Arm im Krieg abgeschossen wurde, dann haben Sie den anderen gehoben.“

„Aber warum? Sie sind doch sonst nicht so ein Blödkopf. Meine ich jedenfalls.“

„Scheiß Spinnweben.“ Kesselring kämpfte sich durch eine besonders staubige Ecke, in der eine alte Skiausrüstung stand.

„Ich denke, wir sind hier fertig“, sagte Rottek und klopfte sich den Staub von seiner alten Lederjacke.

Kesselring stellte sich neben ihn. „Wissen Sie“, sagte er. „Ich denke da so oft drüber nach. Wie das wohl alles so gekommen ist, damals. Wie oft nachts, dann liege ich eine Stunde wach und denke darüber nach. Und finde keine Erklärung. Ich seh mich selbst, wie ich damals war, und ich frag mich: Was ist in deinem Kopf vorgegangen?“ Er schaute noch einmal auf Diedrichs alte Uniform und verschloss den Schrank.

„Und? Was ist in Ihrem Kopf vorgegangen?“

„Ich weiß nicht. Es war wie irgendein Gift. Eine Droge oder so.“

Kesselring öffnete die kleine Dachluke und schaute kurz hinaus. „Ich kann Ihnen das nicht erklären. Diese Fackelzüge, die singenden Kolonnen, die knallenden Stiefel, diese zackigen Uniformen. Da haben wir gedacht: Mann, was für eine großartige Zeit. Gänsehaut. Ich hatte wirklich manches Mal Gänsehaut. Oh Gott ja, so war es.“

Kesselring dreht sich schnell von Rottek weg, wischte sich über die Augen und schnäuzte sich die Nase. „Weitermachen, nächste Etage, Rottek. Mal sehen, was wir noch entdecken.“

„Soll ich Ihnen den Keller zeigen?“, fragte Frau Diedrich. „Wegen der Lichtschalter.“

„Nein, wir kommen schon zurecht“, rief Rottek. Die Uhrmachersfrau ging trotzdem vor ihnen die Holztreppe hinunter. Im Keller, in der Waschküche, hatte sie blutiges Bettzeug auf einen Haufen gelegt. Die Matratzen, das Federbett, die Kopfkissen.

„Was soll ich damit bloß machen?“, jammerte sie. „Ich kann es ja nicht nach draußen auf die Terrasse legen. Die Leute reden ja. Was soll ich denn machen mit dem ekligen Zeug?“

„Ich denk mal drüber nach“, sagte Rottek. „Jetzt suchen wir hier erst mal. Sie können ruhig nach oben gehen. Ich glaube, da ist jemand im Laden.“

Frau Diedrich stand mit zornigem Gesicht vor dem Haufen blutiger Wäsche. „Das war gute Ware, Herr Kommissar. Wir haben nie etwas Billiges gekauft. Auch das Federbett, echt Daunen, Lebendrupfung. Alles hin. Wenn Sie den Mörder gegriffen haben, Herr Kommissar, dann sagen sie ihm gleich, was er hier für eine Riesenschweinerei hinterlassen hat. Das ganze Blut überall. Ich habe einen ganzen Tag wischen müssen. Da muss der Mörder ein paar Jahre Zuchthaus extra für bekommen. Und Schadenersatz will ich auch von ihm. Federkernmatratzen und Daunenbettzeug. Wollen Sie sich das vielleicht aufschreiben, Herr Kommissar?“

„Frau Diedrich, ich notier mir das gleich. Jetzt …“

Sie nickte wütend und ging hinauf.

Hinter den Heizungsrohren, eingeschlagen in eine Segeltuchtasche, fanden sie Diedrichs Drilling. Dazu ein Päckchen Munition 8 x 57 R Teilmantel, Schrotpatronen Kaliber 12, Marke RWS „Waidmannsheil“ und eine große Daimon-Stabtaschenlampe.

„Aha“, sagte Rottek.

„Aha“, sagte Kesselring.

Sie gingen hoch ins Erdgeschoss. Kesselring packte die Sachen auf den Rücksitz vom polizeigrünen VW Käfer.

Rottek gab Frau Diedrich die Hand. „Das nehmen wir alles mal mit, Frau Diedrich. Sie kriegen eine Quittung dafür. Ich denke, das war es jetzt erst einmal. Wenn wir noch etwas wissen müssen, rufen wir an.“

Sie wollten gerade ins Auto steigen, da öffnete Frau Diedrich noch einmal die Ladentür.

„Hallo, hallo“, rief sie gestikulierend mit ihrer dünnen Stimme.

„Was ist denn noch?“, fragte Rottek.

„Mir ist noch was eingefallen“, erzählte sie. „Aus jener Nacht. Ich hab mir da eigentlich bisher nichts bei gedacht. Aber jetzt glaube ich, das ist für Sie vielleicht sehr wichtig.“ Sie winkte die beiden in den

Laden und setzte sich in der Uhrmacherwerkstatt auf einen Stuhl. Sie schloss kurz die Augen.

„Also?" Rottek schaute sie fragend an.

Frau Diedrich begann zu erzählen. Aber die beiden verstanden kein Wort. Sie sprach munter und erzählend, aber sie lallte nur. Eine Gesichtshälfte hing herab. Die Zunge bewegte sich unkontrolliert. „Lam, jam, lam", verstanden die Polizisten.

Rottek sprang auf. „Frau Diedrich!", rief er. „Frau Diedrich! Was ist los?" Sie schaute ihn fragend an und lallte weiter. Dann blickte sie verwundert auf ihre rechte Hand und sah fragend und entsetzt zu Rottek hoch. Sie drohte, vom Stuhl zu fallen.

„Schlaganfall", sagte Kesselring und hielt sie fest. „Kenn ich." Er ging ans Telefon und rief im Städtischen Krankenhaus an. Aber der Sanitätswagen war im Landkreis unterwegs und konnte erst frühestens in einer Stunde wieder in der Stadt sein.

Rottek und Kesselring schauten sich an. Rottek hob zweifelnd die Augenbrauen.

„Egal", sagte Kesselring, nahm die Uhrmachersfrau auf den Arm und trug sie zum Streifenwagen. Rottek hielt die Tür auf und schraubte die Lehne zurück, so weit es ging, Kesselring hob die Uhrmachersfrau auf den Beifahrersitz. Mit Blaulicht und Martinshorn stob er die Wilhelmstraße hinab.

Rottek fand das Schild „Heute geschlossen" und heftete es von innen an die Tür. Neben der Kasse lag der Schlüssel. Er sperrte den Laden zu und ging langsam die Wilhelmstraße hinauf, bog beim Marktplatz ab und öffnete die Tür zu Anitas Blumenladen. Sie stand an ihrem Arbeitstisch und steckte gedankenverloren Farnkraut zu einem Rosenstrauß. Rottek atmete tief den wunderbaren Duft des Blumenladens ein.

Er räusperte sich mit verstellter Stimme. „Entschuldigung, haben Sie Kussblumen?"

Sie schaute auf. Ein strahlendes Lächeln überzog ihr Gesicht. „Ich habe nur Kriminaltulpen", sagte sie. „Sie entblättern sich nachts und rauben einem den Schlaf. Man düngt sie mit Herztropfen. Dann halten sie sich besonders gut."

Sie küssten sich so lange, bis eine Kundin in den Laden kam. Es war die sehr korpulente Frau Amtsgerichtsdirektor Washönig mit ihrer Straußenleder-Handtasche. Sie schaute die beiden erstaunt an. „Ist Ihnen nicht gut?", fragte sie.

„Geht schon wieder", meinte Rottek, „Die Dame hatte einen kurzen Atemstillstand. Das kommt vom Blumendünger."

„Ach so." Frau Amtsgerichtsdirektor schien erleichtert. „Und Sie haben ihr soeben das Leben gerettet? Das ist ja unglaublich romantisch."

„Ich musste mich sehr überwinden", meinte Rottek ernst. „Mädchenspucke, wissen Sie. Davon bekomme ich normalerweise chronische Anwandlungen. Aber in so einem Notfall …"

Er ging schnell hinaus. Frau Amtsgerichtsdirektor blickte ihm mit offenem Mund nach.

„Ein Held!", rief sie. „Ein Held, am helllichten Tag."

„Und küssen kann er erst", sagte Anita begeistert. „Sie glauben es nicht."

Frau Amtsgerichtsdirektor sah kopfschüttelnd zu ihr, dann zur Tür und dann noch einmal zu ihr. „Gerade dem Tod von der Schippe gesprungen und jetzt schon wieder solche Ideen im Kopf. Mit Ihrem Blumendünger scheint wirklich irgendetwas nicht in Ordnung zu sein."

Kapitel 14

„Ja, da ist wirklich was." Kröten-Jörg stach auf Rehbeins Hafer mehrmals den Spaten in den Ackerboden neben dem Basaltbrocken. Es klang dumpf und trocken metallisch in etwa 30 Zentimetern Tiefe.

Susi Eigenherz lief zu ihm und schlug vor Freude die Hände vors Gesicht. „Wirklich? Ist da wirklich was? Herr Jörg, ich fasse es nicht."

Der Silberschatz? Kröten-Jörg grub vorsichtig weiter. Er stocherte im Ackerboden. Es klang nach Metall.

„War das eine Kiste oder ein Eimer vielleicht?", fragte er.

„Ich weiß nicht. Eine Kiste oder ein Koffer. Vielleicht auch zwei. Irgend so was. Was man damals so hatte. Ich war ja nicht dabei."

Kröten-Jörg trug vorsichtig den Boden ab.

„Weiter, weiter." Susi zitterte vor Ungeduld.

Die Blicke von Kröten-Jörg wurden skeptisch. „Ich weiß nicht. Sieht nicht unbedingt wie eine Schatzkiste aus."

Susi kniete sich neben das Loch. „Egal, weiter, weiter."

Was Kröten-Jörg freilegte, ähnelte eher einem rostigen Topf. „Das ist ein Helm", sagte Kröten-Jörg.

Vorsichtig kratzte er weiter. Es war ein Stahlhelm. „Französischer Stahlhelm mit diesem Kamm obendrauf", brummte er. „Mit Füllung." Ein Totenschädel grinste sie an.

„Nein, nein, nein", rief Susi Eigenherz und sackte vor Kröten-Jörg zusammen.

Er grub weiter. Das Skelett und Uniformfetzen von einem französischen Soldaten waren jetzt zu erkennen. Kröten-Jörg hielt inne. „Noch mehr?"

Sie stand auf, schleppte sich wortlos zum Auto und warf sich auf den Fahrersitz. Sie weinte hemmungslos.

Kröten-Jörg war irritiert. Er hatte noch nie eine Frau weinen sehen. Langsam scharrte er das Loch wieder zu und klopfte die Erde fest. Immer wieder schaute er zu Susi hin, die sich mit dem Oberkörper auf das Lenkrad gelegt hatte und laut schluchzte. „Das Scheißsilber", rief sie weinend. „Das Scheißsilber."

Kröten-Jörg stellte sich ratlos neben das Auto. „Weinen Sie doch nicht", murmelte er. „Es war doch nur ein Versuch. Deshalb weint man doch nicht. Hier in diesem Acker liegt bestimmt noch mehr. Ganz bestimmt. Wir machen gleich weiter."

„Bestimmt?", in Susis tränennassen Augen glomm ein Funken Hoffnung. „Sagen Sie? Ganz bestimmt?"

Kröten-Jörg setzte sich auf das Trittbrett. „Ich hab schon viel gefunden im Wald. Je schlechter die Zeiten sind, umso mehr vergraben die Leute. Denken Sie mal: Tausend Jahre Krieg und Neid. Da wurde ganz schön was in der Erde versteckt vor den anderen. Ich hab ja gedacht, es gibt hier diese Pilze, die so teuer sind. Deshalb hab ich schon ziemlich viel im Boden herumgegraben und gesucht. Trüffel. Kennen Sie das?"

Susi schüttelte den Kopf. „Ich mag keine Pilze. Eher ein schönes Kottelet. Mit grünem Salat."

„In Eichenwäldern wie hier soll es diese Trüffel geben. Sie sehen aus wie Kartoffeln, nur schwarz oder weiß. Und wenn man sie findet, wird man reich. Sie riechen angeblich so etwa wie alte Stiefelsocken. Aber manche Leute sind verrückt danach."

Susi hörte ihm nur oberflächlich zu. „Wer isst denn etwas, das nach Stiefelsocken riecht? Haben Sie schon mal welche verkauft, Herr Jörg? Sind Sie schon reich geworden von diesen Stinkpilzen?"

„Nicht direkt. Nicht direkt. Aber es dauert nicht mehr lange. Der Wald gibt den guten Leuten, was sie suchen. Das ist so."

„Na, dann kann's mit unserem Schatz ja nicht mehr lange dauern. Was machen wir mit dem toten Soldaten? Muss man das melden?"

„Fräulein Susi, der Soldat hat ja seine ewige Ruhe gefunden. Das wollen wir mal so belassen. Wissen Sie, wenn man so alte Sachen ausgräbt aus der Zeit damals, dann kommt manches mit heraus, was man vorher gar nicht überblicken kann."

„Wie meinen Sie das?"

„Na, dann sagt man uns: Schön, dass ihr das gemeldet habt. Aber warum habt ihr denn gegraben auf Rehbeins Hafer? Da ist vielleicht etwas Interessantes vergraben worden, wenn sogar eine fremde Dame danach sucht? Oh, dann graben wir da auch mal ein bisschen herum."

„Stimmt. Hab ich noch gar nicht dran gedacht."

„Wissen Sie, Fräulein Susi, es gibt hier so eine Familie. Die heißen Kerschbaum. Wenn die Leute erfahren, dass hier vielleicht ein Schatz vergraben liegt, dann wühlen die eine Stunde später mit einem Bulldozer den ganzen Acker um. Und wenn wir uns gegen diese Leute wehren, dann findet man uns in zwanzig Jahren genauso wie wir vorhin den Franzosen gefunden haben. Nur ohne Helm."

„Glauben Sie wirklich, Herr Jörg? Glauben Sie das wirklich? Wir sind doch auf dem Land. So eine niedliche kleine Stadt. Hier sind doch lauter nette Leute?"

Kröten-Jörg antwortete nicht. Er schaute nur starr in den Wald.

„Was da wohl gewesen ist mit dem Soldaten. Sagen Sie mal, Fräulein Susi. Ihre Mutter, vielleicht weiß die darüber etwas? Können Sie die nicht bei Gelegenheit mal fragen?"

„Herr Jörg, meine Mutter kann man nichts mehr fragen. Die lebt nur noch in ihrer Vergangenheit."

„Dann wird sie sich vielleicht erst recht erinnern können? Es war ja früher. Ich würd's gerne wissen, was mit denen war. Warum jemand den hier eingegraben hat."

„Herr Jörg, wie Sie gesagt haben: Wir wollen ihm die ewige Ruhe gönnen. Da kommt vielleicht einiges heraus, was man vorher nicht überblicken kann …"

Kröten-Jörg schaute sie einige Sekunden lang an.

„Verstehe", sagte er dann. „Verstehe, Fräulein Susi. Was man vorher nicht überblicken kann. Verstehe. Aber jetzt wollen wir erst mal weitermachen."

Kröten-Jörg hatte sich aus einem spitzen Stück stählernem Moniereisen eine Sonde gebastelt. Die probierte er jetzt aus. Im Abstand von kleinen Schritten stocherte er in den Ackerboden. Mal stieß er nur auf einen Stein, mal auf die Scherbe von einem Steinguttopf, mal auf ein Stück Eisenschrott.

Susi Eigenherz sah ihm aus dem Auto aufmerksam zu. Wenn die Eisenstange auf einen festen Gegenstand stieß, hellte sich ihr Gesichtsausdruck auf.

Nach rund zehn Minuten, an einer Stelle am Rand des Ackers, fand die Sonde einen größeren Gegenstand.

„Fräulein Susi", rief Kröten-Jörg. „Interessant hier."

Sie rannte quer über das Feld, stürzte einmal und raffte sich schnell wieder auf. Atemlos kam sie bei Kröten-Jörg an und schaute ihm mit gefalteten Händen zu.

Er stocherte weiter im Acker. „Das könnte passen", brummte er. „Das könnte passen." Er legte die Stange weg, griff zum Spaten und begann vorsichtig zu graben.

Unbemerkt näherte sich auf dem Waldweg ein blauer VW Bulli Pritsche. Aus den Fenstern der Doppelkabine schauten verschlagene Gesichter heraus. Die sieben Kerschbaums waren auf Erkundungsfahrt.

Der Bulli hielt an. Alle Kerschbaums quollen aus dem Auto. Kröten-Jörg bemerkte sie spät. Als er sie sah, schob er Susi Eigenherz schnell in Richtung des Soldatengrabs und stocherte dort mit seiner Sonde herum.

Der alte Kerschbaum kam neugierig näher, einen Burger Stumpen im Mundwinkel. Seine Söhne folgten ihm in einigem Abstand.

„Aha, ein Suchtrupp!“, rief Jupp und hustete mit heiserem Bellen.

„Ja, Herr Kerschbaum, es mussten hier gewisse Nachforschungen angestellt werden.“

„Nachforschungen mit einer so hübschen Dame?“ Er schaute zu Susis Auto. „Und auch noch von so weit her. Donnerwetter. Da muss es ja ziemlich interessante Dinge zu erforschen geben auf diesem Acker. Darf man Näheres wissen?“

Kröten-Jörg zeigte mit der Eisenstange auf die frische Erde über dem toten Soldaten. „Ein Verwandter“, sagte er geheimnisvoll. „Er hat nach ihr gerufen. Und jetzt hat sie ihn gefunden. Durch mich. Ich höre die Stimmen der Toten unter dem Gras und dem Farn der Wälder und unter dem steinigen Boden der Äcker. Nur ich. Jetzt ist die Dame wieder mit diesem Ahnen versöhnt.“

„Ja.“ Susi Eigenherz sprach leise und traurig. „Ich hatte keine Ruhe mehr. Ich hörte diesen Ahnen rufen Tag und Nacht. Jetzt wird er seinen Frieden finden.“

Der alte Jupp schaute die beiden lange an.

„Die Dame hätte mich auch fragen können“, sagt er grinsend. „Ich höre auch die Stimmen der Toten. Hier liegt ein französischer Besatzungssoldat, der sich im Sommer 1945 an deutschen Frauen vergriffen hat. Ich hörte damals zufällig die Frau und ihre Kinder furchtbar Schreien und bin hierher gerannt. Es ging ganz schnell. Wir haben ihn gleich hier vergraben. Tagelang wurde nach ihm gesucht. Viele Einheimische wurden verhört und geschlagen. Aber die Sache wurde nicht aufgeklärt. Jörg, du warst ja noch klein damals.“

Kröten-Jörg schaute vor sich auf den Boden.

„Der Jupp Kerschbaum, der regelt das so“, sagte der Alte. „Damals hat man solche Geschichten so geregelt. Und heute würde ich das genauso regeln.“

„Ja“, sagte Kröten-Jörg dünn. „Herr Kerschbaum, Sie machen keine halben Sachen.“

Jupp grinste Susi Eigenherz an. „Gute Frau, wenn das wirklich Ihr Ahne ist, dann muss ich Ihnen natürlich mein großes Bedauern ausdrücken. Dass ich einen Ihrer Ahnen um die Ecke gebracht habe, betrübt mich sehr. Aber es war Notwehr, reine Notwehr. Bedauerlich, aber es war so. Im Sinne der Gerechtigkeit. Oder ..."

Er hustete hastig und schaute dann von Kröten-Jörg zu Susi. „... oder sind hier vielleicht noch mehr Ahnen von Ihnen vergraben? Wir könnten gemeinsam suchen. Das war eine wilde Zeit damals. Da ist so einiges vergraben worden. Viele Hände machen schnell ein Ende, gute Frau. Wir sind sieben Mann und haben sieben Spaten. In einer Stunde können wir anfangen. Ist Ihnen das recht?"

Susi Eigenherz schaute zu den Kieferwipfeln, wo sich eine Schar Krähen flatternd zankte. Dann blickte sie dem alten Kerschbaum hart in die Augen.

„Ich scheiß drauf", sagte sie ruhig. „Ich scheiß auf euch Idioten in diesem Idiotenkaff. Ihr seid ja alle durchgeknallt hier. Ich höre ja nur irgendwelche Mördergeschichten. Ist denn hier keiner normal? Ich will nur weg hier von diesem Idiotenkaff."

Sie rannte zu ihrem Auto, warf den Kofferraum zu, setzte sich ans Steuer und holperte den Opel Olympia mit aufheulendem Motor und durchdrehenden Rädern auf den Schotterweg.

Alle schauten ihr nach. „Nicht schön", sagte Jupp Kerschbaum nach einer Weile. „Lässt sie ihren Ahnen einfach so im Stich. Jetzt wird er wieder nach ihr rufen." Die sechs Kerschbaum-Jungen schüttelten ebenfalls bedauernd die Köpfe.

„Und nun, mein Freund?", sagte er zu Kröten-Jörg. „Wir könnten hier gemeinsam eine kleine Suchaktion starten. Man hilft sich doch gerne in dieser schwierigen Zeit?"

Die Kerschbaums scharten sich dicht um Kröten-Jörg. Der steckte die Hände in die Taschen und schaute dem alten Kerschbaum auf die Stiefelspitzen. Dann zeigte er in den Wald.

„Hörst du das, Herr Kerschbaum?“

„Was soll ich hören?“

„Sie rufen nach dir. Hörst du?“

„Wer soll nach mir rufen, du Quatschkopf?“

Kröten-Jörg sprach ganz leise. „Die unter der Erde, Herr Kerschbaum. Ich weiß genau, was im Wald geschieht und wer auf dunklen Wegen geht. Manche halten mich für einen Zauberer. Aber ich gebe mich niemandem zu erkennen. Ich höre, wie sie nach dir rufen, Herr Kerschbaum.“

„Du Clown. Was rufen sie denn?“

Kröten-Jörg hob die Hände, als ob er ihn segnen wollte. „Sie rufen: Ein altes Herz steht plötzlich still. Sechs Kinder und keinen Vater mehr. In dieser schwierigen Zeit. Oh, oh.“

„Oh, oh“, äfften die Kerschbaum-Jungen ihn albern nach, aber der Alte gebot ihnen mit einer Handbewegung, zu schweigen. Er drehte sich um und ging zu dem Bulli.

„Er spinnt“, sagte er halblaut zu seinen Kindern. „Lasst ihn. Er spinnt. Seit ich ihn kenne, spinnt er.“

Kröten-Jörg hielt die segnenden Hände erhoben, bis der Wagen mit den sieben Kerschbaums verschwunden war.

Kapitel 15

„Jetzt kannst du ja eher schon mal einen ausgeben. Die Runden sind ja nicht mehr so groß“, rief Äffchen Fettweiß dem als geizig bekannten Ziegeleibesitzer Bromberger am Jägerstammtisch zu. Eine Lachsalve der drei dort sitzenden Waidmänner dröhnte durch die dämmrige Gaststube, ein Lachen, aus dem trotz seiner Lautstärke das Entsetzen herauszuhören war über die Morde an den beiden Jägern und über die beiden leeren Plätze am Tisch.

„Jetzt muss ich mich ja um die Witwen kümmern“, trompetete Bestatter Ellermann, „das ist Kameradenpflicht. Werde gleich morgen früh mal bei der Försterin meine Aufwartung machen. In sauberer Unterwäsche natürlich und das Gerät voll aufmunitioniert!“ Er schlug lachend mit beiden Händen auf den Tisch, dass die Schnapsgläser hüpften und Bromberger warf sich in seinem Lehnstuhl hin und her, dass seine Fettwülste wogten, wehrlos in der Gewalt unbändiger Heiterkeit.

Der junge Landmaschinenmeister Strübecke wurde als Erster wieder ernst. „Was, wenn es einer auf jeden von uns Jägern abgesehen hat? Wenn das alles kein Zufall ist?“, fragte er in die Runde.

Äffchen Fettweiß blickte aufmerksam zu ihnen herüber. „Wenn das kein Zufall ist, dann müsst ihr bald mit den Skatspielern fusionieren, damit der Tisch wieder voll wird“, lachte er hinterm Tresen.

„Bloß nicht, dann werden wir vom Mörder noch mit den Jägern verwechselt“, protestierte Fips Müller am Skattisch.

„Bei uns ist auch nichts mehr frei, wir haben schon genug Pulverdampf abbekommen“, rief Dünners Paul vom Tisch vor der Garderobe, wo die Kriegsinvaliden saßen. Die verrauchte Gaststube bebte vor Gelächter. Sogar Susi Eigenherz lächelte. Sie aß seit einer Stunde an einem Käseschnittchen und bekam kaum einen Bissen herunter. Der Schreck über den Besuch der Kerschbaums auf Rehbeins Hafer lähmte sie immer noch. Auf der überstürzten Flucht vor dem Konflikt mit der angsteinflößenden Familie war sie mit dem Opel Olympia auf einem Feldweg ins Schleudern gekommen und hatte eine Scheunenmauer nur um Zentimeter verfehlt.

Nach diesen Erlebnissen konnte sie nicht alleine sein und brauchte die Gesellschaft der fremden Menschen in der Gaststätte. Wie könnte es weitergehen mit der Schatzsuche? Sollte sie die Aktion wirklich abbrechen? Gab es nach den Drohungen der Kerschbaums keine Chance mehr, das Silber ungestört auszugraben und nach Hause zu bringen? Sie irritierte auch diese unheimliche Stimmung in der Stadt. Man sprach nur noch von Morden. Der Täter lief angeblich noch frei herum. Warum war ihr Vorhaben plötzlich so schwierig? Der Plan hatte doch ganz einfach ausgesehen.

Bestatter Ellermann winkte Äffchen Fettweiß an den Jägerstammtisch. Er beugte sich vor und sprach leise. „Wir haben die Leiche ja abgeholt. Darf ich eigentlich nicht drüber sprechen. Aber der Kerl hat dem Diedrich den Kopf abgehauen", flüsterte er. „Hab ich noch nie gesehen so was. Lag im Bett und zack, mit einem Schwert oder so, Rübe ab. Leute, Leute, wenn du so was siehst. Wirklich nicht schön."

„Und die Frau? Was ist mit der? Hat man die vernommen?", fragte Ziegeleibesitzer Bromberger. „Vielleicht war die es ja? Wenn du mit so einem Kotzbrocken verheiratet bist, kommen dir vielleicht alle möglichen schrägen Ideen, wenn du die Schnauze voll hast."

Ellermann zuckte mit den Schultern. „Weiß ich nicht. In Handschellen war sie jedenfalls nicht. Vielleicht kommt ja Rottek heute noch. Dass wir ihn fragen können."

„Wisst ihr was? Mir läuft es eiskalt den Rücken runter", sagte Bromberger. „Wenn ich mir vorstelle, dass der Mörder vielleicht schon den nächsten von uns auf dem Kieker hat. Da muss doch die

Polizei was machen? Was machen die denn überhaupt? Man kann richtig Angst bekommen."

Landmaschinenmeister Strübecke schob sein Schnapsglas wie eine Schachfigur vor und zurück. „Was können wir tun? Abwarten, bis der nächste hier am Tisch fehlt? Zu Hause bleiben und uns einschließen? Vielleicht ist es ja wirklich auch ein Zufall, dass gerade zwei Jäger getötet wurden. Solche Zufälle soll es ja geben."

„Das sagte die Oma auch, als der zwanzigjährige Jüngling zu ihr ins Bett stieg", feixte Bestatter Ellermann und wieherte kreischend über seinen eigenen Witz.

Er nahm seine Brille ab und wischte sich über die Augen, japste noch im Nachklang seines unbändigen Lachens. Dabei bekam er nicht mit, dass die anderen im Raum verstummten.

Dagmar Simon betrat die Wirtsstube. Sie trug eine schwarze Hose, einen schwarzen Rollkragenpullover und ihren dünnen Lodenmantel. Die schöne Försterin ging zu dem einzigen freien Tisch, zog den Mantel aus und legte ihn über einen Stuhl. Sie schaute sich gelassen die Gäste im Lokal an. Einen Moment blieb ihr Blick auf den Männern am Jägerstammtisch haften. Äffchen Fettweiß schlurfte eilig zu ihr.

„Einen doppelten Wachholder und eine Limonade bitte", bestellte sie. „Ich hatte ja gar keine Ahnung, wie gemütlich es in Ihrer Gaststube ist."

„Danke. Das ist für viele hier das zweite Heim", sagte der Wirt.

„Ich weiß", sagte Dagmar Simon.

Bromberger stieß Bestatter Ellermann heftig mit dem Ellbogen in die Rippen und zeigte mit einer Kopfbewegung auf die Witwe. „Feuer frei", zischte er, „ran an das Reh. Frontalangriff." Ellermann wurde verlegen und trank zwei Schluck von seinem Bier.

„Du hattest es vorhin angekündigt", meinte auch Strübecke, „jetzt musst du ran. Hast du auch frische Unterwäsche an?"

Ellermann räusperte sich nervös. „Meint ihr? Jetzt?", fragte er unsicher, und als er nur auffordernde Signale bemerkte, stand er auf und ging zum Tisch von Dagmar Simon.

„Ich habe Ihren Mann gut bekannt", nuschelte er verlegen und setzte sich ihr gegenüber auf den freien Stuhl.

„Das brauchen Sie wirklich nicht besonders zu betonen", sagte die Försterin kalt.

„Ich möchte Ihnen persönlich mein Beileid aussprechen und meine Unterstützung anbieten, in dieser Situation, auch von uns Jägern", sagte er kehlig und reckte den Hals im Kragen.

Dagmar Simon schwieg und schaute interessiert den Skatspielern zu. Ellermann rückte unmerklich näher zu ihr hin. „Sie sind so eine bezaubernde Frau. Wir kennen uns viel zu wenig", säuselte der Bestatter und schaute unsicher und wie nach Ermutigung suchend zum Jägerstammtisch.

„Wir kennen uns. Das reicht", antwortete Dagmar Simon und blickte auf seine nervös herumfahrenden Hände.

„Ja, mit Ihrem Mann die traurige Geschichte." Man hörte Ellermanns Stimme die verkrampfte Mühe an, mit der er das Gespräch in Gang setzen wollte. „Den Uhrmacher hat es ja nun auch erwischt. Wir hatten da gerade drüber gesprochen. Und dann hatten wir gerätselt, wer von uns der Nächste sein wird." Er lachte dünn. Die Försterin schaute ihm kühl in die Augen.

Ellermann versuchte einen ironisch witzigen Unterton: „Wissen Sie, ich frag mich die ganze Zeit: Bin ich der Nächste?"

Dagmar Simon griff seine Hand. „Ich kann Sie beruhigen. Sie sind nicht der Nächste. Sie sind erst der Übernächste." Sie lachte ein lautes und unbändiges Frauenlachen. Ellermann saß ihr gegenüber mit offenem Mund, sein Gesicht sichtbar von Staunen und Entsetzen gezeichnet. Erst nach einigen Sekunden versuchte er zu lächeln. Aber es gelang ihm nur halb.

Alle anderen im Raum hatten den Satz gehört. Die Invaliden kicherten als Erste, dann breitete sich ein raues Gackern von Tisch zu Tisch aus, und schließlich bebte auch der Jägerstammtisch von einer wüsten Heiterkeit. Mitten in dem Lärm machte Dagmar Simon eine winzige, wegwischende Handbewegung, die nur Ellermann sah. Aber er verstand, erhob sich und ging rückwärts, sich verneigend, zurück zum Jägerstammtisch.

Kapitel 16

Rottek und Kesselring lehnten am Streifenwagen und rauchten. Sie waren am Morgen noch einmal in den Kalten Grund gefahren, wo man den erschossenen Förster gefunden hatte. Am grauen Himmel kreiste schreiend ein Bussard. In der Waggonfabrik am Stadtrand donnerte der schwere Schmiedehammer immer wieder auf die Pufferteller.

„Warum gerade hier?", fragte Rottek. „War das Zufall? Hat ihn jemand abgepasst? Und im Dunkeln hat er ihn auch noch sofort tödlich getroffen. Das ist doch alles nicht normal. Ich komm nicht weiter. Oder bin ich völlig vernagelt? Herr Hauptwachtmeister, sagen Sie doch auch mal was."

„Mir wären Moped-Diebstähle lieber als Morde", brummte Kesselring. „Ich glaube, mit dem Förster, das ist eine ganz andere Geschichte als wir glauben. Da ist noch etwas, was wir nicht wissen."

Das Geschoßteil, das nahe der Leiche in der Baumrinde steckte, war mit Sicherheit nicht aus dem Drilling von Uhrmacher Diedrich abgefeuert worden. Das hatte das Labor in Koblenz inzwischen herausgefunden. Als Kaliber 9,3 war das Projektil bestimmt worden. „Försterpatrone" hieß diese Munition zwar, aber mit dem Tod des Försters hatte der Name tatsächlich nichts zu tun.

Unter den Kiefern zog ein Reh langsam durch die gelben Blätter der Traubenkirsche und blieb auf dem Waldweg stehen. Es eräugte die beiden und sprang lautlos ab.

Rottek sah ihm nach. „Was für ein wunderschönes Tier."

„Übrigens. Hatten Sie mir nicht noch einen Rehrücken versprochen?", fragte Kesselring. „Fällt mir gerade so ein. Wenn meine Tochter zu Besuch kommt, wollen wir gemeinsam brutzeln."

„Einen Rehrücken kann man erst liefern, wenn man ein Reh totgeschossen hat. Ich bin nicht immer in Mordsstimmung, Herr Hauptwachtmeister. Es gibt auch mal Zeiten, da kann ich den Finger einfach nicht krumm machen. Ich bin einfach zu sentimental. Können Sie das verstehen?“

„Sentimental? Sie? Wenn man Jäger ist und seinem Kollegen einen Rehrücken versprochen hat, dann darf man nicht sentimental sein. Das hat etwas mit Pflichtbewusstsein zu tun. Dann müssen die zarten Gefühle schweigen.“

„Wann kommt denn Ihre Tochter?“

„Samstag in einer Woche.“

„Bis dahin werde ich möglicherweise meine zarten Gefühle zum Schweigen gebracht haben. Für einen Jägerhasser sind Sie aber doch ganz schön hinter dem Wildbraten her.“

„Ich bin ja kein Rehrückenhasser. Aber Jäger sind Strolche. Ich mag nun mal gewisse Typen der grünen Zunft einfach nicht. Und das hat seine Gründe.“

„Welche genau?“

„Lassen wir die alten Geschichten. Das bringt uns nicht weiter.“

„Manchmal sind die alten Geschichten die interessantesten.“

„Rottek, wir haben hier neue Geschichten. Und die erfordern unsere ganze Aufmerksamkeit. Eine der Geschichten trägt die Überschrift ‚Förster Simon‘.“

„Ich glaube, wir fahren noch mal zur Witwe ins Forsthaus. Die muss uns jetzt ein Stück weiterhelfen.“

Dagmar Simon goss gerade die Fuchsien in den Blumenkästen, als der Streifenwagen auf den Hof der Försterei fuhr. Rottek glaubte gesehen zu haben, dass sie ganz kurz zusammenzuckte, als sie das Auto erkannte. Aber er konnte sich auch getäuscht haben.

Traurig lächelnd kam sie ihnen entgegen. „Wieder Schreckensnachrichten?“

„Frau Simon, das mit Ihrem Mann ist ja eine ziemlich rätselhafte Geschichte. Wir müssen Sie da einfach noch ein paar Sachen fragen. Passt es jetzt?“

„Ja, natürlich. Wenn ich bei der Aufklärung helfen kann, jederzeit.“

Sie setzten sich an den Küchentisch. Frau Simon saß aufrecht auf ihrem Stuhl, die Hände auf der Tischplatte gefaltet.

„Ich habe ja dieses Schussbuch Ihres Mannes durchgeblättert“, sagte Rottek. „Da hat er immer wieder solche Anmerkungen aufgeschrieben. Beim Ansitz muss ihn demnach jemand beobachtet oder ihm aufgelauert haben. Wissen Sie, wer das gewesen sein könnte? Hat er darüber gesprochen?“

„Er hat mit mir nie über solche Sachen gesprochen. Mit mir hat er überhaupt ganz wenig gesprochen. Manchmal hat er geschimpft auf irgendjemanden, wenn es Ärger gab. Oder er hat im Büro am Telefon herumgebrüllt. Aber ich hab mir das nicht gemerkt. Die Kerschbaums, das weiß ich. Die sieben Kerschbaums, die hatte er im Verdacht. Die sind wohl auch nachts im Forst herumgestromert. Mit denen hat er viele Holzgeschäfte gemacht. Jahrelang. Aber dann wurden sie wohl frech, so in der letzten Zeit. Irgendwas ist da gewesen. Er meinte, sie hätten Stämme geklaut. Aber geklaut haben die eigentlich ständig. Komischerweise hat er sich aber mit denen immer wieder geeinigt. Bis jetzt, die letzten Wochen. Da ist irgendwas gewesen.“

„Haben Sie eine Idee, was gewesen sein könnte?“

„Nein. Absolut nein. Wissen Sie, er ist weggefahren und hat mir nicht gesagt, wohin. Er ist wiedergekommen und hat nie gesagt, was war. Er war freundlich zu mir, das war er. Wir haben hier schön gewohnt und hatten eine gute Zeit. Aber sein Leben, das hat er nicht mit mir geteilt. Deshalb wusste ich nie was. Vielleicht hat er am Jägerstammtisch mehr erzählt. Da gehörte er ja immer zu den letzten. Vielleicht fragen Sie da mal jemanden.“

„Gibt es Geschäftsaufzeichnungen? Briefe? Rechnungen, Quittungen oder so etwas?"

Dagmar Simon zeigte durch die offene Tür ins Büro. „Die Ordner. Die können sie ja mal durchsehen. Nehmen Sie einfach alles mit. Ich bin froh, wenn es weg ist. Ich schmeiß sowieso den ganzen Krempel aus dem Haus. Unser Sohn, der kommt morgen, und dann räumen wir hier erst mal auf."

Rottek und Kesselring standen auf. „Frau Simon, diese Geschichte, für uns ist das ein dicker Brocken. Können Sie sich ja wohl denken. Ich bin sicher: Der Tod Ihres Mannes war kein Zufall."

„Herr Kommissar, ist nicht alles im Leben irgendwie ein Zufall?"

„Wenn man etwas plant, und setzt diesen Plan um, dann ist das ganz bestimmt kein Zufall, Frau Simon."

„Was Sie immer gleich denken, Herr Kommissar. Die Polizei, die denkt immer schlecht von den Menschen."

Kesselring schnaufte deutlich hörbar. „Gute Frau, wenn da ein Förster im Wald liegt mit einem Loch im Kopf, das ihm jemand da hereingeschossen hat, dann glauben wir nicht an eine gute Tat, sondern dann ist das ein Verbrechen. Wahrscheinlich, jedenfalls."

„Sehen Sie, Sie sagen selbst: Wahrscheinlich. Das heißt, Sie sind sich nicht sicher. Ein Verbrechen, das klingt immer gleich so unangenehm. Glauben Sie denn nicht an das Gute im Menschen, Herr Wachtmeister?"

„Seit 1945 nicht mehr, Frau Simon."

„Naja, Herr Wachtmeister, jetzt werden Sie bitte nicht politisch. Ihre Spitzfindigkeiten, da soll sich noch einer auskennen. Jetzt kommen Sie mir auch noch mit 1945. In einem Forsthaus, da gibt es keine Politik. Hier bellen die Hunde, hier singen die Vögel, hier steht die Frau am Herd und schält Kartoffeln. Das ist hier die Welt."

„Und das Rehlein?"

„Das Rehlein hüpft am Waldessaum."

Kesselring setzte zu einer weiteren knurrigen Bemerkung an. Aber Rottek fasste ihn am Ellbogen und zog ihn weg.

Die beiden Polizisten packten jeder einen Arm voller Ordner und trugen sie zum Streifenwagen. Dagmar Simon folgte ihnen, die Arme vor der Brust verschränkt.

„Sagen Sie“, fragte sie, als die beiden schon im Auto saßen. „Sagen Sie mal, haben Sie denn überprüft, ob der Simon sich vielleicht selbst das Loch im Kopf beigebracht hat? Ich meine, das kommt ja vor, sowas. Ein bisschen komisch war er ja immer.“

Rottek schaute ihr in die Augen. „Frau Simon, dieses Loch im Kopf, das stammt von jemand anderem. Einer, den wir noch nicht kennen. Vom Förster selbst stammt es ganz sicher nicht. Leider.“

„Naja, Herr Kommissar, war nur so eine Idee von mir. Man denkt ja Tag und Nacht drüber nach, über so eine Sache. Und dann die Trauer. Ich könnte den ganzen Tag weinen. Es dreht sich alles im Kreis. Es kommen einem keine klaren Gedanken mehr.“

Sie ging zum Haus, griff wieder ihre Gießkanne, drehte sich um und winkte ihnen nach, als der grüne Käfer hinter den Haselnussbüschen verschwand.

„Die hat's aber voll erwischt“, meinte Kesselring und schaltete energisch in den zweiten Gang. „Die steht ja immer noch unter Schock.“

„Ich weiß nicht.“ Rottek versuchte vergeblich, die Heizung bei dem VW Käfer in Gang zu bringen. „Einerseits ja.“ Er riss wütend an den Reglern. „Scheißkarre. Andererseits hat sie ganz klare, freche Augen. Die Frau trauert nicht, glaube ich. Die lebt jetzt ihr eigenes Leben und denkt: ‚Gott sei Dank ist der Alte hinüber.‘ So könnte ich mir das vorstellen.“

„Nur weil jemand freche Augen hat, ist er ja noch nicht verdächtig. Nur dann, wenn jemand an einem im Staatsbesitz befindlichen Kraftfahrzeug herumrandaliert, dann macht er sich strafbar.“

„Ich geb's auf mit dieser Kiste." Rottek lehnte sich entnervt zurück. „Im Sommer heizt das Auto doch wunderbar. Warum jetzt nicht?"

„Im Sommer ist das Leben leichter, Herr Kommissar. Da macht man viele Dinge einfach lieber als im Winter. Das gilt sicher auch für solche hervorragenden Markenfabrikate wie dieses Kraftfahrzeug. Heizen ist im Sommer eben einfacher als im Winter. Das müssen Sie einfach mal so sehen."

„Dann gießen Sie diesem Markenfabrikat doch mal einen halben Liter von ihrem Nussschnaps in den Tank. Das hilft bestimmt in der kalten Jahreszeit. Außerdem fährt die Kiste dann sicher noch schneller als ohnehin. Sie fahren ja schon knapp vierzig."

„Sie sind ein unverschämter Schnösel."

„Was schlagen Sie vor mit Simon? Haben Sie eine Idee?"

„Haben Sie denn keine Idee?"

„Als Hauptwachtmeister hat man doch am Erleuchtungskurs teilgenommen. Und wie ich Ihren Ausführungen täglich entnehme, haben Sie ihn mit Auszeichnung bestanden. Deshalb meine Frage."

„Kröten-Jörg?"

Rottek schüttelte energisch den Kopf. „Kröten-Jörg, der bringt keinen um. Am wenigsten den Förster. Kröten-Jörg will Anerkennung, Anteilnahme, Zuwendung. Mit diesem Schuss hätte er einen väterlichen Freund getötet. Sehr unwahrscheinlich. Völlig unwahrscheinlich sogar in meinen Augen."

„Ich meine ja nur. Mal jede Möglichkeit durchdenken. Und wenn es ein Fehlschuss war? Dass er ihn für eine Sau gehalten hat und bumm? Sie sind doch auch so ein Jägerstrolch. Passieren solche Dinge nicht immer mal wieder?"

„Wenn er ihn für ein Wildschwein gehalten hat, dann hätte er ihn nicht in einem Meter achtzig Höhe in den Kopf geschossen. So groß ist kein Wildschwein. Außerdem wäre er mit den Nerven am Ende gewesen danach und aufgefallen mit so einer Seelenlast. Sicher."

„Haben Sie seine Waffe schon mal gesehen? Weiß überhaupt irgendjemand, womit der schießt? Ich meine nur. Wegen einem Geschoßgutachten vielleicht. Nur sicherheitshalber. Damit wir ihn ausschließen können."

„Stimmt. Hab ich noch nicht dran gedacht. Bring ich auf den Weg die nächsten Tage."

Kesselring steuerte den VW Käfer über den rutschigen Forstweg. Regen setzte ein. Rechts und links zog der herbstliche Wald vorbei. Rottek wünschte sich so sehr, jetzt Zeit für die Jagd zu haben und draußen zu sitzen. Stattdessen den Druck von zwei ungeklärten Tötungsdelikten und keinen Ansatz, wo man mit den Ermittlungen anfangen konnte. Nachts wurde er wach und das Szenario der Beteiligten zog in seinem Kopf wie auf einer Bühne vorbei. Wer von ihnen konnte einen Mord begehen? Er kannte die meisten doch schon so lange und kannte auch fast alle Bewohner des Ortes. Was könnte ein Grund sein, dass einer von ihnen so die Kontrolle über sich verlor? Den letzten Toten gab es vor zwei Jahren in der Bahnhofstraße. Streit unter Schrotthändlern.

Ein Mann aus Siegburg wurde damals mit einem Bleirohr erschlagen. Den Täter hatte Rottek zehn Minuten später festgenommen. „Rottek, ich wusste, Sie kriegen das hin", hatte Staatsanwalt Baumdienst damals gesagt. Und Rottek hatte wirklich geglaubt, er hätte eine kriminalistische Meisterleistung vollbracht. Dabei war es eine Kleinigkeit gewesen. Der Täter hatte ihm sogar noch die Hände hingehalten für die Handschellen.

Aber jetzt. Keiner hielt ihm die Handgelenke hin. Immer nur dieses blöde Rätseln: Wer? Warum? Wo sollte man ansetzen? Niemand machte sich verdächtig. Niemand verhielt sich auffällig. Es gab keine Zeugen, keine hilfreichen Aussagen. Die Uhrmachersfrau lag neben ihrem Mann, als der fast geköpft wurde, und hatte angeblich nichts davon mitbekommen.

Rottek klatschte in die Hände. „Wir fahren noch mal ins Krankenhaus. Vielleicht kann uns Frau Diedrich endlich was erzählen. Die wollte doch noch etwas Wichtiges loswerden, da im Laden. Wenn es ihr jetzt wieder besser geht?“

„Ein Versuch. Ein Versuch. Aber so, wie ich die abgeliefert habe, in der Verfassung, ich weiß nicht. Schlaganfall, Rottek, Schlaganfall, das geht nicht weg wie ein Schnupfen. Mein Vater hatte das auch. Halbseitig gelähmt ein paar Monate, und dann der zweite Schlaganfall, Feierabend. Raucher und immer nur der fette Speck aufs Brot, fingerdick die Butter, das verstopft den Kopf. Der Arzt hat gesagt, es kommt vom Rauchen, von der Butter und vom Speck. Das setzt den Kopf dicht. Ob's stimmt? Wissen Sie, die Ärzte, die halten einem immer hinterher Vorträge. Meinem Vater hat der Arzt nie gesagt: Walter, lass den Speck weg und die Kippen. Nein, der kam immer zur Abendbrotzeit und sagte: ‚Bei euch riecht's aber gut'. Dann hat er sich an den Tisch gesetzt, sich ordentlich aufgeschaufelt und meinem Vater gesagt: ‚Du siehst gut aus, halte dich senkrecht, fein, dass es dir schmeckt'. Und als der Vater tot war, dann hieß es: Die Kippen und der Speck, die haben ihn umgebracht. Ich kann mich schon wieder aufregen, wenn ich dran denke, an den Pfeifenkopp.“

Frau Diedrich lag im Städtischen Krankenhaus in einem Dreibettzimmer. Die beiden anderen Frauen hatten Besuch. Ganz offensichtlich vom Lande. Einer der Männer trug noch seine grüne Arbeitskappe. Es roch sehr deutlich nach Stall. Kesselring rümpfte die Nase. Mit seiner Uniform zog er sofort die Blicke auf sich.

„Werd' ich jetzt verhaftet?“, fragte der mit der Mütze im Scherz.

„Wer hier so nach Mist stinkt, den sperr' ich sofort ein“, knurrte Kesselring. „Seid ihr auf dem Jauchefass hergeritten?“ Die Besucher drehten sich schnell wieder zu ihren Angehörigen um.

Die Uhrmachersfrau lag klein und still in ihrem Bett. Das Gesicht bleich und glatt. Sie hatte die Augen geschlossen.

Rottek berührte ihre Hand. Sie öffnete die Augen und versuchte zu lächeln. Aber sie verzog nur einen Mundwinkel, zeigte mit der linken Hand auf ihre rechte Seite und schüttelte den Kopf.

„Ist klar", sagte Rottek, „wir wissen Bescheid. Wird schon wieder werden, denke ich. Was sagt der Arzt?"

Frau Diedrich schaute ihn mit großen, traurigen Augen an und öffnete den Mund.

„Lam, jam, jam, lam", lallte sie. Dann hielt sie inne. Tränen liefen aus den Augenwinkeln die Wangen herunter.

Rottek griff ihre Hand. „Lam, lam, lam", murmelte Frau Diedrich lebhaft, als ob sie ihnen etwas erklären wollte.

„Wir wollten wissen, wie es Ihnen geht", erklärte Rottek freundlich. „Aber wir haben uns auch noch daran erinnert, dass Sie uns zuletzt etwas Wichtiges mitteilen wollten. Wegen Ihrem Mann oder so, was da neulich in der Nacht war. Sie sagten jedenfalls, Ihnen wäre da noch was Entscheidendes eingefallen. Da wollten wir noch mal nachfragen jetzt. Aber …"

Sie schaute ihn angestrengt an. Dann nickte sie energisch und aufgeregt. „Lam, jam, jam."

„Ist gut, Frau Diedrich. Wir können Sie nicht verstehen. Vielleicht später. Oder können Sie uns etwas aufschreiben? Herr Hauptwachtmeister, haben Sie einen Block dabei und einen Stift?"

Kesselring kramte in der Brusttasche seiner Uniform und holte einen kleinen Schreibblock und einen Bleistift hervor. Sie nahm den Schreiber in die Hand und krakelte Schnörkel auf das Papier. Dann legte sie beides aus der Hand, zuckte mit den Schultern und weinte wieder.

„Aphasie", sagte jemand hinter ihnen. „Aphasie nennt man das. Da ist vorerst kaum etwas zu machen."

Es war der junge Chefarzt, Doktor Fischer. „Schlaganfall auf der linken Hirnseite", erklärte er. „Aphasie. Sprechen, Schreiben und

Lesen sind weg. Erst mal jedenfalls. Aber Frau Diedrich ist ja sehr tapfer. Das wird schon wieder."

Rottek und Kesselring verabschiedeten sich von der Uhrmachersfrau und gingen zum Auto. Vor dem unteren Behandlungsraum entstand ein Tumult. Eine Rollbahre wurde über den Gang geschoben. Eine Infusionsflasche hing an einem Gestell, der Patient hatte Schläuche im Unterarm. Er schaute die beiden traurig an. Es war der alte Kerschbaum.

Kapitel 17

Äffchen Fettweiß stand am Tresen und trocknete Gläser. Gedankenverloren sah er dabei aus dem Fenster. Seine Enkelkinder spielten draußen auf dem nassen Kopfsteinpflaster lärmend mit einem Gummiball „Arschloch hoch Amerika". Fettweiß hielt inne und schaute verstohlen zu Susi Eigenherz, die allein am Ecktisch unter dem großen Ölbild von dem pflügenden Bauern saß und schon am dritten Weinbrand nippte.

Sie war der einzige Gast. Die alte Wanduhr tickte, das Kindergekreisch drang von der Straße herein. Jemand schlug dumpf Pfähle ein auf einer Wiese in der Nähe. Ins Spülbecken tropfte Wasser. Susi starrte vor sich auf das blauweiß karierte Tischtuch. Schon seit über einer Stunde saß sie da, bewegte manchmal die Lippen und einmal glaubte der Wirt gesehen zu haben, wie sie die Faust ballte.

Sie bestellte noch einen Tee und einen Weinbrand.

„Ich habe eine Tochter in Ihrem Alter", sagte Fettweiß leise und freundlich zu ihr, als er das kleine Tablett vor sie hinstellte. „Sie hat zwei Kinder, der Mann ist abgehauen nach Deutsch Südwest. Das Leben ist für das Mädchen nicht einfach, so allein. Wir sprechen oft. Deshalb …" Er zögerte. „Wenn Sie etwas bedrückt, vielleicht kann ich Ihnen helfen? Man muss doch jemanden haben, der einem zuhört?"

Susi Eigenherz bewegte keine Miene. Sie legte den Teebeutel auf den Untersetzer, gab Zucker in den Tee, rührte ihn um. Stellte das leere Weinbrandglas auf das Tablett, nahm das volle Glas zwischen Zeige- und Mittelfinger der rechten Hand. Hielt es so.

Äffchen Fettweiß wollte das benutzte Geschirr wegtragen, aber er hielt inne.

„Wenn es wegen dem jungen Mann ist? Den kennen wir hier im Ort. Der ist eigentlich nicht verkehrt, nur sehr schwierig. Ein schwieriger Vertreter. Aber er hat ein gutes Herz, glaube ich. Ich kenne ihn ja von klein an. Schon die Mutter. Er hat Pech gehabt mit den Eltern. Der Krieg. Der Krieg. Wie es so war."

Er nahm den Teelöffel aus dem leeren Glas und legte ihn daneben auf den kleinen Teller.

„Er musste allein weiterleben irgendwie. Wir haben ihn durchgepäppelt, er hat immer bei uns allen einen vollen Teller gehabt und einen Tisch, wo er die Schulaufgaben machen konnte. Sonst hätte er vielleicht schon lange beim Teufel auf der Schubkarre gesessen. Aber jetzt hält er sich. Er ist halt ein Waldmensch. Hat seine eigenen Gesetze. Man muss ihn lassen. Wenn man ihn lässt, dann geht es gut mit ihm."

Susi Eigenherz rührte immer noch in ihrem Teeglas. Ihr Blick wanderte und blieb in seinen weichen Augen stehen.

Äffchen Fettweiß wandte sich ab und schlurfte zum Tresen. Letzte Nacht, das war wieder so eine Nacht gewesen, wo die Hüfte ihn nicht hatte schlafen lassen. Er hatte nicht gewusst, wie er liegen sollte, denn die Hüfte schmerzte in jeder Position. Zweimal hatte er sich einen Umschlag mit Dachsschmalz gemacht. Als der Morgen endlich kam, war er erleichtert gewesen. Im Alltag spürte er die Schmerzen nicht so. Äffchen Fettweiß schaute sich um zu Susi. Ihr Blick hatte ihn verfolgt. Offen, aber ausdruckslos.

„Ich kann es nicht sehen, wie Sie da so sitzen", sagte Äffchen Fettweiß. „Meine Tochter, die sitzt auch oft so da, so zugeschlossen. Einmal hat sie gesagt: ‚Vati, wofür bin ich auf der Welt?'. ‚Vati, wofür bin ich auf der Welt?'. Wissen Sie, wenn ihr Kind so was sagt, dann … dann …"

Er wischte sich mit dem Geschirrtuch über das Gesicht und schaute wieder aus dem Fenster.

„Wir können das Leben nicht anhalten, wenn es schön ist", sagte er nach einiger Zeit. „Aber wir können es auch nicht schnell weiterdrehen, wenn eine Zeit nicht gut ist. Ich sag immer, wir sitzen immer drin, in der rollenden Kugel, und purzeln durch die Jahre. Wissen Sie, meine Irmgard, die lag viele Jahre oben im Zimmer. Die hat ja nur noch gelegen mit ihren Beinen. Das war auch schwer für mich, für uns. Sie ist gegangen, und ich habe gesagt: Lieber Gott, warum lässt du uns nicht zusammen? Auch wenn sie nur liegt, wir können doch zusammen sein. Wie es so war. Wie es so war."

Er faltete das Geschirrtuch zusammen, legte es über das Kupferrohr am Tresen.

„Solche Gedanken, die hat man dann. Wissen Sie, Fräulein, jeder hat solche Gedanken. Ich bin manches Mal in den Jahren aus der Spur gelaufen. Richtig aus der Spur gelaufen. Als Mann, meine ich. Und dann denkt man plötzlich: Zu Hause, da sitzt ja eine, die ihr Leben lang an deiner Seite war. Und die nie aus der Spur gelaufen ist. Die dir mitten in der Nacht die Honigmilch macht, wenn du vor Husten nicht einschlafen kannst. Oder die Kotze aufwischt, wenn du nach dem Kegelausflug quer über dem Bett liegst. Alles erlebt, Fräulein, hab ich alles erlebt."

Susi Eigenherz stellte das Weinbrandglas, ab ohne daran getrunken zu haben, verschränkte die Arme vor der Brust und schaute aus dem Fenster.

„Dieser junge Mann, das ist ja vielleicht auch alles ein bisschen schnell gegangen, vermute ich mal. Das kann sich ja alles noch entwickeln mit dem. Wissen Sie: Gefühle, die entwickeln sich. So oder so. Ich kenn das. Ich sag Ihnen, ich kenne das. Ich hab auch schon heimlich Briefchen geschrieben an irgend so ein Vögelchen draußen. Und in der Scheune auf Wolldecken rumgemacht. Hier kamen auch schon mal Frauen rein, wo plötzlich alles brannte in mir, das Herz und alles. Dann gibt es Dinge, die müssen geschehen. Und dann geschehen sie. Und Irmgard lag oben im Zimmer. Bin ich deshalb schlecht? Ja, vielleicht. Vielleicht bin ich schlecht. Aber die Gefühle, die haben sich dann auch wieder anders entwickelt. Ein paar Tage oder Wochen, und dann sagst du dir auf einmal: Besser, wenn du wieder der Alte wärst. Besser, du wärst wieder der Alte. Und dann ist es vorbei. Husch, vorbei. Ja, so war das. Das war so."

Sie schwiegen. Von Strübeckes Schmiede nebenan hörte man ein Pferd wiehern. Bald darauf zog der Geruch von verbranntem Horn über die Straße. Scharfensteins alte Lotte wurde mit neuen Eisen beschlagen.

Susis Stimme war klar und fest. „Es ist nichts mit dem jungen Mann", sagte sie. „Überhaupt nichts."

Ihre Augen trafen sich.

„Aber kennen Sie das, dass in einem Moment alles zerbricht, was man sich lange zusammengeträumt hat? Zusammengehofft hat? Wissen Sie, Herr Fettweiß, es gibt gute Tage. Es gibt schlechte Tage. Und es gibt Scheißtage. Und heute ist für mich so ein Scheißtag. Ein richtiger Scheißtag. Kennen Sie das? Können Sie das verstehen?"

„Vielleicht kann ich es verstehen. Aber ich weiß ja gar nichts von Ihnen. Wenn man sich so fremd ist, dann ist es schwer mit dem Verstehen."

Susi holte die handgemalte Karte vom vergrabenen Silberschatz aus ihrer Handtasche. Hielt sie hoch. „Hier", sagte sie, „das ist der Grund für das ganze Elend."

Äffchen Fettweiß kam hinter dem Tresen hervor. Sie wollte erklären und holte schon tief Luft.

„Mahlzeit!" Rottek und Kesselring betraten die Gaststube.

„Ich grüße die Ordnungsmacht", sagte Äffchen Fettweiß zackig und nahm ironisch Haltung an. Susi Eigenherz faltete den Schatzplan wieder zusammen. Die beiden Polizisten setzten sich an den Jägerstammtisch.

„Kannst du uns einen Kaffee machen?“, fragte Rottek. „Und ich geb eine Wurscht aus. Mit Kartoffelsalat. Herr Hauptwachtmeister, einverstanden?“

„Für mich mit viel Senf und zwei Brötchen“, sagte Kesselring.

Äffchen Fettweiß beugte sich seitwärts in die Öffnung der Durchreiche und rief die Bestellung in die Küche. Sofort begann die alte Köchin Irmela dort zu klappern.

Eigentlich wollte Rottek mit den Worten „Mein liebes Äffchen Fettweiß“ beginnen. Aber als er Susi an ihrem Tisch sitzen sah, verzichtete er auf diese vertrauliche Anrede.

„Sag, mal, Herr Gastronom, der Förster Simon, der war doch oft hier am Stammtisch?“

„Ja, fast jeden Tag. Weißt du doch auch.“

„Wir fragen jetzt sozusagen amtlich. Du kriegst hier ja so manches mit, was wir nicht mitbekommen.“

„Weil ihr nicht da seid.“

„Genau. Weil wir nicht da sind.“ Hauptwachtmeister Kesselring schob grimmig seinen Unterkiefer vor. Ihn sah man hier im „Weißen Falken“ höchstens einmal zu einer Silberhochzeitsfeier oder einem Beerdigungskaffee. In einer Gaststätte Geld auszugeben, das war für ihn der Gipfel der Verschwendung. „Ein deutscher Beamter hockt nicht im Wirtshaus“, das war sein Lehrsatz dazu. Wirtshäuser waren für ihn Brutstätten der Unbotmäßigkeit. Schlägereien, Zechprellerei, außereheliche Affären, Rauschtaten – das alles hatte für ihn seinen Ursprung in solchen Örtlichkeiten.

Wie oft wurde er spät abends von einem Gastwirt gerufen, weil es Ärger gab. Meist gerade dann, wenn er sich vor dem Radio entspannte oder mit seiner Frau im Garten saß. „Kneipenärger“ war sein Fachbegriff für dieses lästige Phänomen. Kneipenärger schlichtete Kesselring mit harter Hand und gelegentlich auch unbürokratisch mit einer kräftigen Ohrfeige. Insbesondere bei jüngeren Streithähnen.

Der Ruf „Kesselring kommt" genügte deshalb oft schon, um bei Kontrahenten Einsicht und Mäßigung herbeizuführen. Einmal, als Jugendliche aus zwei verfeindeten Dörfern mit zerschlagenen Bierflaschen aufeinander losgingen, eilte Kesselring im Schlafanzug herbei, die Dienstmütze auf dem Kopf und befriedete brüllend die Szenerie.

Diesmal war er als Amtsperson in der Gaststätte. Das war für ihn vertretbar. Außerdem hatte Rottek ihn zur Wurst eingeladen. Der Kommissar wollte den Wirt über Förster Simon und Uhrmacher Diedrich befragen. Die waren hier ja Stammgäste gewesen.

„An jenem Abend, bevor Simon ermordet wurde, gab es da mit ihm irgendetwas Besonderes? Hast du was bemerkt?"

„Moment. Wann war das noch mal? Nein, soweit ich weiß. Er ist hier raus so gegen elf. Er hatte an dem Tag eine Sau geschossen und darüber wurde gesprochen, ich erinnere mich noch. Er hat erzählt, wie das war, und dass er das Schwein noch kurz nachsuchen musste. Das war's eigentlich. Nein, nichts Besonderes sonst."

„Hat er mal was von Kerschbaums erwähnt? Dass er Ärger mit denen hat oder sonst, dass ihn jemand bedroht hat?

„Die Kerschbaums, wo die Frau im Bahnhof putzt?"

„Ja, diese sieben Spitzbuben."

„Nein. Von Kerschbaums hat er nie gesprochen. Soweit ich mich erinnere, heißt das. Die kommen ja auch nicht hierher. Ich weiß nichts von denen, außer dass man sich vor ihnen in Acht nehmen muss. Mit Diedrich, da hatte er ja ständig Zoff. Das war ja ein ganz besonderes Liebespaar, so die letzten Wochen."

„Der Diedrich, das ist unsere nächste Baustelle. Dir werden ja Zug um Zug die Stammgäste weggemordet. Das drückt sicher auf den Umsatz?"

„Ach, Umsatz. Das ist nicht so wichtig. Aber wenn einer lange Jahre hier ins Haus kommt und dann kriegt er eins vor die Rübe und ist weg. Das geht nicht einfach an dir vorbei. Der Diedrich, das war ja ein schwieriger Fall. Wisst ihr ja auch. Zuletzt hab ich ihn sogar rausgeschmissen, weil er immer heftigen Streit anfing. Aber ich wäre jetzt zu ihm gegangen und hätte gesagt: Du, Diedrich, spiel nicht so den wilden Mann bei mir, dann kannst du auch wiederkommen. Der hatte ja auch nur sein kleines kaputtes Leben."

„Mag sein. Aber mit wem hat er denn Streit angefangen. Mit dem Förster, denke ich?"

„Nein, mit Ellermann zuletzt auch. So eine Polengeschichte, die hat er mal wieder aufgewärmt. Ellermann soll da Dreck am Stecken haben. Wisst ihr ja auch, was da geredet wird."

„Was wird denn da geredet?"

„So alte Geschichten, von 1945. Aber damals ist ja so viel gewesen. Was soll man da heute noch rumquatschen? Wenn man alles aufwärmen wollte, was wir damals so gemacht haben. Rottek, wir haben ja neu angefangen. Alles auf neu. Mit den alten Mühlsteinen am Hals kommst du nicht weit. Du musst sie abwerfen."

„Der Ellermann, sagst du?"

„Also mit dem Ellermann, da hatte er sich in der Wolle. Wegen diesem alten Quark von 1945. Richtig heftig war das. Deshalb habe ich den Diedrich an die Luft gesetzt. Aber ich wäre heute zu ihm gegangen und hätte mit ihm geredet."

„Aber mit Förster Simon hatte er sich auch in der Wolle?"

„Ja, die hatten immer was miteinander. Der Diedrich hat gejagt im Forst. Weißt du ja. Und er hatte da ja so seine Eigenarten, hat schlecht geschossen oder auch mal rumgeknallt, wenn Schonzeit war. Ist auch bekannt. Und der Simon, der hat ihn hier abgekanzelt deswegen. Nicht nur einmal. Der Diedrich hat aber voll gegengehalten. Das war schon manchmal ein Riesengebrüll, bis ich gesagt habe: Leute, ein Wort noch, und ihr könnt draußen weiterbrüllen."

„Und wann war das genau mit Ellermann und Diedrich? Wegen der Polen?"

„Das war an dem Abend, bevor er gestorben ist."

„Aha. Aha. Sicher?"

„Ganz sicher."

Rottek und Kesselring schauten sich an. „Jäger sind ja eine ganz besonders reizende Gesellschaft", bemerkte Kesselring. „Ich find's wirklich schade, dass ich nicht dazugehöre. Freundschaft und Harmonie, wo man hinschaut."

Köchin Irmela kreischte aus der Durchreiche: „Kaffee! Würstchen! Fertig!"

„Jetzt esst ihr erst mal", meinte Äffchen Fettweiß und stellte die Teller auf die raue Platte des Stammtischs.

Susi Eigenherz saß immer noch am Ecktisch unter dem Gemälde von dem pflügenden Bauern. Sie starrte auf ihre Hände. Dann faltete sie wieder den Schatzplan auseinander und schaute angestrengt darauf. Schließlich packte sie ihre Sachen zusammen, zahlte am Tresen und ging die Treppe hoch auf ihr Zimmer. Den Weinbrand hatte sie nicht mehr angerührt.

„Eine Vertreterin?", fragte Rottek.

„Nee. Irgendwas Geheimnisvolles. Macht mit Kröten-Jörg Pläne oder so. Ein Projekt, was weiß ich. Ist seit ein paar Tagen hier. Heute ist sie etwas verstört. Ich weiß auch nicht, warum. Ein Fräulein Susi."

„Hübsch", meinte Rottek kauend. „Was für ein Projekt?"

„Keine Ahnung. Saßen hier nur zusammen am Tisch und haben irgendwas beredet, mit Schriftstücken oder so. Ich hab mal eine Karte bei ihr gesehen, wo Rehbeins Hafer eingezeichnet war. Hab mich aber nicht weiter drum gekümmert. Sie war ganz schön stachelig, die Tante."

„Läuft da was mit den beiden?"

„Glaub ich nicht. Von ihrer Seite jedenfalls nicht. Naja, welche Frau will auch was von Kröten-Jörg. Und so eine ganz bestimmt nicht. Das ist ja schon ein Törtchen."

Kesselring hatte sein Mahl beendet. Er spülte noch einmal mit einem Schluck Kaffee nach, stocherte sich mit einem angespitzten Streichholz einen Rest von der Wurst aus den Zähnen, lehnte sich entspannt zurück, schob die Daumen hinter seinen Hosengürtel und setzte eine streng dienstliche Miene auf.

„Wie ist der Ellermann denn hier so?", fragte er. „Fällt der sehr auf wegen seiner schrägen Art?"

„Naja, er ist halt ein Schweinepriester. Alles was versaut ist, das ist sein Thema. Ansonsten ein Quatschkopp wie alle anderen auch, wenn ich das mal so sagen darf. Der Oberwitzbold. Hat eben eine große Klappe und findet sich großartig. Aber da ist er ja im Ort nicht der einzige."

Sie schwiegen. Rottek trank an seinem Kaffee. Kesselring fahndete noch nach einer letzten Wurstfaser im Gebiss.

„Aber dass er jemandem was antut, das glaube ich nicht", meinte Fettweiß noch. „Das glaub ich einfach nicht."

Kesselring schob die Kaffeetasse von sich weg und setzte die Ellenbogen auf den Tisch. „Das glaubt man von keinem", brummte er, „Das glaubt man erst, wenn einer tot da liegt. Dann glaubt man es."

„Ich weiß nicht", sagte Fettweiß. „Ich kenne keinen Mörder. Jedenfalls keinen richtigen."

„Keinen richtigen? Kennen Sie denn falsche Mörder? Wo ist denn da der Unterschied?"

„Naja", Fettweiß streckte die Hände aus und schaute grinsend auf seine Fingernägel. „Es gab ja bekanntlich eine andere Zeit. Da hat man Verschiedenes anders gesehen. Auch Sie, Herr Hauptwachtmeister. Wie es so war."

Kesselring räusperte sich. „Sie haben ja seinerzeit auch nur an Widerstandskämpfer Bier ausgeschenkt, Herr Gastwirt Fettweiß. Wie ich mich dunkel erinnere. Alle anderen sind ja hochkant aus Ihrem Lokal rausgeflogen."

Er zeigte auf eine Stelle an der Wand, an der ein Gemälde mit zechenden Mönchen in einem Weinkeller zu sehen war. „Da hing doch zwölf Jahre lang das Foto von dem Herrn mit dem Bärtchen, Herr Gastwirt Fettweiß? Oder irre ich mich?"

„Man muss immer sehen, wie man zurechtkommt, Herr Hauptwachtmeister. Auch in Zeiten, wo einem manches nicht passt. Solche Zeiten gibt es. Wissen Sie genauso wie ich."

„Weiß ich, weiß ich. Aber ich fange keine Diskussionen über solche und solche Mörder an."

Rottek reckte sich auf seinem Stuhl. „Äffchen, gib uns dreien noch einen von deinem Schwarzgebrannten, und dann müssen wir los."

„Himbeer oder Zwetschge?"

„Gib uns mal drei Zwetschge. Ist das noch der Alte, von 53?"

„Ja, die letzte Flasche."

Die drei Gläschen klingelten aneinander. Die drei kippten den Zwetschgenbrand. Rottek röchelte danach sekundenlang. „Was für ein Stoff, Äffchen. Begnadet."

Rottek zahlte. Die Polizisten erhoben sich. Kesselring setzte seine Mütze auf und rückte das Koppel mit der Dienstwaffe zurecht.

Kröten-Jörg stand plötzlich in der Tür der Gaststube. Er trug einen Waldblumenstrauß in der Hand.

„Oh", rief Äffchen Fettweiß, „für mich? Die bekommen einen Ehrenplatz."

Kröten-Jörg schüttelte den Kopf. „Für das Fräulein", murmelte er. „Ist sie da?"

Rottek stellte sich dicht vor ihn. „Wir müssen noch mal sprechen. Wir wollen deine Waffe sehen. Heute noch. Wo hast du sie versteckt?"

„Welche Waffe?" Er hob die Hände wie ein Segnender. „Ein Zauberer wie ich braucht keine Waffe."

Kesselring packte ihn hart am Jackenkragen und stieß ihn gegen den Türrahmen. Die Waldblumen flogen durch den Raum.

„Jetzt zaubere ich mal, mein Freund. Und ich kann noch ganz andere Zauberkunststücke. Die Waffe her, und zwar ganz schnell. Hast du das verstanden? Die bringst du uns heute noch auf die Dienststelle!“

Kröten-Jörg stand in der Tür, die Augen weit aufgerissen. Die Angst hatte sein Gesicht zu einer grässlichen Fratze verzerrt.

Rottek griff Kesselring am Arm. „Komm“, sagte er leise.

Sie gingen an Kröten-Jörg vorbei aus der Gaststube.

Als sich Kesselring umschaute, stand er im Flur und hob mit einem wütenden Gesicht langsam die Hände wie zu einem boshaften Segen.

Kapitel 18

„Schön, wenn es Herbst wird", sagte Anita und schaute aus dem Fenster vom Café Weiler auf die Wilhelmstraße. Grau hing der Himmel über der kleinen Stadt. Sie rauchten und sahen zu, wie die Autos durch den Regen fuhren und Menschen mit schräg gehaltenen Schirmen vorbeihasteten. Gegenüber in der Seitenstraße stieg die Försterswitwe Dagmar Simon die Stufen hoch zum Süßwarengeschäft von Emmi Kuhn. Nach dem langen Sommer war nun plötzlich die Welt der kleinen Stadt wieder so eng und vertraut. Und die Natur draußen so weit und offen und doch so verträumt.

„Ja", sagte Rottek, „eine wunderbare Zeit. Wenn man doch mehr draußen sein könnte. Ich möchte so gerne wieder mehr Zeit im Wald verbringen. Und auf dem Hochsitz. In Berzhausen war ich zur Hasenjagd eingeladen. Aber meine Leichen machen mir so viel Arbeit. Diese Geschichten, die drücken dich nieder und blockieren deine Gefühle. Die nimmst du auch mit nach Hause."

Anita umschloss seine Hände mit ihren Händen, die rot und rau waren von der Arbeit im Blumenladen. Und die so zärtlich sein konnten. Ihre wilden blonden Locken und ihre freche Stimme, in die er so verliebt war. „Ich bin richtig müde vom Sommer und von dem schönen Herbst, von dem vielen Licht und der Sonne. Ich freue mich auf den warmen Kachelofen und die Kerzen. Und Bratkartoffeln. Und mit dir auf dem Sofa. Ohne Leichen."

Ein merkwürdiger Geruch breitete sich aus. So ein Krankenhausgeruch. Er stammte von der alten Frau Weiler. Die salbte sich hinterm Tresen ihre schmerzenden Knie.

„Entschuldigt, Kinder, riecht man was? Aber diese Tigersalbe soll wunderbar für meine alten Knochen sein."

„Nicht schlimm“, meinte Rottek. „Riecht nach gesund.“

Es wurde jeden Monat schlechter mit ihren Gelenken. Jetzt konnte sie kaum noch ohne Krückstock laufen. Anita holte sich oft schon den Tee und den Frankfurter Kranz am Kuchentresen ab, damit sich die alte Frau Weiler nicht bis zu ihnen hin quälen musste.

In ihrer Jugendzeit schon hatten die beiden ganze Nachmittage an dem grauen schmalen Marmortisch gesessen. Schülerliebe. Damals war Frau Weiler völlig vernarrt in ihr junges Glück und ihre erklärte Verbündete in mancher romantischen Angelegenheit. Einmal, an einem solchen Nachmittag, da hatte sie ihnen gestanden, dass sie ein bisschen in Schlachter Ahrens verliebt war.

„Das ist ein Mann!“, hatte sie geschwärmt. „So gerade, und so einen schönen Gang. Und wie er immer über alle hinwegschaut.“

Damals hatte sie ihm oft morgens eine Tüte frische Brötchen in die Wurstkammer gebracht. „Noch warm!“ Und sie bekam von ihm ein großes Stück Pfälzer Leberwurst. Sogar Kochschinken. Einmal hätten sie sich fast geküsst. Obwohl er ja so viele Jahre jünger war. Da hätte es anfangen können mit ihnen beiden. Aber dann war geredet worden in der Stadt und Schlachter Ahrens tat auf einmal so, als ob sie sich nicht kennen würden. Dabei waren sie doch im gleichen Kegelclub.

Der Mann von Frau Weiler war ein mürrischer, grober Konditor, der stark roch und den ganzen Tag im Unterhemd herumlief. Manchmal stellte er sich in die Tür vom Café, schaute auf die Wilhelmstraße und rauchte eine Eckstein. Er hatte schwarze Haare auf den Schultern und auf dem Rücken. Bei ganz wenigen Menschen nannte Frau Weiler ihn deshalb „Mein Borstenvieh“. Auch bei Anita und Rottek. „Mein Borstenvieh ruft“, sagte sie etwa, wenn ihr Mann in der Backstube vom Bier so laut rülpste, dass man es bis in die Gaststube hörte.

„Manchmal denk ich, ich bin die einzige auf der Welt, die kein Glück hat mit der Liebe“, klagte sie. „Alle anderen gehen Sonntagnachmittags Hand in Hand und sitzen lachend nebeneinander beim Schützenfest. Und ich habe nur mein Borstenvieh."

„Frau Weiler, ich kann Ihnen sagen, ich sehe bei meiner Arbeit Unglück, immer nur Unglück", sagte Rottek. „Ich habe jeden Tag mit Leuten zu tun, die kein Glück haben. Und wenn doch, dann merken sie es nicht."

„Ist es denn so bestimmt, dass wir alles ertragen müssen?", fragte Frau Weiler leise und schaute in den dunklen Gang zur Backstube. „Dass es keine Erlösung gibt?"

„Das ist nicht mein Fachgebiet", sagte Rottek. „Wenn ich irgendwohin gerufen werde jetzt, dann liegt schon meist alles in Trümmern. Dann fragt man nicht mehr nach Glück oder Unglück, glaube ich."

„Nicht schön", flüsterte Frau Weiler. „Nicht schön."

„Bei mir im Blumenladen spürt man, dass es Glück gibt", sagte Anita heiter und schüttelte ihre Locken. „Wer einen Strauß Tulpen in der Hand hat, der jammert nicht." Sie lachte und schob sich ein Stück vom Frankfurter Kranz in den Mund.

Frau Weiler legte sich das Katzenfell über die schmerzenden Knie und schaltete das Radio an. In Amerika war ein Politiker ermordet worden, das wurde soeben mitgeteilt.

„Auf der ganzen Welt wird geschossen", murmelte Frau Weiler. „Überall wird geschossen. Sogar Uhrmacher Diedrich jetzt. Wie schrecklich. Die arme Frau. Es soll alles voller Blut gewesen sein. Sie hat die Bettlaken drei Mal waschen müssen. Jetzt hat sie sie erst mal auf die Bleiche gelegt. Haben Sie denn da mit dem Diedrich schon was rausgefunden, Herr Kommissar?"

„Wir sind erst am Anfang mit der Sache", sagte Rottek. „Ganz am Anfang. Das ist eine Menge Arbeit."

Frau Weiler schaute ihn merkwürdig wach an. „In der Nacht, als das war", erzählte sie und beugte sich am Tresen zu ihnen hin, „in der Nacht, da hab ich Schritte gehört."

„Was für Schritte?"

„So Schritte eben, draußen auf dem Gehweg. Schnelle Schritte. Wissen Sie, unser Schlafzimmer, das geht nach der Straße raus. Und das Fenster ist immer offen einen Spalt. Weil mein Mann riecht. Auf der Straße geht mitten in der Nacht fast nie jemand. Und wenn, dann kennt man die Schritte. Ob Strübecke aus der Kneipe kommt oder Masocki mit dem Hund geht, das höre ich genau. Aber das waren tief in der Nacht ungewöhnliche Schritte. Als ob es jemand eilig hat."

„Wann glauben Sie, war das?"

„Halb vier vielleicht. Ich lieg ja die halbe Nacht wach, wegen den Schmerzen in den Knien. Ich les dann in der Schrift bis ich wieder schlafen kann. Aber manchmal denke ich: Von der Bibel werden meine Knie auch nicht besser."

„Waren es Männerschritte oder Frauenschritte?"

„So leichte Schritte eher. Kann sein Mädchenschritte. Aber wenn einer was angestellt hat, dann geht er vielleicht so. Wissen Sie, so schneller irgendwie, als ob er weg will."

„Verstehe. Verstehe. Interessant, Frau Weiler. Sie sind ja der reinste Kriminalist."

„Nein, Herr Kommissar, aber wenn man nachts nicht schlafen kann, dann horcht man ganz anders in die Welt."

Anita strich Rottek lachend durch seine dicken braunen Haare. „Frau Weiler, da sag ich ihnen mal was. Wenn der Mann mich nachts küsst, dann horcht er gar nicht mehr in die Welt. Dann ist er auch gar kein Kriminalwichtel mehr. Dann ist er ein einziges Kuschelgespenst. So einer ist das."

Rottek ließ wie tot den Kopf auf die Brust sinken und schloss die Augen.

Frau Weiler rückte sich lächelnd das Katzenfell wieder auf den Knien zurecht. „Aber sagen sie mal, zwei Jäger jetzt tot, das ist ja auch ein Ding. Oder? Naja, die Rehe, die werden sich freuen."

„Nicht unbedingt“, meinte Rottek. „Ich muss noch eins schießen für Kesselring als Sonntagsbraten. Heute Abend vielleicht oder morgen früh.“

Frau Weiler nahm sich ein Mandelhörnchen, brach es durch. Sie wollte sich ein Stück davon in den Mund stecken, hielt aber inne. „Überall wird geschossen“, klagte sie und schüttelte den Kopf, „überall. Sogar bei uns.“

Kapitel 19

Eine gleißende Herbstsonne lag nach dem Regen plötzlich auf der Stadt. Susi Eigenherz und Kröten-Jörg saßen vor dem „Weißen Falken“ auf der Bank. Äffchen Fettweiß stand in der Wirtshaustür und hielt das Gesicht in die wärmenden Strahlen.

„Du sollst dich nicht bräunen, du sollst arbeiten“, rief Schmied Strübecke von gegenüber. „Fauler Wirt!“

Fettweiß lachte mit geschlossenen Augen. „Du frecher Sauhund“, rief er hinüber, „du könntest jetzt auch besser am Amboss stehen anstatt das gastronomische Fachpersonal zu beleidigen!“

„Soll ich euch was rausbringen?“, fragte Fettweiß die beiden Schatzsucher freundlich. Sie schüttelten die Köpfe.

„Wir müssen nämlich vielleicht noch mal weg“, fügte Kröten-Jörg erklärend hinzu.

Der Wirt schlurfte ins Haus. Bei so einem sonnigen Wetter, da schmerzte die linke Hüfte weniger als sonst. „Am Gardasee in der Sonne liegen, dann bräuchte ich kein Dachsschmalz mehr“, hatte Äffchen Fettweiß vorhin noch zu Susi Eigenherz gesagt. „Am Gardasee, da scheint das ganze Jahr die Sonne. Und dann spür ich meine Hüfte überhaupt nicht. Ich fühl direkt den heißen Sand, wenn ich so dran denke. Das tut mir schon gut, wenn ich nur dran denke. Irgendwann, dann mach ich hier den Laden zu, und dann lieg ich nur noch am Gardasee in der Sonne.“

Er ging ins Haus.

„Wir machen weiter. Ich sag Ihnen, wir machen weiter.“ Kröten-Jörg tuschelte Susi energisch ins Ohr.

„Wie denn, wenn diese Höllenbande jeden Moment wiederkommen kann?“

„Die Bande ist in Schwierigkeiten. Ich hab's gehört von jemandem. Der Alte hat Entzündung am Herz. Kann kaum noch laufen und fällt aus für länger. Ist schwach. Die anderen machen nichts ohne ihn. Wir haben freie Bahn."

„Ich hab Angst, Herr Jörg. Ich hab trotzdem Angst. Zu sechst sind die genauso gefährlich wie zu siebt. Wenn es um einen Schatz geht, dann wird jeder gefährlich."

Kröten-Jörg dachte nach. Aufgeregt rieb er seine Handflächen an der Kante der Holzbank. Vor Eifer verfärbte sich seine große Narbe blaurot.

„Wir fangen nachts an", zischte er. „Wir machen es nachts. Bis zum Hellwerden so, dann sind wir damit durch. Vielleicht brauchen wir nur ein paar Stunden. Eine oder zwei."

Susi Eigenherz schüttelte zweifelnd den Kopf.

„Fräulein Susi, denken Sie doch: Der Schatz, der Schatz. Dann haben sie ihn endlich!"

„Glauben Sie?" Ein schwaches Leuchten war in ihren Augen. „Glauben Sie wirklich fest an meinen Schatz, Herr Jörg?"

Kröten-Jörg nickte heftig. „Ja! Ja! Ganz bestimmt, Fräulein Susi."

Sie schauten sich an wie zwei Verschwörer. Und bemerkten nicht, dass sich ein alter, rostiger VW Bulli langsam aus Richtung des Ortseingangs näherte. Der Transporter hielt vor ihnen. Sechs Kerschbaums stiegen aus und drängten sich um die beiden. Susi Eigenherz schloss verzweifelt die Augen und lehnte den Kopf an die Wand. Kröten-Jörg schaute Joschka, dem Ältesten der Kerschbaum-Söhne, fest ins Gesicht.

„Was willst du?", fragte er ihn. „Ich habe jetzt keine Sprechstunde."

„Ich soll dich grüßen, Zauberer", sagte Joschka und lächelte dabei. „Unser Vater lässt dich grüßen. Er ist etwas unpässlich derzeit und meint, du sollst nicht ohne ihn gewisse Grabungen unternehmen. Er wäre doch gerne dabei, wenn etwas Aufregendes geschieht auf Rehbeins Hafer. Wenn dort wieder Suchexpeditionen unternommen werden ins Erdreich, zu den Ahnen des schönen Fräuleins. Hörst du denn noch ihre Rufe, Jörg? Hörst du sie noch?“

Kröten-Jörg sah ihn an. Die anderen Kerschbaums kamen näher. Sie berührten ihn schon.

„Ja, ich höre etwas“, raunte Kröten-Jörg und lauschte in die Ferne. „Aber ich verstehe es noch nicht. Sprecht lauter, sprecht lauter.“

Die sechs Kerschbaums äfften ihn nach: „Sprecht lauter, sprecht lauter.“

Kröten-Jörg hob die Hände. Er flüsterte. „Eine Mutter ist traurig. Ein Kind kommt nicht mehr nach Haus. Die aus dem Wald haben es sich genommen. So wird es sein.“

„So wird es sein“, äfften ihn die Kerschbaums nach.

Joschka gab ihnen einen Wink, und sie gingen zum Auto. Auf halbem Weg drehte er sich noch einmal um. Er hob die Hände wie ein Segnender. „Ein großes Kind kommt nicht mehr nach Haus“, sagte er. „Aber Vater und Mutter sind nicht traurig. Denn sie kommen auch schon lange nicht mehr nach Haus.“

Die fünf anderen lachten schallend, als sie sich ins Auto setzten. Feixend schauten ihre frechen Gesichter aus den Fenstern, als sich der Bulli langsam entfernte. Kröten-Jörgs Mundwinkel bebten. Sein Hass färbte die riesige Gesichtsnarbe dunkelblau.

„Da haben Sie es gehört. Das meinte ich“, sagte Susi und ihre Stimme zitterte. „Genau das meinte ich.“ Ihre Hände flogen und sie weinte, haltlos und untröstlich.

Kröten-Jörg faltete die Hände. Er schaute die Dorfstraße hinunter, wo die Kerschbaums verschwunden waren. „Nicht weinen. Wir machen weiter. Wir machen weiter. Ich bin ein Waldkönig. Das darf man nicht vergessen.“

Susi schaute ihn zweifelnd an. „Ein Waldkönig? Was für ein Waldkönig?“ fragte sie unter Tränen.

„Naja. Ein Waldkönig eben. Der Wald, das ist mein Reich. Da bin ich der Gebieter."

Susi hatte aufgehört zu weinen. Ihr Blick wurde skeptisch. „Glauben Sie wirklich? Nicht, dass Sie sich da was einreden? Das sah gerade aber nicht so königlich aus. Die Kerschbaums sind zu sechst. Und bald vielleicht wieder zu siebt. Wie wollen Sie denn deren Gebieter sein? Kraft bricht Recht, Herr Jörg. Kraft bricht Recht."

Äffchen Fettweiß hatte die Szene beobachtet. Er stand wieder im Türrahmen. „Was war das denn für eine Versammlung?"

Kröten-Jörg verschränkte die Hände hinter dem Kopf und reckte sich. „Das waren Kerschbaums. Die haben Grüße ausgerichtet von ihrem Alten. Der liegt im Krankenhaus."

„Ich weiß. Herzmuskelentzündung. Der macht wohl keine großen Sprünge mehr. Aber sehr freundlich sah das gerade mit denen nicht aus. Habt ihr da irgendwie Schwierigkeiten mit denen?"

„Nicht mehr als sonst, Herr Fettweiß. Die wollen nicht, dass man ihnen in die Quere kommt. Kerschbaums eben."

„Seid vorsichtig mit denen. Fangt da bloß keine Händel an."

„Ist schon recht, Herr Fettweiß."

„Fräulein Susi, aufpassen!" Äffchen Fettweiß schaute sie mahnend an und hob den Zeigefinger. Er ging wieder in die Gaststube.

Sie schwiegen.

„Wir versuchen es noch einmal. Heute Nacht", sagte Kröten-Jörg. „Einmal noch."

„Ich weiß nicht." Susi Eigenherz verbarg ihr Gesicht in den Händen. „Ich weiß nicht. Was ist das alles? Das gehört doch mir, was wir suchen. Es ist kein Unrecht. Warum wird das alles jetzt so schwierig? Kann nicht irgendwann etwas in meinem Leben einfach sein?"

„Einmal noch, Fräulein Susi. Heute Nacht. Und morgen fahren Sie mit dem Schatz nach Hause. Und ich werde dann wieder in aller Ruhe im Eichenwald nach meinen Trüffeln suchen."

„Gut. Na gut. Einverstanden. Dann sind Sie ja morgen schon wieder bei Ihren Stinkpilzen und werden ein reicher Mann." Sie gab ihm die Hand. „Heute Nacht. Wann?"

„Treffen wir uns hier am Auto um vier Uhr früh? Ich bringe eine Lampe mit."

„Alles klar. Vier Uhr. Herr Jörg, sie glauben an den Schatz. Das gibt mir Kraft. Sie sind ein guter Mensch."

Susi Eigenherz war die erste, die um vier Uhr früh zum Treffpunkt an dem Opel Olympia kam.

Sie schrie so laut, dass überall in der Straße die Lichter in den Fenstern angingen und die Menschen aus den Häusern liefen.

Auf der Kühlerhaube lag der Kopf des toten französischen Soldaten. Der Totenschädel grinste unter dem Helm im fahlen Licht der Straßenlaterne.

Kapitel 20

Rottek war an diesem Morgen allein unterwegs in seinem grauen DKW Junior mit dem beigefarbenen Dach. Ein leichter Nieselregen hatte früh in der Dämmerung eingesetzt und verbreitete eine unwirtliche Kälte. Rottek fröstelte in seiner abgewetzten alten Lederjacke, aber die Heizung wärmte schnell. In der Koblenzer Straße hinter dem Schwimmbad lief ihm ein Rehbock fast vor das Auto. Er konnte gerade noch rechtzeitig bremsen.

„Kesselring, ein bisschen schneller, und das wäre dein Braten gewesen", sagte Rottek zu sich selbst. Mit den 40 PS schaffte er immerhin 120 Stundenkilometer. Aber so schnell fuhr er fast nie. Manchmal, bei Einsätzen vielleicht. Aber wann gab es schon solch dringende Einsätze? Auf den gewunden Straßen des Westerwaldes war Tempo 100 ohnehin schon eine Seltenheit.

Rottek fuhr von der Birkenallee auf den Hof der Försterei. Dagmar Simon stand mit einem Apfelpflücker unter einem Baum. Neben sich einen halbvollen Korb.

„Ontario", sagte sie, „die reifen bei uns immer spät. Die kann man sogar noch im November ernten. Ein guter Apfel für den Winter."

Rottek schaute sich um. Das schöne Forsthaus mit dem schwarzweißen Fachwerk. Die Scheune, der Holzschuppen, die Werkstatt, die Hunde. Eine geräumige Remise, der große Garten. Förster, das war als Kind immer sein Traum gewesen. Schon allein wegen der Jagd. Das hatte nicht geklappt. Ein Onkel lotste ihn damals zur Polizei. Polizisten brauchte man dringender als Förster. Der Traum vom Leben im Wald blieb noch lange in seinem Herzen. Aber dies war nicht das erste Mal, dass er in einem Forsthaus eine Tragödie aufklären musste. Deshalb war dieser Traum inzwischen verblasst.

„Eigentlich lebt man nicht schlecht in so einer Försterei“, sagte er zu Dagmar.

Sie sah ihn lange an. „Wenn Sie meinen. Hier wird ja was frei.“

„Sie ziehen weg?“

„Nein, so meinte ich das nicht. Ich kann hier wohnen bleiben. Die Stelle wird wohl nicht neu besetzt. Das Haus ist ja zu groß für mich allein. Sie verstehen.“ Während sie sprach, machte sie langsam zwei Schritte auf ihn zu.

Rottek wich zurück. „Frau Simon, Sie wissen ja, wir kommen da noch nicht recht weiter in der Sache mit Ihrem Mann. Da ist einiges noch unklar. Das beschäftigt mich natürlich. Und deshalb wollte ich Sie noch ein paar Dinge fragen.“

„Herr Kommissar, mein Mann ist tot. Die Trauer, das ist das einzige, was mich beschäftigt. Über alles andere kann ich noch gar nicht nachdenken. Wenn plötzlich der Mensch fehlt an Ihrer Seite. Die Lücke, verstehen Sie. Diese riesige, schwarze Lücke. Der Verlust, der drückt mich nieder.“

„Der vertraute Mensch fehlt. Ich verstehe das. Aber wir können doch kurz miteinander sprechen?“

„Ja. Aber mir ist seit Tagen die Kehle wie zugeschnürt. Wollen wir reingehen? Ich bin ganz durchgefroren hier draußen.“

Dagmar Simon stand an dem Emailleherd. Der Wasserkessel summte.

„Frau Simon, Sie wissen ja, solche Fragen, das ist eine reine Formsache. Fürs Protokoll, sozusagen. Das gehört einfach zu den Akten. Nicht, dass Sie sonst was dabei denken.“

„Nein, Herr Kommissar, ich denke mir nichts dabei. Man lebt leichter, wenn man sich nicht so viel denkt. Bitte machen Sie Ihre Arbeit. Ich helfe ja gerne.“

„Es geht um diese Nacht. Sie wissen, als Ihr Mann getötet wurde. Können Sie sich noch erinnern?“

„Ja, natürlich. Was für eine Frage."

„Frau Simon, nur der Vollständigkeit halber. Man wird mich das ja auch fragen: Wo waren Sie in jener Nacht?"

„Muss ich da antworten, Herr Kommissar?"

„Wäre besser, Frau Simon."

„Ich war bei einem Mann."

„Bei welchem Mann?"

„Ich war nachts bei Herrn Schlachter Ahrens."

„Schlachter Ahrens. Aus privaten Gründen? Oder hatten Sie geschäftlich dort zu tun?"

„Sehr privat, Herr Kommissar. Ich möchte darüber aber nicht weiter sprechen. Sie werden das bitte auch für sich behalten. Wissen Sie, eine Frau braucht manchmal eine Schulter, an die sie sich anlehnen kann. Das kann mir doch keiner übelnehmen?"

„Keinesfalls, Frau Simon, keinesfalls. Man wird sich wohl noch irgendwo anlehnen dürfen."

„Sie werden darüber nachdenken, Herr Kommissar. Aber es gibt das. Die Liebe zu dem einen Mann, und dass man trotzdem die Nähe zu einem anderen sucht. Wenn die Haut so einen Hunger hat, dass man ihn unbedingt stillen muss. Es gibt so wenige Männer, die mich verstehen. Aber ich glaube, Sie verstehen mich, Herr Kommissar." Sie goss den Kaffee auf.

„Frau Simon, wusste denn Ihr Mann von diesen Besuchen bei Schlachter Ahrens?"

„Nein, Herr Kommissar. Es war unser Geheimnis. Herr Ahrens ist ja auch gebunden, gewissermaßen. Es waren immer nur kurze Treffen. Seine Haut hat auch diesen Hunger. Deswegen haben wir uns gefunden. Es waren wärmende Feuer in der Nacht. Diese Stunden gehörten uns."

Rottek schrieb in seinem Notizbuch.

„Was schreiben Sie denn da auf, Herr Kommissar?"

„Nun, Frau Simon, der Sachverhalt, das muss ich ja notieren. Was Sie mir so berichten. Sonst vergess ich das womöglich noch. Dann müssten wir wieder von vorn anfangen."

„Können Sie sich das nicht so merken, Herr Kommissar? Sie sind doch ein kluger Mann."

„Ja, Frau Simon. Das bin ich. Weiter. Und dann wurde ja zwei Tage später der Uhrmacher getötet. Haben Sie ja vielleicht von gehört."

„Der Uhrmacher? Ja, am Rande habe ich das mitbekommen. Der Diedrich, das war ja so ein Sonderfall. Wissen Sie ja auch. Mein Mann hat ja nur Ärger mit dem gehabt. Mit wem hat sich denn der Diedrich angelegt, dass er tot ist?"

„Einfach ausgedrückt: Da war jemand, der nicht wollte, dass er weiterlebt. Und der hat lösungsorientiert gehandelt. So nennt man das wohl. Frau Simon. Wo waren Sie denn in jener Nacht? Also einen Tag, nachdem Ihr Mann gegangen ist?"

„Ich war fast jede Nacht mit dem Herrn Ahrens zusammen. Mal hier, mal da, wie es gerade passte, auch zeitlich. Seine Frau hat nichts gemerkt. Die schlafen getrennt, weil er morgens so zeitig schlachten muss. Um fünf, wenn die Tiere noch müde sind und nicht so zappeln. Glaube ich jedenfalls."

Rottek achtete auf jede verräterische Veränderung in ihrem Gesicht. Aber er fand keine. „Schöne Frauen können gut lügen", behauptete Hauptwachtmeister Kesselring, „schöne Männer sind viel zu blöd dafür." Kesselring hielt seine Verhörkenntnisse für filigran, aber sie funktionierten nur bei Lausbuben, die beim Zwetschgenstehlen oder bei Klingelstreichen erwischt wurden.

„Sie lügt nicht", dachte Rottek. „Oder sie lügt perfekt." Äußerlich gab es da keinen Unterschied.

„Kann Herr Schlachter Ahrens mir das denn so bestätigen, Frau Simon? Ich muss ihn natürlich fragen. Interessiert mich ja auch, was hier im Ort nachts so alles los ist."

Dagmar Simon breitete die Arme aus und lachte ihn an. „Es gibt mutige Männer und es gibt Weicheier", sagte sie. „Es könnte sein, dass Herr Ahrens etwas zurückhaltend in seinen Äußerungen sein wird. Er hat ja einiges zu verlieren."

Sie saß am Küchentisch, ihm gegenüber und wärmte ihre Hände an der Kaffeetasse, schaute ihn mit schiefgelegtem Kopf erwartungsvoll an.

„Darf ich fragen, wie Sie sich getroffen haben? Sind Sie zu Fuß gegangen, hat er Sie abgeholt? War es im Auto oder sonst wo?"

„Je nachdem. Wir waren verrückt nach uns, wissen Sie. Der Eros, wie man sagt, der Hunger. Da denkt man nicht lange nach. Man will nur die Haut des anderen. Sofort. Auf der Stelle." Sie rutschte über das Wachstuch des Küchentisches ein Stück auf ihn zu. Fast stieß sie dabei ihre Kaffeetasse um.

„Ihre Tasse!", sagte Rottek. Dagmar Simon glitt zurück. „Verstehe, Frau Simon. Das mit dem Eros, das verstehe ich jetzt. Hat denn Ihr Mann nicht gemerkt, wenn Sie nachts weg sind?"

„Er war am Stammtisch fast immer der letzte. Und danach hat er bei Mondlicht auch noch stundenlang auf Schweine angesessen. Dabei ist er oft auch eingeschlafen. Dann ist er anschließend auch noch zur Frühpirsch gegangen. Oder auf Holzstreife. Und, Herr Kommissar, wenn ich Ihnen das einmal so sagen darf: Es war ihm egal, was ich nachts gemacht habe. Ob ich da war oder nicht, das merkte er überhaupt nicht. Wissen Sie was? Oft, nachts, dann lag er auf seinem Ledersofa unter den Jagdtrophäen an der Wand und hat geraucht. Er konnte zu jeder einzelnen Trophäe eine Geschichte erzählen. ‚Jede Sekunde hat sich mir eingebrannt', sagte er oft. ‚Jede Sekunde. Jagd, das ist das letzte große Abenteuer der Menschheit.' Ich habe ihn geliebt, diesen Förster mit der kalten Seele. Aber es ist so eine Leere in mir entstanden. Und irgendwann ist es dann mit mir und Schlachter Ahrens geschehen. Er kam oft her und hat Wild abgeholt. Da hat er mir einmal viel zu tief in die Augen gesehen. So ein wilder Kerl ist das. Der hat mich einfach genommen, dass mir schwindelig geworden ist."

„So genau wollte ich es nicht wissen, Frau Simon. Aber ich freue mich für Sie. Wie geht es denn weiter hier im Haus?"

„Unser Sohn war da, wir haben schon viel geräumt. Jetzt ist ja draußen viel Arbeit, der Garten, die Blumenbeete. Feuerholz muss eingefahren werden. Und die Trauer eben. Man ist allein, Sie verstehen?"

Rottek sah zum ersten Mal, dass sie grüne Augen hatte. Diese grünen Augen strahlten ihn an auf eine geheimnisvolle Weise. Außerdem war ihre Kittelschürze plötzlich etwas zu weit aufgeknöpft. Er sah den Ansatz eines verlockenden Dekolletees. Rottek spürte eine Gefahr. Aber eine Gefahr, die er kannte, und mit der er umgehen konnte

Er senkte den Blick in letzter Sekunde, machte sich noch Notizen.

„Frau Simon, das war eigentlich alles soweit. Noch eins: Was passiert mit den Waffen Ihres Mannes? Ist da schon etwas geplant?"

„Die Waffen. Ja, die sollen weg, eigentlich. Ich will so was auch nicht im Haus haben. Schon wegen der Enkelkinder. Ein Gewehr ist ihm ja weggekommen vor einiger Zeit. Das ist ihm vor der Kneipe aus dem Auto gestohlen worden. Er hat den Wagen auch nie abgeschlossen. Ich hab immer gesagt: Eines Tages wird dir jemand das Auto ausräumen. Und dann ist das Gejammer groß. Aber er hat nur gesagt: Auf dem Land ist man reell."

„Aber er hat den Verlust gar nicht gemeldet, soweit ich weiß."

„Nein, das war ihm peinlich. Weil er sonst in solchen Dingen immer so penibel war. Und Sie wissen ja: Förster, und dann fehlt eine Kugelwaffe, das ist schon ein Ding."

„Wann war das denn mit dem Diebstahl?"

„Vor drei Wochen vielleicht."

„Und was war das für eine Waffe?“

„Eine Kugelbüchse. Repetierer sagt man wohl. Mit Munition.“

„Fabrikat? Kaliber?“

„Da müssen Sie in der Karte nachsehen. Davon habe ich keine Ahnung. Es liegt ja alles da in dem Schrank.“

In einem Glasschrank im Büro standen fünf Gewehre und lagerte die Munition. Der Schrank war nicht abschließbar. „Frau Simon, soll ich die Sachen vielleicht mal an mich nehmen? Ich bin ja auch Jäger, und bewahre sie auf im Tresor, wegen der Sicherheit. Und Sie entscheiden dann demnächst, was damit geschehen soll.“

„Richtig, Sie sind ja auch Jäger.“ Sie schaute ihn plötzlich durchdringend an. „Auch so ein Jäger“, murmelte sie.

Rottek packte die Waffen und die Munition in den Kofferraum des DKW Junior. „Ist das alles?“, fragte er.

Sie strahlte ihn wieder herausfordernd mit ihren gefährlichen grünen Augen an. Eine Strähne der braunen Haare wehte ihr ins Gesicht. „Wenn Sie meinen, dann ist das alles“, sagte sie leise. „Wenn Sie das wirklich meinen.“

Rottek setzte sich schnell ins Auto und fuhr los. Im Rückspiegel sah er, dass sie auffallend eilig ins Haus ging. Hinter den Haselnussbüschen am Anfang der Birkenallee hielt er an und ging rasch zu Fuß zurück. Aus dem Bürofenster hörte er ihre Stimme. Nicht laut, nicht aufgeregt, aber fest und eindringlich. Sie telefonierte. Rottek presste das Ohr an die Wand, aber er konnte nichts verstehen. Ein Wort wiederholte sie mehrfach. Es klang wie „Unterhose“. Rottek lachte auf dem Weg zum Auto. So eine schöne Frau, und dann „Unterhose“. Das passte ja überhaupt nicht zusammen.

Am Bahnübergang musste er halten. Der Basaltzug Richtung Köln mit zwei Dampfloks. 42 Waggons waren es diesmal. Seit seiner Kindheit zählte Rottek sie. Sein Vater war Schlosser im Bahnbetriebswerk gewesen und wenn er von der Schicht nach Hause kam mit seiner schwarzen Eisenbahnerkappe und in den schwarzen Arbeitssachen, dann wollte er genau berichtet haben, welche Züge der kleine Rottek gesehen hatte. Zur Belohnung für das genaue Merken gab es damals ein Hasenbrot oder eine kleine Flasche Raspa-Limonade aus der abgegriffenen ledernen Arbeitstasche.

Hinter dem Bahnübergang links in den Wiesen sah Rottek beim Weiterfahren den Jagdwagen von Bestatter Ellermann, einen DKW Munga. Ellermann zielte aus dem Auto auf etwas. Rottek hielt an, folgte mit den Augen der Zielrichtung und sah eine rotweiße Katze am Rand eines Kartoffelackers sitzen. Er hörte den Knall, sah die Katze einen Riesensatz machen und zuckend im Gras liegen. Nach ein paar Sekunden war sie tot.

„Idiot!", rief Rottek, aber Ellermann konnte ihn nicht hören. Der Bestatter ging zu der Katze, hob sie an den Hinterläufen hoch und schwenkte sie lachend in Rotteks Richtung.

Rottek kurbelte das Fenster herunter. „Idiot! Du Idiot!", rief er laut Ellermann zu. Aber der lachte noch mehr und warf die Katze in ein Brombeergebüsch.

Rottek traf Schlachter Ahrens erst nach dem Mittag in der Wurstküche an. Er rührte in einer großen Wanne mit einer unappetitlichen Leberwurstmasse. Seine Hausmacherwurst hatte keinen großen Freundeskreis. Sie war nur fett und salzig. Rottek griff sich trotzdem einen Löffel und probierte. „Großartig", lobte er. „Wirklich sehr lecker."

Ahrens war aufgeregt. Er rührte mit einem großen Holzpaddel im Wursteig und dachte offensichtlich an etwas ganz anderes. Das konnte Rottek spüren. Mehrfach schaute Ahrens ihn verstohlen aus den Augenwinkeln an.

Rottek ging zur Tür und schloss sie. Ahrens rührte weiter in der Wurst. Rottek schaute in den Nebenraum, ob dort einer der Gesellen arbeitete. Aber sie waren allein.

„Ahrens“, sagte Rottek. „Was ist mit der Försterin?“

Der Schlachter rührte weiter. Schweißperlen bildeten sich auf seiner hohen Stirn. „Was soll mit der sein?“

„Hast du was mit der?“

„Ich bin doch nicht verrückt!“

Rottek hielt das Wurstpaddel fest. „Hör mal auf jetzt. Ich frag dich im Ernst. Was ist mit der? Wart ihr in den letzten Nächten zusammen? Zum Beispiel in der Nacht, als der Förster erschossen wurde. Wart ihr da zusammen?“

Ahrens schwieg und rührte weiter in der Leberwurst. Schweiß rann über sein Gesicht.

„Ich halt mich da raus“, sagte Ahrens aufgeregt und atemlos. „Halt du mich auch da raus. Ja, es ist was gewesen mit der Försterin. Aber mehr sag ich nicht. Mehr sag ich dazu nicht. Die bringt mich ins Unglück, die Frau. Die ist das reine Gift, sag ich dir.“

„Du bist ein Zeuge für ihre Aussage. Sie sagt, es ist da was mit euch gewesen in jener Nacht, und auch in der Nacht, als der Diedrich getötet wurde. Was sagst du?“

Ahrens warf das Wurstpaddel krachend in ein Regal mit Töpfen. „Was sagst du? Was sagst du?“, brüllte er. „Ich hab nicht auf die Uhr geguckt und ich weiß auch nicht mehr wann und wo. Ja, es war was mit der. Ja, ich hab was mit der gehabt. Ende. Mehr sag ich nicht. Und wenn du mir die Nägel rausreißt. Mehr sag ich nicht. Was willst du denn noch?“

Er ging mehrfach unruhig in der Wurstküche auf und ab. Dann blieb er stehen und drückte die Stirn an eine große Edelstahlwanne. „Scheiße, Scheiße“, flüsterte er. „Scheiße, Scheiße. Rottek, wenn das rauskommt, kann ich den Laden zumachen. Lass mich aus der Sache raus, Rottek. Sonst bin ich erledigt.“

„Wusstest du das nicht vorher? Ahrens, wusstest du nicht vorher, was davon kommen kann?“

„Nein, Herr Pfarrer, ich wusste es nicht. Die Frau ist Gift, Rottek. Die ist pures Gift. Das ist ein Gift, das wirkt schon vom Anschauen. Verdammt."

Er schlug mit den flachen Händen auf eine Arbeitsplatte. „Denk an mein Kind, die Frau, den Laden und alles. Ich soll jetzt Obermeister der Innung werden. Alles futsch. Alles futsch, Rottek. Nur wegen so einer verfluchten giftigen Frau."

Rottek ging zur Tür. „Reicht mir erst mal, Ahrens", sagte er. „Ich werde sehen, wie es weitergeht. Du hast ja grundsätzlich deine Aussage gemacht. Damit kann ich erst mal arbeiten. Bleib ruhig. Wenn sich weiter etwas entwickelt, dann sprechen wir noch mal. Mach dir keine Gedanken."

Ahrens war auf der Arbeitsplatte zusammengesunken. Seine Schultern zuckten. Rottek hörte ihn schluchzen. „Alles futsch, Rottek, alles futsch."

„Ist dir das beim Vögeln nicht eingefallen, Ahrens? Warst du da nicht verheiratet und hattest deinen Laden?"

„Nein, Rottek. Bei dieser Frau, da habe ich alles vergessen. Wie soll ich das jetzt zu Ende bringen?"

„Was man nicht anfängt, braucht man nicht aufzuhören, Ahrens."

„Die Unterhose", flüsterte Schlachter Ahrens. „Sie hat meine Unterhose. Sie will irgendeinen Quatsch damit machen." Er sprach zu leise. Rottek konnte es nicht mehr verstehen.

Kapitel 21

Donnerstagfrüh, halb sieben. Äffchen Fettweiß und Wandermetzger Karasek standen am Tresen vom „Weißen Falken". Schlachttag.

„Wir nehmen erst mal einen", sagte Fettweiß und goss ihnen einen Doppelten vom Alten Lohhäuser ein.

„Auf gutes Schlachten!" Die Gläschen klingelten aneinander. Sie kippten die Schnäpse.

Fettweiß schüttelte sich. „Einen noch. Für die Wurst."

Er goss ein. „Auf gutes Wursten!"

Sie tranken. Karasek verzog das Gesicht. „Ist wirklich noch ein bisschen früh für so einen groben Stoff", keuchte er.

Äffchen Fettweiß öffnete im grauen Hausmeisterkittel die Stalltür und ging mit Wandermetzger Karasek im trüben Licht der verstaubten Glühbirne zum Koben der Wirtshaussau Julchen. Draußen auf dem gepflasterten Hof dampfte schon das Wasser in der Brühwanne. Die alte Irmela bereitete in der Küche die Kessel vor. In wenigen Minuten würde Julchen tot in der Wanne liegen und würden ihr mit der Glocke die Borsten abrasiert.

„Ich hab ihr seid gestern Mittag nichts mehr gegeben", sagte Äffchen Fettweiß. „Dann ist sie führiger."

Aber je näher sie an den Koben kamen, umso unruhiger wurde Julchen. Sie tobte in dem Geviert, sprang polternd an der schmalen Mauer hoch und versuchte sogar, die beiden Männer anzugreifen und zu beißen.

„Holla, holla", sagte Äffchen Fettweiß. „Julchen, mein Julchen, ist ja gut. Du bist ja unsere Beste."

„Was ist los?" Wandermetzger Karasek hielt schon das Bolzenschussgerät bereit. Sobald Julchen aus der Stalltür auf den Hof kam, würde er das Schwein durch den Schuss zwei Zentimeter über der Augenlinie betäuben, ihr die Kehle aufschlitzen und das Blut auffangen.

„Was ist denn hier los?“ Die Stimme von Äffchen Fettweiß klang ängstlich gepresst. „Was ist denn hier passiert? Hast du eine Lampe, Karasek?“

Julchen tobte immer noch wie von Sinnen im Stroh des Schweinekobens, versuchte über die Mauer zu springen, grunzte und gillte dabei durchdringend.

„Pass auf, Karasek!“, brüllte Äffchen Fettweiß. „Pass auf, ich lass sie raus!“

Karasek stellte sich auf dem Hof mit dem Bolzenschussgerät bereit. Äffchen Fettweiß zog den Riegel zurück und öffnete die Holztür der Bucht, die ihn wie ein Schild vor den Angriffen der Sau schützte. Julchen lief durch die Öffnung, aber statt aus dem Stall zu laufen, sprang sie an der Kobentür hoch und versuchte den Wirt zu beißen. Schließlich hatte sie ihn in dem Gang zwischen Kobenwand und Tür allein durch ihr Gewicht so eingezwängt, dass sie ihn fast packen konnte. Wie ein Blitz durchzuckte ihn der Schmerz aus seiner kranken Hüfte.

„Komm her“, schrie er verzweifelt Karasek zu. „Mach sie tot, die beißt mich.“ Doch plötzlich hatte sich Julchen auf seiner Seite der Holztür durchgequetscht und packte seinen Gummistiefel. Noch bevor der Wandermetzger in den Stall gelaufen kam, ließ sich Äffchen Fettweiß über die Mauer in den Koben fallen und zog dabei gleichzeitig die Holztür zu. Julchen tobte ein paar Sekunden im Gang und lief dann nach draußen. Äffchen Fettweiß hörte den Knall des Bolzschussgeräts, aber danach gillte Julchen laut, der Wandermetzger schrie etwas Unverständliches. Das Grunzen des Schweins entfernte sich.

Karasek kam in den Stall, völlig außer Atem. „Du, sie ist weg“, sagte er. „Ich hab sie nicht richtig getroffen. Die ist ja völlig durchgedreht.“

Äffchen Fettweiß antwortete nicht.

„Äffchen? Was ist los?“

Äffchen Fettweiß lag auf Knien und Ellenbogen im Stroh der Schweinebucht auf einer dunklen, merkwürdigen Masse. Ein länglicher Körper, glitschig und doch auch mit Stoff bedeckt. Äffchen Fettweiß kroch langsam zurück.

„Hast du die Lampe?“, fragte er leise.

„Moment. Warte.“ Karasek lief hinüber in die Werkstatt und kam mit einer elektrischen Handlampe zurück. Er fand so schnell die Steckdose nicht. Dann ging er mit der Leuchte in den Koben. Äffchen Fettweiß saß inzwischen mit dem Rücken stöhnend an die Stallwand gelehnt.

Im Stroh lag eine männliche Leiche. Der Kopf war halb aufgefressen, der mächtige Bauch aufgerissen, die Gedärme herausgezogen und teilweise gefressen. Es stank nach Verdauung, nach Blut und nach Schweinemist.

„Gib mal die Lampe“, keuchte Fettweiß und leuchtete der Leiche ins zerfetzte Gesicht. „Es ist Bromberger. Ferdi Bromberger. Mann, was ist denn hier bloß passiert?“

Bromberger war der Ziegeleibesitzer. Er gehörte zur festen Besetzung des Jägerstammtischs und unterhielt die anderen durch Erzählungen seiner lebensgefährlichen Jagdabenteuer. Bis zum vergangenen Abend jedenfalls hatte er das getan.

„Oh Gott“, flüsterte Karasek.

Sie schauten sich an und schwiegen wie erstarrt. Äffchen Fettweiß ließ die Hand mit der Lampe ins Stroh sinken.

Durch die Stille drang ein merkwürdiges, schnelles Tapsen, das näher kam. Plötzlich raste Julchen wieder laut gillend durch die Kobentür, verbiss sich in dem grauen Kittel von Äffchen Fettweiß. Wandermetzger Karasek versuchte, sie durch Schlagen und Treten abzudrängen, aber das Schwein biss und tobte nur noch heftiger.

Schließlich lief Karasek nach draußen und kam mit seinem Schlachtbeil zurück. Er passte einen Moment ab, in dem Julchen den Kopf halbwegs ruhig hielt. Dann schlug er ihr mit der flachen Seite des Beils zwischen die Ohren. Nach dem ersten Schlag sank das Schwein um, kam aber kurz darauf wieder hoch. Dann schlug Karasek so lange auf ihren Kopf, bis sie sich nicht mehr rührte. Ein paarmal strampelte Julchen noch mit den Hinterläufen und grunzte leise. Dann war sie still. Dann war alles still.

Äffchen Fettweiß ließ sich rücklings ins Stroh fallen und breitete die Arme aus.

Karasek griff die Lampe und leuchtete ihm ins Gesicht. „Was ist mit dir?"

„Nichts passiert", ächzte Fettweiß. „Mir ist nichts passiert. Ich muss mich verschnaufen. Geh telefonieren, Karasek."

Der schaute ihn fragend an. „Soll ich nicht erst die Sau brühen? Wurstfleisch muss noch warm sein."

„Wird nichts draus, Karasek. Wird nichts draus. Die hat doch den halben Bromberger im Wanst."

„Das schmeckt man nicht raus, Fettweiß. Den Bromberger schmeckt man nicht raus. Aber denk doch mal, das schöne Schwein."

„Nee, Karasek, das lass mal. Geh, telefonieren. Polizei. Der Rottek soll kommen."

Wandermetzger Karasek lief in die Wirtsstube und wählte 215, die Polizeiwache.

Hauptwachtmeister Kesselring war am Telefon. Er hatte gerade seinen Dienst begonnen.

„Herr Wachtmeister, Sie müssen mal zum Wirtshaus kommen. Hier ist etwas mit einem Schwein passiert."

„Brauchen Sie einen Tierarzt?"

„Eher nein, denke ich."

„Den Abdecker? Gab es einen Unfall?"

„Das ist mir zu schwierig. Ich bin nur der Karasek. Der Metzger."

„Aber dann kennen Sie sich doch aus mit Schweinen? Oder brauchen Sie Hilfe?"

„Nein. Ein Schwein hat einen Mann angeknabbert."

„Sind Sie sicher? Nicht umgekehrt?"

„Nein, das Schwein hat den Mann angeknabbert, und das Schwein ist jetzt tot."

„Wen hat es denn angeknabbert, wenn ich mal fragen darf?"

„Ich glaube, er heißt Bromberger."

„Dann verstehe ich. Und er ist verletzt?"

„Nein, ich glaube, er ist auch tot."

„Sie, Herr Karasek, wenn Sie Witze machen, dann sperr' ich Sie ein. Machen Sie Witze?"

„Nein, Herr Wachtmeister, Herr Äffchen Fettweiß liegt im Schweinestall und hat mich geschickt."

„Ist der auch tot?"

„Nein, nur gebissen."

„Haben Sie getrunken, Herr Karasek? Haben Sie sich einen genehmigt mit Äffchen Fettweiß? Habt ihr vielleicht gesoffen die ganze Nacht?"

„Nein, Herr Wachtmeister, es ist alles normal. Alles normal, außer im Schweinestall."

„Gut. Ich schaue mir das mal an. Wehe, wenn Sie sich einen Scherz ausgedacht haben!"

„Äffchen Fettweiß sagt, Rottek soll kommen."

„Rottek? Wegen einem Schwein?"

„Wegen dem toten Mann, denke ich."

„Na gut, Herr Bromberger. Ich verstehe zwar nicht alles, was Sie mir da erzählen, aber wir kommen gleich mal vorbei. Viertelstunde, denke ich."

„Ich richte alles aus, Herr Wachtmeister."

Äffchen Fettweiß hatte sich inzwischen aufgerichtet. Er stand, auf die Mauer des Schweinekobens gelehnt, das Gesicht in den Händen vergraben. Die Handlampe hing an dem Nagel eines Balkens. Ihre Sechzig-Watt-Birne beleuchtete die grausige Szenerie.

„Der Polizist ist schlecht gelaunt“, berichtete Karasek. „Aber er kommt.“

„Karasek, ich glaube, ich werde verrückt.“

„Warte, bis der Schutzmann kommt, Äffchen. Dann wird alles wieder gut. Die Polizei regelt das.“

„Nix wird gut, Karasek. Hier passiert irgendwas in der Stadt. Unheimlich ist das. Schon der dritte Tote in ein paar Tagen. Und alles Jäger. Und alles meine Gäste. Das ist doch nicht normal, Karasek.“

Wandermetzger Karasek schaute ihn mitleidig an. „Betest du auch, Äffchen?“

„Warum soll ein Gastwirt beten? Betest du etwa?“

„Schlachter müssen viel beten, Äffchen. Wegen dem Leid, das sie machen, wegen dem Tod. Es gibt keine Wurst ohne Tod, Äffchen.“

„Hör auf mit dem Quatsch, Karasek. Betest du wegen einem toten Schwein? Da hätte der liebe Gott viel zu tun, wenn man ihn wegen jedem Schlachtschwein anmorsen würde. Oder jeder Kuh. Das ist das Leben, Karasek, der Kreislauf des Lebens. Wenn nichts geht, kann nichts kommen, sag ich immer.“

„Das verstehe ich nicht, Äffchen. Ich mach lieber weiter wie bisher. Beim Kesselfleisch bete ich schon: Lieber Gott, vergib mir, dass ich das Schwein totgemacht habe. Dann fühle ich mich gleich wieder gut und das Wursten geht mir leicht von der Hand.“

„Du bist ein komischer Heiliger“, brummte Fettweiß. „Ich glaube, der liebe Gott freut sich, wenn ein Schwein geschlachtet wird, wenn es Metzelsuppe gibt, Speck und Kesselfleisch. Dann würde der liebe Gott sich am liebsten eine Portion abholen. Wenn einer deswegen um Vergebung rumwinselt, dann bringt ihn das höchstens durcheinander.“

„Bittest du niemals um Vergebung, Äffchen?“

„Niemals. Ich mach ja nichts Schlimmes. Manchmal denke ich: Sauft mehr, Leute, das Fass muss heute noch leer. Aber das ist auch schon alles.“

„Hältst du auch niemals Zwiesprache mit dem Schöpfer?“

„Nein. Oder doch: Wenn ich das Geld zur Raiffeisenkasse bringe und mir den Kontostand anschaue, dann sag ich immer: Lieber Gott, wir zwei, wir wissen wie man’s macht. Das ist aber auch schon alles in dieser Hinsicht.“

Die blutig zerschmetterte Kopfschwarte des Schweins dampfte im Licht der Lampe. Es lag neben der Leiche Brombergers, als ob beide in einem gnadenlosen Kampf miteinander gestorben wären. Brombergers Kieferknochen lagen frei. Man konnte sogar sein künstliches Gebiss erkennen, das ein wenig schief im Mund lag. Die Bekleidung des Oberkörpers klaffte blutig und zerrissen. Sogar die Hosenträger waren zerfetzt. Das Bolzenschussgerät hatte dem Tier nur eine Fleischwunde zugefügt. Karasek zeigte auf die Wunde: „Ich konnte nicht richtig zielen. Die Sau kam ja wie der Blitz aus dem Stall geschossen.“

Draußen fuhr ein Auto vor. Es war das Klingeln eines VW-Motors zu erkennen. Türen schlugen.

„Hallo?“ Kesselring rief über den Hof.

„Hier“, schrie Karasek, „hier im Stall!“

Rottek und Kesselring zwängten sich in den Gang. Sie blieben vor dem Koben stehen und starrten wie gebannt auf das grausige Bild. Dann sahen sie sich an.

„Ist es Bromberger?“, fragte Rottek.

„Es ist Bromberger“, sagte Kesselring. „Ich erkenne es an der Anzughose. Glencheck.“ Der dicke Ziegeleibesitzer war ein elegant gekleideter Mann. Er trug nur Maßgeschneidertes. Allerdings gab es in seiner Größe auch kaum Konfektionsware.

„Mein Gott", murmelte Rottek.

Äffchen Fettweiß nickte. „Ja, schrecklich. Und schon wieder ein Jäger. Herr Kommissar, was ist hier los? Was ist bei uns bloß los? Hundert Jahre gibt es hier Jäger, und alle sind im Bett gestorben oder im Krieg. Wie es so war. Aber keiner wurde im Stall von einem Schwein gefressen."

„Jäger sind eben etwas speziell, Fettweiß. Und derzeit eben besonders. Ruf doch mal den Doktor an und den Bestatter. Die brauchen wir hier mal wieder."

Äffchen Fettweiß schlurfte davon. Seine Hüfte hatte bei der Rangelei heftige Stöße abbekommen. Vor Schmerzen schloss Äffchen Fettweiß ein paarmal die Augen. Im Haus strebte er erst einmal zu seiner Schublade mit den Schmerztabletten. Sie wirkten zwar nicht, aber er fühlte sich trotzdem besser, wenn er eine genommen hatte.

Rottek stand ratlos schweigend vor der grässlichen Szenerie. Der Wandermetzger berichtete dabei aufgeregt, wie er das bösartige Schwein totgeschlagen hatte.

„So ein schönes Schlachtschwein, Herr Kommissar. Was meinen Sie: Ob man es aufessen kann? So ein paar Brocken Menschenfleisch, die machen doch einer prächtigen Sau nichts aus. Wer's nicht weiß, Herr Kommissar, den interessiert es auch nicht. Und in der Wurst wird es ja auch gut durchgemischt."

„Erst mal ist dieses Schwein als Beweismittel beschlagnahmt. Und Beweismittel sind nicht zum Verzehr freigegeben. Wahrscheinlich müssen wir ihm auch noch den Bauch aufschlitzen. Was wir da wohl noch so finden von dem Toten. Die Hinterbliebenen werden nicht wollen, dass das alles in die Wurst kommt. Die Sau hat sich ganz schön bedient bei dem Bromberger."

„Herr Kommissar, Schweine sind doch kluge Tiere eigentlich. Da muss so ein Tier doch denken: Das ist einer von unseren Gästen, den darf ich nicht beißen. An Menschen zu knabbern, das ist doch für solche Tiere auch nicht normal. Ich glaube, diese Sau hatte einfach nicht alle Tassen im Schrank. Übrigens hieß sie Julchen."

„Wir werden das auf dem Grabstein vermerken." Hauptwachtmeister Kesselring hatte die Fotoausrüstung und eine starke Leuchte aus dem Streifenwagen geholt. „Jetzt gehen Sie doch erst mal in die Gaststube und trinken einen Schnaps. Wir kommen auch gleich. Dann können Sie uns alles erzählen."

„Danke, wir hatten vorhin schon einen Schnaps. Ich würde lieber meine Sachen zusammensuchen. Ist das in Ordnung?"

„Was hatten Sie denn vorhin schon an Alkohol getrunken?"

„Wenn Sie so genau fragen. Ich glaube, jeder hat zwei Doppelte. Genau. Zwei Doppelte."

„Gut. Bis gleich dann."

Brombergers Geldbörse und Brieftasche, auch der Schlüsselbund steckten noch in seinen Taschen. Rottek fotografierte den Stall und die Umgebung. Bei Nahaufnahmen von Bromberger schüttelte er immer wieder den Kopf. „Herr Hauptwachtmeister, hatten Sie so was schon mal?"

„Wenn einer von 1933 bis 1945 Polizist war, dann können Sie ihn kaum noch mit irgendwas erschüttern, Rottek. Da gab es andere Verletzungen, Rottek. Schlimmere. Und andere Wunden. Ganz andere. Letzte Nacht sind mir wieder so einige Bilder durch den Kopf gegangen. Sie lassen mich nicht los, Rottek, und ich hab damals danebengestanden und zugeschaut. Tatenlos zugeschaut. Das ist das Schlimmste überhaupt." Kesselring hielt inne und schaute aus dem trüben Stallfenster.

„Ich wäre auch kein Widerstandskämpfer geworden, Kesselring. Ich auch nicht. Glauben Sie denn, dass Sie irgendwas hätten aufhalten können, wenn Sie anders gehandelt hätten?"

„Ich nicht, Rottek. Ich bin ein Armleuchter. Das Schlimme ist nur, dass es mir immer deutlicher wird, was ich für ein Heini bin."

„Kesselring, komm, hör auf. Wer kein Held ist, ist deshalb noch lange kein Verbrecher.“ Rottek fotografierte weiter. „Was hier bloß passiert ist? Ich glaube, wir leuchten erst mal gründlich aus. Kesselring, haben wir noch Lampen mit?

„Auf der Wache. Ich fahre gleich noch mal los.“

„Alarm, Alarm.“ Die Fahrradklingel von Doktor Rotgold schepperte über den Hof. Kesselring schickte ihn in den Stall.

„Das wird ja immer schöner mit Ihren Leichen“, flapste er. „Letztens erst einer mit Kopf ab. Jetzt einer mit ganz viel ab. Wo ist denn der Rest von dem Toten? Oder sah der schon immer so aus? Da fehlen ja ein paar wichtige Teile.“

„Die sind im Schweinebauch“, knurrte Rottek. „Können Sie den Tod feststellen oder wollen Sie hier noch eine Witzvorstellung geben?“

Der Doktor stupste ihn lachend mit dem Ellenbogen an. „Der Mann ist toter als tot. Das kann ich einwandfrei feststellen. Ich gebe es Ihnen auch noch mal schriftlich, Herr Kommissar.“

„Danke. Können Sie ungefähr den Todeszeitpunkt bestimmen? Ich meine nicht das Jahr, sondern die Uhrzeit.“

„Schwer zu sagen unter diesen Umständen. Aber mindestens fünf, sechs Stunden ist es her. Eher länger.“

„Eine Todesursache? Ist Ihnen was aufgefallen?“

„Ich bin kein Gerichtsmediziner, Herr Kommissar.“

„Das kann ich mit Freude bestätigen.“

„Ich meine, ich sehe die Leiche hier in schwierigen Lichtverhältnissen im Mist liegen. Da kann ich keinen präzisen Befund abgeben.“

„Dafür haben wir Sie auch nicht gerufen, Herr Doktor. Ich dachte nur, Sie hätten vielleicht irgendetwas bemerkt an dem Toten. Außer, dass er tot ist, das aber sicher.“

„Ganz sicher. Manchmal hab ich das Gefühl, Sie nehmen mich nicht ernst, Herr Kommissar. Dabei kennen wir uns doch schon ziemlich lange. Sie sind doch eigentlich ein ganz netter Kerl." Er legte ihm die Hand auf die Schulter. Einen Augenblick zu lange. Rotgold liebte Männer. Rottek drehte sich weg.

„Herr Doktor, wer nett ist, wird bei der Polizei nicht genommen. Also, wir stellen fest: Ferdi Bromberger ist tot, Todesursache konnte noch nicht geklärt werden. Richtig?!

„Perfekt, Herr Kommissar. Wir können noch festhalten: Wiederbelebungsversuche sind unterblieben." Der Doktor explodierte fast vor Lachen über seinen Scherz. „Wiederbelebungsversuche sind unterblieben, Herr Kommissar, ich schrei mich weg." Er brüllte es immer wieder in den Schweinestall und lief rot an, prustete und wieherte dabei wie irrsinnig.

Rottek packte ihm beruhigend am Arm. „Doktor, wenn ich Sie wirklich mal ernst nehmen soll, dann …"

„Egal, Kommissar, egal", rief Doktor Rotgold lachend, klemmte seine Tasche auf den Gepäckträger und fuhr unter heftigem Fahrradklingeln und „Alarm, Alarm"-Rufen davon.

Kesselring kam mit zwei starken Lampen. Es gab nicht genug Steckdosen im Stall, und bis ein Verlängerungskabel gelegt war, dauerte es fast eine halbe Stunde.

Draußen fuhr Bestatter Ellermann vor.

„Oh", rief er, als er den Stall betrat, „sind die beiden beim zügellosen Sex verunglückt?" Als er Bromberger erkannte, wurde er plötzlich ernst. Seine Gesichtszüge froren ein. Mit angstgeweiteten Augen starrte er auf die Leiche. Dagmar Simon hatte ihm prophezeit, er sei das übernächste Mordopfer. Bromberger war tot. Jetzt war demnach er an der Reihe. Sollte er das ernst nehmen? Er wehrte sich dagegen. Aber eine dumpfe Furcht machte sich in ihm breit.

Rottek zögerte einen Moment. „Herr Ellermann, stellen sie Ihre Bahre hier ab und gehen Sie bitte hinaus. Wir machen das hier schon. Sie werden gerufen, wenn es weitergeht."

Ein Gedanke war ihm blitzartig durch den Kopf geschossen: Was, wenn der Bestatter mit den Todesfällen zu tun hatte? Am Ende würde man ihn vielleicht als Täter ermitteln und er hätte sich jeden Tatort und die Opfer in aller Ruhe betrachten und daraus Vorteile ziehen können. Zuzutrauen wäre es ihm. Er war ein schräger Vogel. Rottek wusste nichts von dem Auftritt der Förstersfrau in der Wirtsstube und ihrer Vorhersage. Für ihn gehörte Ellermann zum Kreis der Verdächtigen.

Die Lampen leuchteten auf. Kesselring kam stolz in den Schweinekoben. „Das war ein richtiger Akt mit der Elektrik. So eine komplizierte Sache kann nur ein Hauptwachtmeister richten. Brennen die Lampen jetzt?"

„Sehen Sie doch, Sie Genie", knurrte Rottek. Er stellte sich dicht vor ihn. „Was glauben Sie, Kesselring, wenn wir den Ellermann hier mal raushalten aus der Sache. Ich hab so ein komisches Gefühl. Wenn der drin steckt in den Fällen, dann kann er sich mit seinem Täterwissen einiges so einrichten, wie er es braucht. Oder sehe ich jetzt schon Kriminalgespenster?""

Kesselring blies mit dicken Backen Luft ab. „Nur, weil er ein Arsch ist, ist er noch kein Mörder. Aber manchmal kommt beides zusammen. Deshalb könnte ich Ihnen Recht geben. Vielleicht Vorsicht erst mal mit dem. Oder was? Manchmal weiß ich auch nichts mehr. Das ist der Nachteil, wenn man nur Hauptwachtmeister ist. Und wie bekommen wir den Dicken hier jetzt raus?"

„Zwei Mann, zwei Ecken. Und bei drei wuppen wir ihn rein."

„Wir?"

„Wir."

„Sie, Herr Kommissar, wenn ich mir mit diesem Fettsack die Bandscheiben ruiniere, dann kommt das in Ihre Personalakte. Dafür werd' ich sorgen."

„Jetzt gucken wir hier erst mal."

Fast eine Stunde lang stocherten Sie nach Spuren im Stroh, suchten jeden Zentimeter des Stalles ab.

„Hier." Kesselring zeigte auf eine Stelle der schmalen Mauer um die Schweinebucht. Nur mit Mühe war auf dem grauen Putz eine verschmierte Blutspur zu erkennen.

„Interessant." Rottek schaute sich den Betonboden davor an. Auch dort fanden sich Blutflecken. Er machte Fotos davon.

„Farbfilm?", fragte Kesselring.

„Nein, zu teuer. Schwarzweiß bringt hier nicht viel, ich weiß. Trotzdem." Rottek blickte sich noch einmal sorgfältig um in dem staubigen und von Spinnweben verhangenen Stall. Dann ging er in den Koben und stelle sich ans Kopfende der Leiche.

„Herr Hauptwachtmeister, ran an den Speck."

Kesselring schob die Leichenbahre in die Schweinebucht und klappte sie auf. Er packte die Füße des Toten.

„Eins, zwei und drei!"

Die Leiche von Ferdi Bromberger plumpste in den provisorischen Sarg.

„Moment mal." Rottek hob den Oberkörper der Leiche wieder hoch und schaute sich den Hinterkopf an. Dort klaffte eine Wunde. Sogar das Scheitelbein war zu sehen. Rottek tastete die Wunde ab und spürte scharfkantige Knochenfragmente.

„Erschlagen", flüsterte er. „Erschlagen."

„Das macht kein Schwein", sagte Kesselring. „Zumindest kein Hausschwein."

„Herr Hauptwachtmeister, haben Sie nicht auch noch Resturlaub zu bekommen?"

„Doch. Noch einiges. Warum?"

„Ich würde sagen, wir nehmen uns jetzt mal sechs Wochen Urlaub, und wenn wir wiederkommen, ist hier alles aufgeklärt, alles erledigt, und der Täter sitzt im Knast."

„Ein Traum, Herr Kommissar. Das wäre ein Traum. Stattdessen stecken wir bis zum Hals in einer blöden Geschichte. Saublöd sogar."

„Kesselring, ich glaube, das schaffen wir nicht mehr allein."

„Könnte sein. Was sollen wir machen?"

„Jetzt rauchen wir erst mal eine."

Sie klappten den Deckel über die Leiche. Rottek klopfte sich Staub und Spinnwegen von seiner alten Lederjacke, holte eine Schachtel Ernte23 aus der Tasche, gab Kesselring Feuer. Dann lehnten sie sich an die Stallwand und rauchten.

„Irgendwas vergessen?", fragte Rottek.

„Ich blick nicht mehr durch." Kesselring massierte sich die Stirn. „Rottek, ich versteh die ganze Sache nicht mehr. Warum hauen die Jäger sich die Schädel ein?"

„Muss ja kein Jäger sein, der haut."

„Doch. Jäger sind Bestien."

„Quatsch, Kesselring. Jäger sind sentimental. Sie sind Romantiker. Jäger töten, was ihnen ebenbürtig ist. Das Wild, das sie erlegen, ist kein Feind, den man abschießt. Es ist ein Lebewesen sozusagen auf gleicher Augenhöhe, vor dem man Achtung hat. Ich kenne keinen Jäger, der ein Mörder ist. Oder Sie vielleicht?"

„Nicht auf Anhieb. Aber sicher gibt's irgendwo einen sentimentalen Romantiker, der jemanden auf dem Gewissen hat."

„Irgendwo. Aber nicht bei uns. Kesselring, ein Jäger tötet keinen Jäger. Glaub ich jedenfalls. Das ist sicher ganz selten. Und dass ein Jäger auch noch so eine hässliche Serie produziert, das glaub ich ganz bestimmt nicht. Da steckt was anderes dahinter."

„Was genau?"

„Wenn ich es wüsste, Kesselring. Eine Frau vielleicht."

„Eine Frau? Ich kenne keine Frau im Ort, die so was tun würde. Und ich kenne sie fast alle."

„Kennen Sie die Frauen, Kesselring?"

„Wenn Sie wissen wollen, ob ich so ein Wüstling bin wie Sie, dann lautet die Antwort: Nein."

„Wir werden sehen."

„Was machen wir mit dem Schwein, Rottek?"

„Gerichtsmedizin."

„Ellermann?"

„Ellermann. Irgendwie ist er vielleicht auch tatverdächtig. Aber wir können nicht alles vor ihm verstecken. Oder wollen Sie das Schwein in den Streifenwagen packen?"

Rottek rief den Bestatter. „Herr Ellermann. Dieser Transportsarg hier bleibt zu. Ich werde ihn noch versiegeln. Sie werden ihn nicht öffnen. Das ist eine Anordnung. Verstanden?"

Ellermann lachte. „Sie werden komisch, Herr Kommissar."

„Ich werd' jetzt noch komischer, Herr Ellermann. Sie packen sich jetzt das Schwein und bringen es auch nach Koblenz. Das Tier ist ein Beweismittel."

„Wie sollen wir das denn transportieren, Herr Kommissar? Wir haben doch keinen Schweineanhänger."

„In der Sau befinden sich wahrscheinlich Leichenteile. Das muss untersucht werden. Lassen Sie sich doch was einfallen. Sie sind Jäger, Ellermann. Da weiß man sich doch zu helfen. Sie können es doch auch abrechnen."

„Rottek, ich mache es für Sie als Jagdfreund, aber nur unter einer Bedingung."

„Unter welcher?"

„Dass es unter uns bleibt. Ich möchte nicht irgendwann Schweinebestatter genannt werden. Verstehen Sie?"

„Ellermann, Sie können sich drauf verlassen."

Der Beerdigungsunternehmer stand in seinem schwarzen Anzug vor dem Kommissar und schaute ihn mit großen Augen an. „Rottek, ich habe Angst."

„Wieso Angst, Ellermann?"

„Rottek, ich habe Angst, dass ich der Nächste bin. Passen Sie auf mich auf?"

„Wir tun, was wir tun können, Ellermann. Sie sind aber doch sonst nicht so schreckhaft?"

„Ich habe meine Gründe, Rottek. Ich erzähl Ihnen das mal die Tage. Ich habe wirklich meine Gründe, schreckhaft zu sein. Ich bin ja sonst nicht empfindlich. Aber jetzt, Rottek, aber jetzt."

Rottek und Kesselring packten ihre Gerätschaften zusammen. Im Stall und draußen um das Anwesen suchten sie noch gründlich nach einem möglichen Tatwerkzeug.

Der Bestatter rief seinen Gehilfen. Ratlos standen die beiden vor Julchens Leiche. Rottek ging zu Ellermann. „Wird das was mit dem Schwein?"

Bestatter Ellermann zeigte auf seinen Gehilfen. „Sein Schwager hat einen Viehanhänger. Damit fahren wir die Sau nach Koblenz. Wissen die da Bescheid oder muss ich das Tier vielleicht wieder mitnehmen?"

„Ellermann, wurden Sie jemals mit einem toten Schwein von der Gerichtsmedizin abgewiesen?"

„Erledigt, Rottek, ist erledigt. Aber wo wir gerade bei dem Thema sind: Wissen Sie, warum Schweine keine Schamlippen haben?"

„Ellermann, Sie sind eine alte Pottsau. Gehen Sie in sich, werden Sie fromm, vielleicht sind Sie wirklich die nächste Leiche vom Jägerstammtisch."

„Das werden Sie verhindern, Rottek, dafür bezahlt Sie der Staat. Vorher werden Sie den Mörder finden, nehme ich an. Oder? Passen Sie auf mich auf, Rottek. Bitte."

„Ellermann, passen Sie auch selbst auf sich auf. Mehr sage ich Ihnen nicht. Bromberger hat sich gestern auch nicht träumen lassen, dass er heute tot im Saustall liegt."

Der Bestatter winkte genervt ab. „Stimmt. Vor allem nicht in seinem guten Anzug."

Wandermetzger Karasek kratzte sich am Kopf. „Also ich geh dann. Oder werde ich hier noch gebraucht?"

„Es gibt vielleicht noch einen Kaffee. Müssen Sie los, Karasek?"

„Herr Kommissar, das ist kein guter Tag, wenn es kein Geschäft gibt. Die Sau totgehauen, aber nicht geschlachtet. Dafür gibt es kein Geld. Das ist schlecht. Da brauch ich auch keinen Kaffee mehr." Er packte seine Sachen auf die Ladefläche des hellblauen Goggomobil TL 250. „Schöne Kiste", rief Rottek. „61er? 15 PS?"

„Nee, 13,6. Vom Friedhofsamt ausrangiert. War günstig. Kaum was gelaufen." Er tuckerte davon.

„Äffchen, was war denn gestern Abend? War Bromberger hier?" Fettweiß, und die beiden Polizisten saßen am Stammtisch. Die alte Köchin Irmela brachte ihnen Kaffee und Käsebrötchen. Kesselring griff als Erster zu. Rottek nahm ihm blitzschnell das Brötchen aus der Hand und biss hinein.

„Herr Hauptwachtmeister, Sie frühstücken auf der Wache gleich Ihr Eibrot. Da brauchen Sie vorher kein Käsebrötchen. Achten Sie etwas auf Ihr Gewicht!"

Kesselring war völlig verdutzt. „Sie Flegel!", knurrte er. „Frecher Rotzlöffel! Können Sie sich eigentlich noch daran erinnern, dass ich Ihnen früher einmal eine wunderbare Ohrfeige verabreicht habe?"

„Als wäre es heute, Herr Hauptwachtmeister, als wäre es heute gewesen. Da habe ich mit meiner NSU Quickly Hesselmanns Gemüsestand umgefahren. Der Leichtsinn der Jugend, Herr Hauptwachtmeister, da muss man Nachsicht üben."

„Sie kamen vom Schützenfest und waren besoffen, Herr Kommissar, und erst fünfzehn oder so. Wenn ich mich recht entsinne. Und ich hatte keine Nachsicht geübt, sondern erzieherisch auf Sie eingewirkt. Kann es so gewesen sein?"

„Wenn Sie den bis heute nicht geahndeten Fall von einfacher Körperverletzung meinen, dann wird es wohl so gewesen sein, Herr Hauptwachtmeister." Rottek biss beherzt ins Brötchen und schaute ihn an, mit vollen Backen kauend.

„Eine Ohrfeige zur rechten Zeit ist keine Körperverletzung, sondern eine wertvolle Investition in die Zukunft, Herr Kommissar." Kesselring nahm sich noch ein Käsebrötchen und bewegte sich schnell aus Rotteks Einwirkungsbereich.

„Gestern Abend war alles normal." Äffchen Fettweiß schenkte Kaffee aus. „Bromberger war einer der letzten. Halb eins etwa ist er gegangen. Ellermann und Strübecke sind noch geblieben, aber auch nicht mehr lange. Sie hatten alle getrunken, jeder vielleicht sieben, acht Bier und ein paar Lohhäuser. Aber keiner war angetrunken oder so. Die sind alle noch gerade marschiert und haben auch keinen Quatsch erzählt."

Rottek spülte die letzten Bissen des Brötchens herunter. „Äffchen, hast du irgendwas gesehen ums Haus herum? Ist da jemand Fremdes rumgelaufen? Ist dir in der letzten Zeit was aufgefallen hier? War was anders als sonst?"

„Nö. Wirklich nicht. Was soll sich in diesem Kaff jemals ändern?"

„Wenn du nichts änderst, ändert sich nichts."

„Da fällt mir ein, die Förstersfrau hatte einen Auftritt an Tisch fünf, vorgestern war das, glaube ich. Hat hier was getrunken, eine Kleinigkeit. Der Ellermann wollte sich an sie ranmachen und ist böse abgeblitzt. Den hat sie ganz kalt abserviert. Der wollte mit ihr eine Diskussion anfangen darüber, wer vielleicht das nächste Opfer ist, also über diese ganze Sache hier. Ist bei ihr nicht gut angekommen. Ich hab den noch nie so klein gesehen als wie der zum Stammtisch zurückschlich."

„Das hat der sicher mal gebraucht. Sonst gibt es offensichtlich nichts Neues."

„Das einzige Neue ist diese blonde Frau. Du hast sie schon mal gesehen. Sie macht irgendwas mit Kröten-Jörg. So ein Projekt. Die ist ja seit einigen Tagen da. Ziemlich seit einer Woche genau. Vorgestern Nacht hat sie einen Riesenalarm veranstaltet. Auf der Motorhaube von ihrem Auto lag ein Totenschädel. Die hat geschrien als ob man ein Ferkel absticht."

„Und wer hat ihr dieses Geschenk vermacht?" Rottek schrieb sich Notizen in seinen Block.

„Keine Ahnung. Sie war völlig fertig, hat die ganze Nacht nicht geschlafen. Ich vermute …" Er stockte, um seinen Worten mehr Bedeutung zu verleihen. „Ich vermute, dass die Kerschbaums damit zu tun haben. Die waren am Nachmittag vorher hier und haben mit der blonden Frau und Kröten-Jörg gesprochen. Sah aber irgendwie ziemlich bedrohlich aus. Wie sie so sind, die Kerschbaums."

„Und wo ist die Frau jetzt?"

„Keine Ahnung. Ich glaube, sie ist vorhin weggefahren. Mir wollte sie neulich alles erklären, die ganze Geschichte, weswegen sie hier ist. Aber da seid ihr gerade reingekommen. Und seitdem ist Funkstille. Nur mit Kröten-Jörg tuschelt sie ständig."

„Das heißt, sie ist angekommen an dem Tag, bevor der Förster erschossen wurde?"

„Denk ich mal. Ja. Aber glaubst du wirklich? So eine Frau ist doch keine Mörderin? Die kennt hier keinen. Warum sollte sie ein Blutbad anrichten? Kann ich mir nicht vorstellen."

„Äffchen, das Argument: ‚Kann Herr Fettweiß sich nicht vorstellen' ist aus ermittlungstechnischer Sicht nicht hilfreich. Oder mal anders gefragt: Bei wem könntest du es dir denn vorstellen? Wer hat die drei umgebracht? War es einer? Sind es mehrere? Zufall? Und warum sind alle Opfer Jäger? Will einer den ganzen Stammtisch ausrotten?"

„Rottek, seit bald hundert Jahren gibt es hier den Jägerstammtisch. Soweit ich weiß, hat hier noch nie jemand einen Jäger umgebracht. Und am Stammtisch haben sich mal welche im Suff hässliche Dinge gesagt, aber das war eigentlich alles. Vielleicht hat sogar der eine dem anderen mal was auf die Nuss gegeben. Vielleicht. Aber Mord? Ich glaub's nicht. Kesselring, was sagst du?"

Der Hauptwachtmeister faltete die Hände vor dem stattlichen Bauch und atmete tief durch. „Jäger haben mir immer viel Ärger gemacht. Seit ich denken kann. Dieser Kollege Rottek hier ist ja auch so einer. Im Grunde kein schlechter Kerl, aber ein frecher Hund. So sind sie. Jäger haben ihre eigenen Gesetze. Sie machen, was sie wollen, und man kann sie nur schwer erwischen. Nach dem Krieg habe ich eine Menge Ärger wegen denen gehabt. Das hat immer gerade da geknallt, wo ich nicht war. Schlau und frech waren die. Heute sind sie anders. Eine andere Zeit. Aber das Dunkle in denen, die Unbotmäßigkeit, das schläft nur. Das kommt sofort wieder raus, sobald es mal wieder schwieriger wird in der Welt. Das ist meine Meinung. Aber jetzt hier: Dass die sich gegenseitig umbringen – das glaub ich nicht. Ich kann es mir einfach nicht vorstellen. Man kennt ja seine Leute. Und zwar von klein auf. Nicht wahr, Herr Kommissar?"

„Herr Hauptfeldwebel, dem ist nichts hinzuzufügen."

Kesselring nickt beiläufig und nahm sich blitzschnell das letzte Käsebrötchen, als er sah, dass Rottek es ins Auge gefasst hatte.

„Was ist mit Kröten-Jörg? Komische Geschichte mit dieser blonden Mähnenlöwin. Was die hier wohl will? Wir werden die beiden mal auf die Wache bestellen. Kröten-Jörg müssen wir sowieso noch mal wegen seiner Waffe auf den Zahn fühlen." Rottek stand auf, obwohl Kesselring noch an seinem Brötchen kaute.

„Geht es denn sonst voran mit den Ermittlungen, Rottek? Darf man nachfragen?"

Rottek trank im Stehen seinen Kaffee aus. „Wenn ich sagen könnte: Wir drehen uns im Kreis, dann wäre das schon ein Fortschritt. Wir kommen nicht von der Stelle, Äffchen. Wir wissen nichts."

Kapitel 22

Dagmar Simon und Schlachter Ahrens saßen auf den Stufen der Försterei in der Sonne. Beide lehnten den Kopf an die Mauer, die Augen geschlossen. Sie legte die rechte Hand durch sein aufgeknöpftes Hemd an seine behaarte Brust.

„Eigentlich bin ich gekommen, um dich zu töten", sagte er.

„Und warum tust du es nicht?"

„Ich habe das Messer zu Hause vergessen."

„Wie doof du bist. Ich kann dir eins von meinen geben. Die töten auch."

„Vielleicht später."

Spatzen zankten sich in den Haselnussbüschen. Ein Sperber sauste wie der Blitz zwischen sie und nahm sich eins. Die Todesklage des Sperlings wurde leiser und erstarb. Alle kleinen Vögel verstummten und versteckten sich im Unterholz. In die Stille dröhnte aus der Ferne der Basaltzug. Männer schrien sich im Lärm des Sägewerks an der Frankfurter Straße etwas zu und lachten. Einer der beiden Jagdhunde, die in der Sonne lagen, schnaufte tief.

„Was jetzt?", fragte Ahrens und griff ihre Hand.

„Wie, was jetzt?"

„Was wird jetzt? Wir beide. Du hast doch jetzt, was du wolltest."

„Woher weißt du, was ich wollte?"

„Du wolltest das mit mir."

„Vielleicht. Vielleicht ein bisschen. Mein Schlachterschweinchen, ich bin jetzt frei. Das Beamtengefängnis ist offen. Dann werd' ich doch nicht in ein doofes Schlachtergefängnis gehen?"

„Dann werde ich dich doch noch töten."

„Das würde mich beeindrucken. Aber du wirst es nicht tun."

„Ich habe für dich gelogen. Ich habe die Polizei belogen. Was hast du denn gemacht in der Zeit, als wir nachts angeblich zusammenwaren? Ich möchte doch mal wissen, was da los ist. Wenn der Kommissar noch mal kommt, muss ich doch wissen, was los ist. Oder hast du etwas zu tun mit diesen Geschichten?“

„Ach, mein Schlachterschweinchen. Nichts ist los. Weißt du, ich muss raus nachts. Ich werd’ verrückt hier in diesem Waldbunker. Der Förster war ja auch so oft weg, den ganzen Abend in der Kneipe und dann noch die halbe Nacht wegen seiner Wildschweine. Auch unser Sohn ist sofort nach der Schule aus dem Haus gegangen und kommt nur noch selten. Ich laufe halbe Nächte durch die Stadt. Ich muss Menschen sehen, und nicht nur diesen schwarzen Wald hier. Immer diese Stille, Dunkelheit und das Alleinsein. Das ist das Försterleben, Schlachterschweinchen, und das ist Försterinnenleben. Viele laufen weg. Etliche, die ich kenne, sind weggerannt aus dem Wald und weg von ihrem grünen Männchen. Immer nur rauschende Bäume, das ist zu wenig für mich.“

„Aber du hast es doch gewusst, als du ihn geheiratet hast?“

„Nein, ich hab es nicht gewusst. Wenn du verliebt bist, Ahrens, dann träumst du von allem. Nur nicht vom dunklen Wald in der Nacht und vom Alleinsein.“

„Das ist mir zu schwierig. Du bist eine schwierige Frau, glaube ich.“

„Es gibt keine schwierigen Frauen. Es gibt nur Männer, die zu doof sind, sie zu verstehen.“

„Das versteh ich nicht. Solche Sprüche sind mir zu kompliziert. Aber es gibt Frauen, die Männer mit Unterhosen erpressen. Wo ist meine Unterhose?“ Er stand auf und knöpfte sich das Hemd zu.

„Du warst so blöd und hast sie hier liegen gelassen. Sogar mit eingesticktem Monogramm. Jetzt hebe ich sie für dich auf, mein doofes Schlachterschweinchen. Und wenn es einmal dringend sein muss, zeig ich sie deiner Frau. Und den Leuten von der Schlachterinnung. Und dem Pastor. So eine Unterhose ist mit Gold und Diamanten nicht aufzuwiegen."

„Man wird dir nicht glauben. Ich bin hier eine Persönlichkeit. Ich werde alles widerrufen und die Leute werden sagen, diese weibliche Person, der glauben wir nichts. Der Kommissar wird sich dafür interessieren. Dann kannst du die Unterhose am Fahnenmast aufhängen. Sie wird dir nichts nützen. Und dann wird man untersuchen, was du nachts gemacht hast."

Sie lachte ihn an und küsste ihn. „Komm", flüsterte sie ihm ins Ohr und zog ihn ins Haus. „Komm." Aber er weigerte sich. „Die Hose. Sonst läuft hier nichts."

„Was soll denn passieren, mein Schlachterschweinchen?"

„Ich mach ernst, Mädchen. Ich will nicht erpresst werden von dir. Du erpresst mich. Das ist dir ja wohl klar. Es steht alles auf dem Spiel für mich. Alles. Nur weil ich einmal mit dir reingegangen bin."

„Heute sind es schon zweimal, dass du mit mir reingegangen bist. Und die Hose, diese wunderbare Hose, deine Zauberhose, die bekommst du nicht. Das ist mein schönes Souvenir an ein paar gemütliche Stunden. Man erinnert sich doch gerne an solche Stunden."

„Ich werde dich töten. Ganz bestimmt. Das nächste Mal bringe ich das Messer mit. Und ich sage allen, was die Wahrheit ist. Als erstes dem Kommissar."

„Ach, mein Schlachterschweinchen. Du wirst gar nichts erzählen. Und du wirst das Messer auch beim nächsten Mal vergessen. Sonst schimpfen die Leute von der Schlachterinnung und deine Frau weint. Wir werden bald wieder zusammen reingehen. Ins schöne, gemütliche Försterhaus. Warum nicht jetzt gleich, mein schöner doofer Mann?" Sie zog ihn am Hemd. Er folgte ihr. Sie packte ihn am Gürtel und schleppte ihn hinter sich her. „Komm."

Er blieb stehen und befreite sich von ihren Händen.

„Gib mir die Unterhose. Dann komme ich jeden Tag."

„Jeden Tag? Ich will doch nicht jeden Tag einen doofen Mann. Einen Mann, der seine Unterhose mit eingesticktem Monogramm bei seinen Weibern vergisst. Wieviel Schlüpfer liegen denn sonst noch herum bei deinen Weibern?"

„Ich habe keine Weiber. Und diese Unterhose ist ein Geschenk von meiner Frau. Zu meinem fünfunddreißigsten Geburtstag. Allein deshalb will ich sie wiederhaben. Das ist zu gefährlich, wenn du sie hast. Du weißt ja nicht, was da alles dranhängt. Denk doch mal, Mädchen, denk doch mal, wie schön es ist mit uns beiden. Wir beide, ganz allein, und du hast doch selbst gesagt, wie gerne du es machst. Was willst du denn noch mit der Unterhose?"

„Oh, oh, eine gefährliche Unterhose. Was ist das schon mit dir, mein Schlachterschweinchen? Ein bisschen Hoppeln, ein bisschen Kuscheln. Das kann ich jeden Tag zehn Mal an jeder Ecke und von jedem anderen haben. Aber so eine Zauberhose, die gibt es nur einmal. Und so eine einmalige Hose, die gibt man einfach nicht her. Stell dir vor, der Kommissar kommt und stellt Fragen. Unangenehme Fragen. Dann zeig ich ihm den Schlüpfer und sage: ‚Diese Hose, das ist mein Alibi. Der Schlachter Ahrens, mein geliebter Hoppelschlachter Ahrens, der ist mein Zeuge. Für alle Zeit'. Und wenn ich will, dann steht es sogar in den Akten."

„Ich könnte dich erwürgen. Jetzt sofort."

„Dafür bist du zu blöd, mein Schlachterschweinchen. Wer eine Frau totstechen will und vergisst das Messer zu Hause, der kriegt das mit dem Erwürgen erst recht nicht hin. Zu schwierig, Ahrens. Erwürgen ist schwierig. Deine Kälber im Schlachthaus und die Schweine, die machst du tot mit einer Hand. Aber eine Frau töten, Ahrens, eine Frau töten, das ist etwas ganz anderes. Dazu gehört mehr. Hass und Leidenschaft, Ahrens, das gehört dazu. Hass und Leidenschaft. Weiß du, was das ist? Nein, du weiß nicht einmal, wie man das schreibt. Komm, wir machen es uns jetzt wieder gemütlich und dann fährst du schön nach Hause. Und bald kommst du wieder zu mir."

Er folgte ihr die Stufen hinauf. „Aber irgendwann gibst du mir die Hose zurück?"

„Niemals, mein Schlachterschweinchen. Niemals, das schwöre ich dir." Sie verschwanden im Haus.

Kapitel 23

„Sie wünschen?“ Martha Bromberger öffnete misstrauisch die eichene Eingangstür. Sie war mindestens so dick wie ihr Mann und ihre lila gefärbte Dauerwelle leuchtete aus dem Dunkel des Flurs.

„Ich müsste Sie mal sprechen“, sagte Rottek leise.

„Bitte.“ Sie ging voran in ein großes Wohnzimmer. Rottek bemerkte ihre bandagierten säulenförmigen Beine. Wenn sie an eine Türklinke griff, klapperte es metallisch von den vielen Ringen an ihrer Hand. Eine gewaltig wuchernde Klivie in einem Messingkübel. Likör- und Cognacflaschen auf einem venezianischen Servierwagen. Ein kleines Lesetischchen, neben einem aufgeschlagenen Lore-Roman ein Likörgläschen, halbvoll mit einer farblosen Flüssigkeit. Eine geöffnete Pralinenschachtel „Stollwerck Knuspergold“, mit bunten Papageien auf dem Deckel. An der Wand ein riesiges Ölgemälde, „Heimkehrender Schäfer mit seiner Herde“.

Martha Bromberger griff an ihr Herz und sank in dem ausladenden Sessel ohnmächtig zusammen, als Rottek ihr den Tod ihres Mannes mitteilte. Mühsam wuchtete er sie auf den Teppich und legte ihr die Füße hoch.

Eine halbe Minute später schlug sie schon wieder die Augen auf. „Oh, oh“, klagte sie laut, „meine Tropfen. Therese, meine Tropfen.“

Eine junge Frau in schwarzem Kleid und weißer Schürze schwebte lautlos herbei und zählte fünfzehn Tropfen aus einer kleinen, braunen Arzneiflasche auf einen Löffel Zucker. „Die gnädige Frau ist leidend“, erklärte sie. „Bitte nehmen Sie Rücksicht.“

Martha Bromberger nahm die Medizin und griff sich an die Stirn. „Der Ferdi ist tot, Therese, der Ferdi ist tot“, hauchte sie und wurde noch einmal für einige Sekunden ohnmächtig.

„Soll ich den Arzt rufen?“, fragte Rottek besorgt. Doch im gleichen Moment fuhr die stämmige Frau blitzschnell auf. „Den Arzt? Diesen Arzt? Welchen Arzt wollen Sie rufen?“, keifte sie aufgebracht.

„Doktor Rotgold, unseren Arzt.“ Rottek war regelrecht verunsichert durch ihre heftige Reaktion. Das passierte ihm selten.

„Auf keinen Fall“, schrie Martha Bromberger. „Ich bin nur bei Professor Lenzkirch in Behandlung. Privatpatient. Nicht bei diesem Dorfquacksalber namens Rotgold. Niemals.“ Sie beruhigte sich nur langsam. „Ich habe Herzschwäche. Kompensierte Herzinsuffizienz, wenn Sie wissen, was das ist. Aber Professor Lenzkirch sagt, damit kann man steinalt werden. Ich war wegen dem Herzen sogar einmal zur Kur in Bad Pyrmont. Da war ein Spezialist, der hat mir gesagt, ich hätte als Kind zu viel gespielt. Kinder sollen öfters mal eine Stunde still sitzen. Das ist gut fürs Herz. Ich hab mir wohl damals beim Spielen diesen Schaden geholt. Aber jetzt geht es auch schon wieder. Ich habe meine Tropfen genommen, dann geht es wieder.“ Sie ließ sich wieder in den gewaltigen Plüschsessel fallen und trank schnell das halbe Likörglas aus. Rottek meinte, einen Hauch von Orangenduft zu schnuppern. Dann lehnte sie sich aufseufzend zurück. „Therese, bring uns doch mal einen Mokka.“

Rottek nahm links oben eine Bewegung war. Eine schwergewichtige Person stieg mühsam und stöhnend die Treppe aus dem ersten Stockwerk herab. Rottek traute seinen Augen nicht. Es war Bromberger. Im Morgenmantel, den Kopf und den linken Arm verbunden.

„Herr Bromberger?“ Rottek stand auf. Träumte er? War das ein Gruselfilm? Vor einigen Tagen erst hatte er im Union-Kino mit Anita so einen Film gesehen, in dem eine Leiche wieder lebendig wurde. „Herr Bromberger?“ Ein Keuchen und Röcheln war die Antwort. Rottek spürte, wie ihm eine kalte Gänsehaut den Rücken hochkroch.

„Darf ich ihnen meinen Schwager vorstellen?“, hörte er das schnarrende Zwitschern von Martha Bromberger. „Es ist der Zwillingsbruder von meinem Ferdi. Wir pflegen ihn bei uns seit drei Jahren. Er leidet unter epileptischen Anfällen. Das liegt bei den Brombergers wohl in der Familie. Die Oma hatte auch so was. Ich habe gleich mal Professor Lenzkirch gefragt, ob das ansteckend ist und ob ich vielleicht dagegen etwas einnehmen soll oder öfters mal die Hände waschen. Der Ferdi hatte ja auch alles Mögliche, aber keine Epilepsie. Der hatte es auch an den Adern und bekam blaue Zehen. So eine Familie wie die Brombergers, die brauchen bald eine eigene Klinik für ihre tausend Leiden. Da bin ich froh, dass ich so kerngesund bin. Wissen Sie, wenn Sie in so eine Familie eingeheiratet haben, in denen jeder irgendeine Krankheit hat, das ist auch nicht schön. Man möchte ja lieber eine gesunde Verwandtschaft. Bei uns zu Hause, bei den Röders, hat es so was nicht gegeben. Da gab es einen Schnupfen vielleicht oder einen verklemmten Wind, aber keine Krankheiten. Sehen Sie sich hier meinen Schwager an: Bei dem funktioniert überhaupt nichts mehr im Kopf. Ist das normal? Bei so einem Menschen, da ist gar nichts mehr normal. Und dann diese Epilepsie. Gestern Mittag ist er bei einem Anfall die Kellertreppe heruntergestürzt und hat sich den Kopf aufgeschlagen. Ein harmloser Mensch, aber völlig durcheinander. Und er spricht nicht. Ein Bromberger eben."

Der Bromberger-Zwilling schlurfte mit leerem Gesichtsausdruck an ihnen vorbei, ohne sie zur Kenntnis zu nehmen und verschwand in einem Raum. Rottek hatte inzwischen seine Fassung wieder gewonnen. „Frau Bromberger, es ist mir unangenehm, aber ich muss Ihnen zum Tod Ihres Mannes als Polizist ein paar Fragen stellen. Geht das?"

„Fragen Sie, fragen Sie. Sie sagten, er ist getötet worden? Richtig so, wie man mit Absicht jemanden tötet? Kann man auch sagen: Mord?"

„Ja, Frau Bromberger. Er ist erschlagen worden. Von einer unbekannten Person."

„Erschlagen? Mein Ferdi? Das ist ja eine Frechheit! Wenn Sie den Täter haben, dann schnapp ich mir den Kerl! Herr Kommissar, ich darf mich ja nicht aufregen. Professor Lenzkirch hat gesagt, gute Ernährung und nicht so viel Bewegung, damit kann ich alt werden. Vor allem immer was im Magen. Man muss immer was im Magen haben. Und das Wichtigste: Nicht aufregen. Aber ich frage Sie: Wie soll man sich nicht aufregen, wenn der eigene Mann totgeschlagen wird? "

„Ja, Frau Bromberger, stimmt. Eine besondere Situation. Ich habe Ihren Mann ja auch gut gekannt. Er war ein gutmütiger und freundlicher Mensch. Ich habe oft zugehört, wenn er von seinen aufregenden Jagdreisen erzählt hat."

„Welche Jagdreisen meinen Sie?"

„Na, in die Steiermark oder nach Afrika. Auf Gams oder Büffel. Und nach Kanada, glaube ich. War Ihr Mann nicht auch auf Bärenjagd in Kanada?"

„Wann soll das denn gewesen sein, Herr Kommissar?"

„Jetzt so, die letzten Jahre."

„Nein, davon weiß ich nichts. Mein Ferdi ist nirgendwo hingefahren in den letzten fünfzehn Jahren. Er war immer zu Hause. Er konnte nicht viel machen, wegen seinem Zucker. Er musste sich ja spritzen. Ich habe auch Zucker. Aber Professor Lenzkirch hat mich sehr gut eingestellt. Er sagt: Zucker, das hat heute jeder. Das kommt vom guten Essen. Aber ich frage Sie: Wieso kann man vom guten Essen krank werden? Da hat man sich sein Leben lang geplagt und hat geschuftet, dass man sich was gönnen kann, und dann soll man zur Belohnung hungern und dünn bleiben? Das ist doch nicht normal. Ich hab zu Professor Lenzkirch gesagt: Wenn ich wirklich Zucker habe, warum merke ich denn nichts davon? Da muss es doch irgendwo zwicken oder reißen? Was ist das für eine Krankheit, die nicht zwickt? Ich denke manchmal, die Ärzte, die denken sich solche Sachen aus, damit sie etwas auf Rechnung schreiben können. Aber wenn ein Professor sagt, du hast dies oder das, dann muss ja was dran sein. So ein Pferdearzt wie der Rotgold, der spinnt nur rum und macht sich wichtig. Aber ein Professor, das ist doch schon was anderes. Der kennt sich aus mit den Krankheiten. Zumindest ein bisschen, glaube ich. Auf jeden Fall hat er meinen Zucker so eingestellt, dass nichts zwickt. Ich soll essen, was mir schmeckt, sagt er. Das heißt, er hat es nicht gesagt, aber ich denke mir, dass es so ist. Man soll essen, was einem schmeckt, weil der Körper fordert, was er braucht. Auf dem Hochsitz, da hat Ferdi stundenlang gegessen. Das hat er am meisten geliebt. Dahin hat er sich Brötchen mitgenommen und eine Fleischwurst, Zwiebeln und eine Flasche Bier. Sogar Schokolade. Da hat er gemütlich die ganze Zeit gevespert. Das war ihm heilig."

„Sie meinen, wenn ich das richtig verstanden habe, er hat die ganzen Jagdreisen nur erfunden?"

„Das weiß ich nicht. Ich bin keine Jägerin. Bären oder Büffel hat er hier zumindest keine geschossen. Das wüsste ich. Aber solche Jagdgeschichten, was Sie meinen, die hat er viel gelesen. Hier, schauen Sie mal." Frau Bromberger stand auf und ging zu einem Bücherregal. Dort standen Dutzende Bände mit Jagdschilderungen: „Wildes Kanada", „Im Reich der Gams" oder „Heia Safari".

„Er erzählte uns also einfach nur weiter, was er gelesen hat. Das ist ja eine ganz spezielle Form von Jägerlatein. Aber es war sehr unterhaltsam." Rottek lächelte über diesen Schwindler.

Martha Bromberger ließ sich wieder in den Sessel fallen. Inzwischen hatte Therese den Mokka gebracht. Sie schenkte zwei Tässchen aus. Frau Bromberger nippte. „Herr Kommissar, Sie wissen ja von seiner Geschichte mit Sibirien. Die Kriegsgefangenschaft. Das war sein einziges und letztes Abenteuer. Er ist ja erst 1947 zurückgekommen. Danach hatte er keine Lust mehr auf Reisen. Wissen Sie was? Ich sag immer: Reisen, das bringt dem Körper nur Unruhe. Der Mensch ist einfach nicht geschaffen dafür, ständig etwas Neues zu erleben. Andere Menschen zu treffen, die komisch aussehen und sogar ganz anders sprechen, das kann der Kopf gar nicht verarbeiten. In anderen Ländern gibt es auch überall Keime, hat Professor Lenzkirch gesagt. Die Keime, die sind gefährlich. Da frag ich Sie: Was soll ich reisen, wenn es dem Körper nur Schaden bringt und er sich Keime einfängt? Ich war letztes Jahr mal mit Ferdi an der Mosel. Er hat da einen Kriegskameraden. Hinterher hatte ich gleich was an der Galle. Waren ja nur eineinhalb Stunden Autofahrt, aber ich hatte schon Gallenschmerzen. Was hätte ich bloß alles kriegen können, wenn wir noch weiter weg gefahren wären? Alles, was die Leute heutzutage an Krankheiten haben, das holen sie sich beim Reisen. Italien zum Beispiel. Da soll es ja erst seit zwei Jahren Seife geben. Wir sind deshalb lieber zu Hause geblieben. Wir brauchen keine Abenteuer. Mein Ferdi hat Briefmarken gesammelt. Das war sein Abenteuer. Seit kurzem erst hatte er ‚Deutsches Reich' komplett. Für ihn war das so eine große Freude. Überlegen Sie mal, und dann kommt einer und haut ihm auf den Kopf."

„Frau Bromberger, soweit ich weiß, hatte Ihr Mann mit niemandem Streit. Gab es vielleicht geschäftlich irgendeine Auseinandersetzung? Hatte jemand bei ihm Schulden? Oder gab es irgendwelche sonstigen Verwicklungen?"

„Herr Kommissar, er hatte Streit. Schon seit Jahren. Mit diesem Bestatter. Ellermann. Der hat ihm nachgestellt. Eine alte Geschichte. Ich kann das nur so wiedergeben, wie ich es verstanden habe. Da ging es um einen alten Rehbock, den Ferdi geschossen hatte. Der soll angeblich bei Ellermann im Revier zu Hause gewesen sein. Ferdi habe den über die Grenze in Ellermanns Revier geschossen, behauptete der. Aber Ferdi sagte immer: Der kam bei ihm an der Birkenleiter, weitab der Grenze, und da hätte er ihn geschossen. Der Ferdi war ja so ein friedlicher Mensch, aber der Ellermann hat sich immer mehr da reingesteigert. Er stand morgens vor der Tür und hat herumgebrüllt, er hat ihm wütende Briefe geschrieben, ein paar Mal in der Woche angerufen und sogar einmal das Auto zerkratzt. Der Ferdi hat nie etwas gesagt. Weil er so gutmütig war. Er wollte seine Ruhe. Nur seine Ruhe. Ferdi hat immer gesagt: So wie der Ellermann, so benimmt sich kein Jäger."

„Frau Bromberger, am Jägerstammtisch hat keiner was davon gewusst. Das ist mir alles wirklich neu. Das hat von uns niemand mitbekommen."

„Der Ellermann hat ihn schikaniert, wo es ging. Aber immer heimlich, wissen Sie. Einmal ist der Ferdi draußen ins Auto gestiegen, da stand plötzlich der Ellermann neben ihm, hat ihm den Autoschlüssel weggenommen und in den Teich geworfen. Oder er stand mit dem Leichenwagen vor der Tür, hat hinten die Klappe mit dem Sarg geöffnet und gesagt: ‚Bromberger, ich soll dich abholen, deine Zeit ist um'. Solche Sachen hat der ständig gemacht. Aber wenn andere dabei waren, dann war er scheißfreundlich."

„Warum hat denn Ihr Mann nichts unternommen? Er hätte doch zu mir kommen können, wir hätten das geregelt."

„Weil er so gutmütig war. Er hat sich auch nicht viel draus gemacht, ehrlich gesagt. Der Ferdi hat gesagt: ‚Nach Sibirien kann mich wirklich nichts mehr erschüttern. Lass den Depp doch einfach machen, was er will.'"

„Frau Bromberger, das sind doch ziemlich wichtige Dinge, die Sie mir da erzählen."

„Meinen Sie, der Ellermann war's? Der hat ihm auf den Kopf gehauen?"

„Wir werden das überprüfen. Frau Bromberger, wir stehen erst am Anfang der Ermittlungen. Aber ich denke, Sie haben uns weitergeholfen."

„Herr Kommissar, wenn ich noch etwas sagen dürfte?"

„Ja, Frau Bromberger?"

„Bitte, dass der Ellermann als Bestatter den Ferdi nicht unter die Erde bringt. Auf keinen Fall. Der bringt es fertig, und macht noch was mit ihm, obwohl er schon tot ist. Herr Kommissar, bitte!“

„Versprochen, Frau Bromberger. Versprochen. Sie können ja auch selbst entscheiden, wer ihn bestatten soll.“

„Kommt die Leiche denn jetzt hier ins Haus oder wo finde ich ihn?“

„Frau Bromberger, wir haben ihn nach Koblenz gebracht zur Gerichtsmedizin. Da wird erst mal nachgesehen, was genau mit Ihrem Ferdi passiert ist. Die Todesursache, solche Dinge, die werden da untersucht.“

„Gerichtsmedizin? Aber der Ferdi hat doch nie was angestellt. Ein ganz harmloser Mensch. Warum soll er denn jetzt zur Gerichtsmedizin? Oder ist er noch nicht richtig tot?“

„Doch, Frau Bromberger, das hat alles seine Richtigkeit. Vertrauen Sie mir, ich werde aufpassen, dass mit unserem Ferdi nichts geschieht.“

„Herr Kommissar, und der Ellermann. Sie denken an den Ellermann? Dass er dem toten Ferdi nichts tut?“

„Der Ellermann wird nichts mehr zu lachen haben, Frau Bromberger. Dem werden wir jetzt auf den Zahn fühlen.“

„Und außerdem, Herr Kommissar, weil er ein Schwein ist. Er hat immer solche Sachen gesagt, so von untenrum. Auch wo ich dabei war. Der Mann ist ein richtiges Ferkelschwein.“

Kapitel 24

Seit einer Dreiviertelstunde saß Rottek auf dem Hochsitz am Johannesacker. Ein grauer Tag. Drei Rehe standen auf der Wiese und ästen. Ein guter Bock und eine Ricke mit einem kräftigen Kitz. Gesundes, starkes Wild. Nichts, was ein Jäger jetzt schießen würde. Vier Rehe mussten im Revier noch erlegt werden. So schrieb es der Abschussplan der Jagdbehörde vor. Nach dem heutigen Ansitz, so hoffte Rottek, nur noch drei. Eigentlich hatte er mit Anita und ihren Kindern zum Steimeler Herbstmarkt fahren wollen. Aber Hauptwachtmeister Kesselring wartete seit langem schon auf seinen Wildbraten. Heute konnte Rottek sich die Zeit für den Ansitz nehmen. Vielleicht eine der letzten Möglichkeiten vor dem Winter, um ein Reh zu schießen. Nass und kalt wurde der Ansitz bald, und nur die ganz Eisernen saßen dann noch draußen.

Junge Bussarde schrien über Jagenbergs Fichten. In diesen Tagen war schon zu sehen, dass die Natur sich zurückgezogen hatte von der bunten Lebensbühne. Viele Äcker lagen kahl im trüben Licht. Schwierig war es um diese Zeit mit der Jagd auf das Rehwild. Oft kam es erst in Anblick, wenn die Dämmerung schon über die Wiesen fiel und kein guter Schuss mehr möglich war. Die drei Stücke standen jetzt schon so zeitig auf dem Kleeacker, weil dort das ganze Jahr Ruhe herrschte und fast nie gejagt wurde. Ein Hase kam aus einem Kreuzdornbusch und putzte sich ausgiebig. Rottek sah ihm lächelnd zu.

Er konnte es nicht übers Herz bringen, einen Hasen zu schießen. Er aß sie gerne. Hasenpfeffer war eines seiner liebsten Sonntagsessen. Aber töten konnte er Hasen nicht. „Du spinnst“, sagte Anita, als sie sich vergeblich einen Weihnachtshasen von ihm gewünscht hatte. „Jäger spinnen eben gelegentlich“, antwortete Rottek. „Sie verlaufen sich manchmal in ihren eigenen Gefühlen. Vor allem wenn es so zarte Seelen sind wie meine." Anita schaute ihm tief in die Augen. „Hattest du gesagt: ‚Zarte Seelen?' Wie deine?"

Nur noch vielleicht eine knappe halbe Stunde, schätzte Rottek, würde dieses Licht ausreichen, um einen sicheren Schuss abzugeben. Aber dann trat ein einzelnes Stück Wild aus. Im Fernglas erkannte Rottek ein schwaches Schmalreh. Es äugte ängstlich zu der Ricke hinüber und zog von ihr fort, näher an Rotteks Kanzel heran. Fünfzig Meter war es jetzt noch entfernt. Rottek schoss, das junge Reh sprang steil hoch, machte ein paar Sätze, blieb stehen und sank tödlich getroffen zu Boden.

Das Rotkehlchen in der Lärche setzte nach dem Knall für ein paar Atemzüge mit seinem melancholischen Herbstlied aus. Dann erklang der Gesang wieder. Rottek spürte nach dem Schuss, wie ihm die Hände zitterten. Immer noch, nach all den Jahren, konnte er nicht kaltblütig schießen. Andere Jäger blieben völlig ruhig dabei. Er nicht. Manchmal war er so aufgeregt, dass er nicht abdrücken konnte, sondern erst ein paar Minuten durchatmen und sich beruhigen musste. Das Jagdfieber.

Die drei anderen Rehe waren nach dem Knall längst abgesprungen. Rottek nestelte die Schachtel Ernte23 aus der Tasche. Eine Zigarettenlänge. Das ist die Zeit, die der Jäger warten soll, bis er nach dem Schuss an das erlegte Wild herantritt. Es ist die Zeit, die man dem Tier zum Sterben lässt und in der der Jäger über sich und sein Wild nachdenken kann. Wenn er will.

In Rottek kam langsam die Freude über den guten Schuss hoch. Noch zwei, drei Züge an der Zigarette, dann würde er an das tote Wild herantreten. Doch aus den Augenwinkel nahm er eine Bewegung im Dämmer des Waldrandes wahr. Dort führte ein Weg entlang. Dann hörte er auch Stimmen. Eine Weibliche und eine Männliche. Zwei Menschen kamen auf ihn zu. Er nahm das Fernglas. Rottek erkannte Kröten-Jörg und Susi Eigenherz. Sie sprachen aufgeregt. In dreißig Metern Entfernung gingen sie an ihm vorbei. Kurz darauf verstummten sie. Die beiden hatten auf dem Waldweg sein Auto entdeckt.

Er stieg von dem Hochsitz herunter, brach zwei Zweige von einer Fichte ab und schritt zu dem Schmalreh. Der stille Moment, der dem Jäger und dem von ihm getöteten Wild gehört. Danach brach Rottek das Wild am Waldrand auf und trug das Reh die hundertfünfzig Meter zum Auto.

„Spionieren Sie uns nach?", fragte eine weibliche Stimme aus dem Dunkel, als Rottek gerade den Kofferraum öffnete und das Wild auf eine Schicht alter Zementsäcke legte.

Er klappte den Kofferraum zu. „Wer sind Sie? Was wollen Sie? Was soll das?"

„Ob Sie uns nachspionieren?"

Rottek nahm seine Handlampe aus dem Rucksack und leuchtete in Richtung der Stimme. In dem rötlichen Lichtkegel erkannte er die blonde Frau. Kröten-Jörg stand neben ihr.

„Wenn sich die Herrschaften dunkel entsinnen, sind wir uns schon einmal begegnet", sagte Rottek. „Jörg, wir hatten ja auch noch eine Verabredung wegen deiner Jagdwaffe. Erinnerst du dich? Wo wir hier gerade so gemütlich zusammen sind: Kommen Sie doch beide morgen früh zur Wache. Dort können wir uns in Ruhe über alles unterhalten und müssen nicht hier im dunklen, kalten Wald stehen. Zehn Uhr, passt das? Ist doch gut, wenn man sich einmal richtig ausspricht, denke ich. Jörg, du bringst dann deine Büchse mit?"

„Wir sind Spaziergänger. Warum sollen wir zum Verhör kommen?" Susi Eigenherz sprach herausfordernd.

„Weil es immer etwas zu bereden gibt. Verstehen Sie es als eine Vorladung in einer Ermittlungsangelegenheit. Spazieren dürfen Sie, wo Sie wollen. Aber es gibt auch Dinge, über die man mal in Ruhe reden muss. Und das machen wir morgen früh."

Susi Eigenherz hatte schon zu einer Entgegnung angesetzt. Aber Kröten-Jörg fiel ihr ins Wort. „Sie ist etwas ängstlich“, sagte er. „Wir hatten ein Erlebnis, neulich. Seitdem ist sie etwas empfindlich. Herr Kommissar, manchmal kommt alles auf einmal, und das muss man dann erst mal verkraften. Ich habe mir gedacht, dass Sie hier auf Rehwild ansitzen, Herr Kommissar, aber sie ließ sich nicht reinreden. Sie denkt ständig, jemand ist hinter ihr her.“

Rottek stieg in seinen DKW Junior. „Morgen in aller Ruhe reden wir drüber. Jetzt seht erst mal zu, dass ihr aus dem dunklen Wald nach Hause findet.“ Der Zweitakter blubberte davon. Die Rücklichter verschwanden im Wald.

„Haben Sie was angestellt?“ fragte Susi. „Was will denn der Kommissar von uns? Haben Sie nicht gesagt, Sie sind der Waldkönig?“

„Fräulein Susi, das ist hier gerade allgemein eine ungünstige Zeit. Auch für Waldkönige. Es gibt Unruhe im Ort. Sie spüren das ja auch. Ich kenn den Kommissar. Der ist nicht verkehrt, eigentlich. Wir sollten morgen zu ihm gehen. Wir haben ja nichts zu verbergen.“

„Jörg, Sie haben gesagt, wir finden das Silber. Versprochen haben Sie es mir. Gestern Nacht, heute Nacht, morgen Nacht sollte es sein, haben Sie gesagt. Jetzt laufen wir durch den Wald und machen nichts. Und morgen früh sollen wir sogar zur Polizei kommen. Ich hatte mich auf Sie verlassen, Herr Jörg. Was ich Ihnen vorhin sagte: Ich will den Schatz. Ich will ihn. Jetzt erst recht. Eh diese Kerschbaums aktiv werden, Herr Jörg, müssen wir den Schatz finden. Ich hasse diese Kerschbaums. Machen Sie was. Oder sehen Sie das jetzt alles anders? Dann versuche ich es allein. Ich fahre nicht zurück, ohne es versucht zu haben.“ Jörg hörte, wie sie im Dunkeln mit dem Fuß aufstampfte.

Sie gingen schweigend nebeneinander her. „Man muss warten können“, sagte Kröten-Jörg leise. „Wie bei der Jagd muss man warten können. Ich verspreche Ihnen, es wird sich entwickeln. Sie werden nach Hause fahren mit dem Schatz. Ich bin sicher.“

„Sie und ihre Sprüche. Wie lange suchen wir jetzt schon? Und es gibt nur Ärger mit Ihnen. Jeden Tag mehr. Herr Jörg, es war nicht gut, dass wir uns getroffen haben."

„Sie haben mich doch gerufen, Fräulein Susi. Sie haben mich um Hilfe gebeten. Ich wollte Ihnen helfen, mehr nicht. Das war alles. Wir können uns jetzt gerne trennen, wenn Sie kein Vertrauen haben. Bitte, dann zögern Sie nicht."

Sie schwieg. Kröten-Jörg dreht sich um und ging in die entgegengesetzte Richtung schnell davon. Susi Eigenherz blieb stehen. Plötzlich war nur Schwärze um sie herum. Baumwipfel, die im Wind rauschten. Sie ging weiter in die ursprüngliche Richtung. Langsam setzte sie Schritt für Schritt. Dann zögerte sie ängstlich. „Herr Jörg?", rief sie leise. Dann lauter: „Herr Jörg, bitte!" Aber er antwortete nicht. Susi ging langsam weiter. Einmal geriet sie in Brombeerranken. Einmal streifte sie mit der Schläfe einen spitzen, trockenen Fichtenast. Dann stieß sie gegen etwas Warmes. Ein Mensch.

„Herr Jörg?", fragte sie hoffnungsvoll.

„Nein", sprach eine harte weibliche Stimme. „Ich bin jemand ganz anderes."

Kapitel 25

Äffchen Fettweiß stand hinterm Tresen, die linke Hand auf dem Zapfhahn, die Rechte trommelte einen nervösen Rhythmus auf die Kupferplatte neben dem Wasserbecken. Noch nie, seit er denken konnte, hatte der „Weiße Falke" einen Tag geschlossen. Auch heute nicht. Obwohl die Bilder vom angefressenen Ziegeleibesitzer Bromberger und der wildgewordenen Sau Julchen aus dem Schweinekoben immer noch wie im Fieber durch sein Hirn rasten und er keinen klaren Gedanken fassen konnte.

Die Gaststube war wieder einmal fast voll besetzt. Die vielen Menschen und das Stimmengewirr halfen ihm und lenkten ihn ab. Allein hätte er es kaum ausgehalten an diesem Abend und er fürchtete sich vor dem Moment, wenn der letzte Gast gegangen wäre.

Bestatter Ellermann und Schmied Strübecke saßen schweigend am Jägerstammtisch. Ab und zu versuchte Ellermann einen witzigen Spruch zum allgegenwärtigen Thema der Morde, aber nicht einmal er selbst lachte darüber. Die Männer der Skatrunde waren allerdings in bester Laune und schauten nur gelegentlich besorgt zu Äffchen Fettweiß hinüber, der bleich und bedrückt Bier zapfte. Die Invaliden vom Kriegsopferbund stritten am Tisch neben der Garderobe darüber, in welchem Jahr Bromberger aus Sibirien zurückgekommen sei und ob er am Heiligabend oder am ersten Weihnachtsfeiertag plötzlich wie ein Gespenst in der Küche seines Elternhauses gestanden habe, als die Angehörigen für ihn beteten, weil sie ihn noch immer im Kriegsgefangenenlager glaubten.

„Siebenundvierzig war das. Heiligabend siebenundvierzig", rief Äffchen Fettweiß vom Tresen den Invaliden zu, während er Doppelte vom Alten Lohhäuser für die beiden vom Jägerstammtisch und für sich selbst einschenkte. „Wer weiß, wie lange wir noch was zusammen trinken können“, brummte er mit grimmigem Humor und stellte die Kurzen auf dem Stammtisch ab. Sie stießen an und kippten die Schnäpse hinunter.

Bestatter Ellermann schaute die beiden mit ängstlichem Blick an. „Mir geht es nicht aus dem Kopf“, sagte er leise. „Die Försterin meinte, ich sei der Übernächste. Das heißt ja, Bromberger ist tot und ich bin jetzt dran. Leute, der Gedanke macht mich fertig. Was soll ich denn jetzt tun?“

„Du bist Jäger, du bist bewaffnet, du kannst dich wehren“, meine Strübecke. „Sie zu, dass du im Dunkeln nicht allein bist, und wenn du zum Ansitz gehst, dann steck den Revolver ein. Ich bring dich auch nachher nach Hause, wenn du willst. Dir kann nichts passieren. Eure Wohnung ist ja sicher.“

„Die Wohnung ist sicher. Und der Revolver liegt immer neben mir. Aber die Angst. Die verfluchte Angst. Gegen die hilft auch der Revolver nicht. Wenn die ganze Geschichte doch bloß schon vorbei wäre. Strübecke, hast du denn keine Angst? Vielleicht bist du ja der Nächste?“

„Ein Schmied hat keine Angst, Ellermann. Wir schmieden das Schicksal mit zentnerschweren Hämmern und prügeln die Furcht aus dem Eisen.“

„Oha.“ Äffchen Fettweiß schaute ihn respektvoll an. „Mensch, Strübecke, was du für Sprüche kennst. Wenn’s mal mit der Schmiede nicht mehr klappt, kannst du immer noch Pastor werden.“

Ellermann bestellte noch drei Doppelte vom Alten Lohhäuser. Während Äffchen Fettweiß nachschenkte, vergrub der Bestatter sein Gesicht in den Händen. „Wie kommt diese Frau dazu zu behaupten, ich sei der Übernächste?“, flüsterte er ängstlich. „Warum ausgerechnet ich? Und woher will sie das wissen können? Ich werde wahnsinnig, Leute.“

Der Wirt brachte ein Tablett voller Getränke zum Tisch der Skatspieler. Dünners Paul stand ächzend aus der Runde der Kriegsinvaliden auf und ging zur Toilette. Äffchen Fettweiß setzte sich an den Jägerstammtisch. Sie stießen mit den Doppelten an.

„Ich bin froh, dass ihr gekommen seid“, sagte er. „Die Geschichte mit Bromberger, das drückt mir aufs Gemüt. Wenn ihr das gesehen hättet, wie er da lag, das Gesicht halb weggefressen, und aus dem Bauch quoll alles raus. Oh Mann.“ Sie schwiegen.

In dem Moment gellte hinter der Tür des kleinen, gekachelten Flurs zu den Toiletten ein markerschütternder schriller Schrei, der nicht enden wollte. Die Menschen in der Gaststube erstarrten. Ellermann zuckte zusammen, faltete die Hände und betete mit geschlossenen Augen und bebenden Lippen. Äffchen Fettweiß schlurfte eilig hinter seinen Tresen und schaute von dort vorsichtig hinter der Schanksäule hervor in Richtung des Toilettenflurs. Schmied Strübecke stand auf, griff sich den Schirmständer und stellte sich so neben die Tür, dass er den eintretenden Angreifer rücklings niederschlagen konnte. Noch einmal erklang ein gurgelnder, entsetzlicher Schrei.

Sekunden später wurde die Tür aufgestoßen und Dünners Paul betrat die Gaststube, schaute sich kurz um, sah die verschreckten Gesichter und brach dann in brüllendes Gelächter aus. „Der Mörder saß auf dem Klo!“, kreischte er mit hochrotem Kopf. „Der Mörder saß auf dem Klo!“ Und er lachte so heftig, dass er den Oberkörper auf dem Tresen abstützen musste.

„Sollte das ein Witz sein?“, fragte Schmied Strübecke. „Hast du geschrien? War das ein Witz?“

„Jaaa, der Mörder saß auf dem Scheißhaus“, kreischte Dünners Paul, zeigte in die Runde auf die ratlosen Gesichter der anderen Gäste, sank vor Lachen hilflos nach Luft schnappend auf einen Stuhl und donnerte mit dem Metallhaken seiner Unterarmprothese mehrfach auf die Tischplatte.

„Du Sauhund", fuhr Äffchen Fettweiß ihn an. Der Wirt war totenblass und atmete schwer. „Solche Witze können wir hier jetzt besonders gut gebrauchen. Am liebsten würde ich dir einen auf die Nuss geben, du Sauhund." Dünners Paul setzte sich wieder an den Invalidentisch, immer noch kichernd. Strübecke stellte den Schirmständer wieder an seinen Platz und Bestatter Ellermann schaute entsetzt auf seine zitternden Hände.

Die Eingangstür der Gaststube öffnete sich langsam. Dagmar Simon betrat den Raum. Sie ging nach einem Gruß in die Runde wieder zu Tisch fünf, legte ihren Lodenmantel über den Stuhl und setzte sich. Aufmerksam schaute sie sich um und fixierte kurz die Männer am Jägerstammtisch.

„Ich musste mal unter Leute", sagte sie mit klarer Stimme zu Äffchen Fettweiß, „zu Hause fällt mir die Decke auf den Kopf. Eine Limonade und einen doppelten Wachholder bitte."

„Keiner ist gerne allein", meinte Äffchen Fettweiß und schlurfte wieder zum Tresen.

Bestatter Ellermann bebte vor Angst. Er wollte den Rest vom Alten Lohhäuser aus seinem Schnapsglas trinken, aber er konnte das Gläschen kaum halten. Er bestellte noch eine Runde und kippte den Lohhäuser schnell hinunter. Mit trübem Blick wie ein Angetrunkener sah er minutenlang zu Dagmar Simon hin und fixierte sie. „Bromberger ist tot", rief er dann in ihre Richtung, „hören Sie, Bromberger ist tot. Dann ist es jetzt mit mir wohl so weit. Dann ist es ja jetzt so weit."

Dagmar Simon sah ihn kalt und ruhig an. „Ich weiß nicht, was Sie meinen", sagte sie schneidend. „Aber wenn Sie es sagen, dann ist es jetzt so weit."

Kapitel 26

Rottek kam am Morgen erst gegen neun Uhr ins Büro. Sekretärin Elvira Duvenbeck füllte gerade aus einer Kanne Heizöl in den Tank vom Ölofen und schaute ihn entgeistert an. „Was ist denn mit Ihnen? Krank?"

Rottek winkte ab. „Nein. Jagd. Ich hab noch den Sonntagsbraten für Kesselring fertiggemacht. Wo steckt der denn?"

„Kommt gleich wieder. Schlachter Ahrens hat Tabletten genommen. Tot. Kesselring wollte sich das sicherheitshalber nur mal kurz ansehen."

„Tot? Aber Ahrens ist gar kein Jäger. Das passt überhaupt nicht in die Serie."

„Ist ja auch Selbstmord. Deshalb."

Draußen quietschten Bremsen. Hauptwachtmeister Kesselrings grüner Käfer hielt vor der Wache. „Mit dieser Leiche haben wir mal keine Arbeit", rief Kesselring schon in der Tür. „Der Schlachter wollte nicht mehr mitmachen. Doktor Rotgold sagt, Ahrens ist seit langer Zeit sein schönster Toter. Er hat sich sogar Fotos gemacht."

„In welches Album er die wohl einklebt. Selbstmord? Ist das sicher?" Rottek schaute leicht besorgt.

„Ganz sicher. Abschiedsbrief. Hat Schlaftabletten genommen, die noch von seiner Schwiegermutter im Schrank lagen und eine halbe Flasche Himbeergeist draufgeschüttet. Das hat gereicht."

„Was stand denn in dem Brief?"

„Habe ich nicht gelesen. Die Frau wollte ihn mir nicht zeigen. Ich wollte sie nicht zwingen. Ich denke, geschäftlich vielleicht. Lief nicht mehr gut, der Laden. Mir haben seine Sachen auch nicht geschmeckt. Wurst und so, das konnte er nicht. Seit der das Geschäft von seinem

Vater übernommen hat, ist es nur noch abwärts gegangen. Gewusst hat es keiner, aber er hat es mir mal erzählt, als da im Sommer eingebrochen wurde. ‚Ich bin kein Metzger und werde nie einer sein', hat er gesagt."

Rottek präsentierte Kesselring stolz ein Fleischpaket. „Herr Hauptwachtmeister, Sie hatten einen Auftragsmord bestellt. Hier ist Ihr Rehrücken."

Kesselrings Augen strahlten. „Na also. Jäger können ja sogar ziemlich nett sein. Gelegentlich jedenfalls. Soll ich Sie küssen, Herr Kommissar? Heiß und innig?"

„Iiih", riefen Rottek und Sekretärin Duvenbeck wie aus einem Munde. Kesselring wickelte den Rehrücken in eine alte Gewerkschaftszeitung ein und legte ihn in seinen Schreibtisch.

„Um zehn habe ich Kröten-Jörg und seine neue Gespielin herbestellt", erklärte Rottek. „Jörg soll ja auf jeden Fall noch seine Waffe vorzeigen. Und diese Frau wollen wir mal ein wenig aushorchen."

Kesselring setzte sich an den kleinen Tisch. „Frühstück!", rief er laut. „Jetzt bitte einmal eine Viertelstunde ohne Leichen. Hier!" Er holte das Eibrot aus der Aluminiumdose und hielt es in die Höhe. „Von meinen eigenen Hühnern!" riefen er, Rottek und die Sekretärin Elvira Duvenbeck im Chor. Stolz Biss Kesselring in sein Eibrot und trank einen Schluck Milchkaffee hinterher.

Stöhnend ließ sich Rottek an seinem Schreibtisch nieder und fingerte die Zigarettenschachtel aus seiner alten Lederjacke. „Ein Mord, das geht ja noch", rief er. „Zwei Morde, das ist schon eine Unverschämtheit. Aber drei Morde, das ist einfach zu viel."

Er hatte das letzte Wort kaum ausgesprochen, als sein Telefon klingelte.

„Rottek."

„Staatsanwalt Baumdienst, Koblenz. Sagen Sie mal, Rottek, das wird ja immer schöner bei Ihnen. Schon einen Täter gefasst?"

„Nein, Herr Staatsanwalt, noch keine Fortschritte."

„Kriegen Sie das hin, Rottek? Oder soll ich kommen? Ich hätte ja größte Lust, mich in die Ermittlungen einzuschalten, aber unser Tennisclub hat heute sein Herbstfest. Herbstfest. Da muss ich hin, als Repräsentant der Justiz, Sie verstehen. Aber ich denke doch, Sie schaffen das. Was sind das denn für Leute, die da getötet werden? Ist ja wohl keiner aus der Politik dabei? Oder sonst jemand Wichtiges?"

„Nein, Herr Staatsanwalt, es sind hiesige Bürger, wie Sie wissen. Der Förster, ein Uhrmacher, ein Ziegeleibesitzer. Und alle sind tot."

„Ihre Späßchen, Rottek. Ihre Späßchen. Also wenn Sie mir sagen, Sie brauchen mich und mein Fachwissen, dann komme ich sofort. Ich kann Ihnen auch noch zusätzliches Personal schicken. Aber das alles ist natürlich nicht so einfach. Das würde mir eine Menge Arbeit machen, Rottek. Schreibarbeit. Aber Sie werden doch wohl noch mit den drei Morden zurechtkommen? In so einem Kaff, Rottek, da kennt doch jeder jeden. Ich denke, zwei, drei Tage noch, und dann ist die Sache abgeschlossen. Abgeschlossen. Schaffen Sie das, Rottek?"

„Ja, Herr Staatsanwalt. Ich bemühe mich."

„Und Hauptwachtmeister Kesselring unterstützt Sie bei den Ermittlungen?"

„Er ist beständig an meiner Seite, Herr Staatsanwalt. Ohne ihn wüsste ich nicht, was ich tun sollte."

„Das ist gut. Ein alterfahrener Schutzmann wie Kesselring, das ist schon die halbe Aufklärung. Ich höre von Ihnen. Bleiben Sie dran. Bin beruhigt, Rottek, sehr beruhigt. All right, sprach die Maid."

„All right, Herr Staatsanwalt", sagte Rottek. Aber Baumdienst hatte schon aufgelegt.

„Der Staatsanwalt?", fragte Kesselring ironisch. Rottek warf ihm sein Radiergummi an den Kopf. Kesselring verschluckte sich vor Lachen fast an seinem Eibrot, hustete und musste schnell einen Schluck Milchkaffee nehmen.

„Hallo?“ Es war die brüchige Stimme von Kröten-Jörg. Er steckte den Kopf zur Tür herein. „Kann ich reinkommen?“ Er trug seine alten Militärsachen und einen Drilling über der Schulter.

Rottek hob abwehrend die Hände. „Jörg, öffnen sie zuerst die Waffe und legen Sie sie vor sich auf den Boden. Dann warten Sie ab, was ich Ihnen sage.“ Der Drilling konnte geladen sein. Rottek vertraute Kröten-Jörg nur bedingt. Wenn überhaupt. Aber wenn die Waffe geöffnet und aufgeklappt war, war sie ungefährlich. Rottek ging zur Tür, nahm den Drilling vom Boden auf und schaute in die Läufe. Sie waren ungeladen.

„Kannst reinkommen, Jörg.“ Kröten-Jörg setzte sich schüchtern auf den Stuhl vor Rotteks Schreibtisch. Kesselring schaute ihm kauend zu.

„So, mein Freund.“ Rottek schaute sich die Waffe an. „Kaliber 7x64, 16er Schrot. Ich schreib mir nur noch die Nummer auf. Und jetzt? Was meinst du, was kommt jetzt?“

„Ich weiß nicht, Herr Kommissar. Was soll denn jetzt kommen? Ich hab doch nichts getan?“

„Gewerbsmäßige Wilderei, Jörg. Besitz einer nicht angemeldeten Waffe. Schonzeitvergehen. Das ist nicht schön, Jörg. Da kommt einiges zusammen.“

„Oh, oh“, rief Kesselring mit vollem Mund.

„Aber es wissen doch alle, Herr Kommissar. Das war doch immer in Ordnung? Sie wissen es doch auch.“

„Ja, Jörg. Vielleicht war das so. Aber das mit dieser Waffe, das wusste ja keiner. So ein gefährliches Gerät. Und noch nicht mal angemeldet. Wo hast du die eigentlich her?“

„Von meinem Vater noch, Herr Kommissar. Es gehört mir. Ein Erbstück sozusagen.“

„Das ist natürlich interessant, Jörg. Aber sie ist ja nirgendwo eingetragen. Wir können dir die Waffe nicht zurückgeben. Wir würden uns ja strafbar machen. Die ist erst mal beschlagnahmt. Wir müssen erst mal überlegen, wie es damit jetzt weitergeht."

„Aber ich bin doch ein Waldkönig, Herr Kommissar. Und es ist doch immer alles in Ordnung gewesen. Auch der Förster, wir haben alles zusammen gemacht. Er hat nie was gesagt." Er schlug einen flehenden Ton an.

„Der Förster, Jörg. Der Förster hat nie was gesagt. Da kannst du uns ja viel erzählen über den Förster. Und der Diedrich, und der Bromberger, die haben sicher auch nie was gesagt? Die sagen überhaupt nichts mehr, Jörg. Das sieht nicht gut aus für dich. Herr Hauptwachtmeister, was meinen Sie? Sagen Sie doch auch mal was."

Kesselring schraubte seine Thermosflasche zu. „Theoretisch müssten wir ihn festnehmen, Herr Kommissar. Untersuchungshaft oder gleich nach Koblenz in die Festung. Aber wir wollen noch mal gemeinsam nachdenken, wie es weitergehen soll mit ihm."

„Komm morgen mal um die gleiche Zeit wieder her, Jörg. Dann reden wir weiter. Wir überlegen mal. Es ist ja so einiges los in der Stadt, da können wir dir nicht so einfach eine illegale Waffe aushändigen. Wenn das ein Luftgewehr wäre oder ein Flobert, dann vielleicht. Aber so?"

Kröten-Jörg sackte auf dem Holzstuhl zusammen. Mit seiner hässlichen Narbe sah er jetzt aus sie wie ein verschreckter Froschlurch. „Ach so. Verstehe. Ja, dann ist es eben so", krächzte er.

Kesselring faltete sein Butterbrotpapier zusammen, ging ans Waschbecken und spülte den Thermosbecher aus.

Rottek lehnte sich auf seinem Holzsessel zurück und steckte die Hände in die Taschen seiner Lederjacke. „Wir unterhalten uns natürlich jederzeit gerne mit dir, Jörg", sagt er und schaute dabei aus dem Fenster. „Vielleicht weißt du Dinge, die uns interessieren. Du bist ja viel unterwegs. Da sieht und hört man so einiges. Und wenn man miteinander redet, ist vieles einfacher."

Das Telefon klingelte. Rottek und Kesselring schauten sich an. „Bitte nicht der Staatsanwalt", knurrte Rottek. „Nicht schon wieder." Aber es war Mutter Kerschbaum. Ein Sohn wurde vermisst. Der 17-jährige Joachim. Seine Brüder hatten ihn am Abend in der Nähe von Rehbeins Hafer abgesetzt. Dort sollte er wohl beobachten, ob wieder heimliche Grabungen stattfanden. Als man ihn drei Stunden später abholen wollte, war er verschwunden. Die ganze Nacht hatten sie nach ihm gesucht und die Waldwege abgefahren. Ohne Ergebnis.

Mutter Kerschbaum weinte verzweifelt. „Mein Jüngele", schluchzte sie in ihrem schlesischen Dialekt, „sie haben mein Jüngele mitgenommen, die Verbrecher."

Rottek versuchte, sie zu beruhigen. „Vielleicht treibt er sich nur ein bisschen herum. Oder er hat ein Mädchen irgendwo? Oder er hat sich einfach nur verlaufen?"

Mutter Kerschbaum schluchzte so laut ins Telefon, dass es Kesselring und Kröten-Jörg hören konnten. „Mein Jüngele, die Verbrecher haben mein Jüngele mitgenommen", kreischte sie.

„Vielleicht warten Sie noch ein paar Stunden, ob er nicht von selbst wieder nach Hause findet. Wenn nicht, dann kommen Sie hierher und wir veranlassen alles Weitere. Aber ich bin sicher, das wird sich aufklären, Frau Kerschbaum." Die Mutter weinte durchdringend ins Telefon. „Frau Kerschbaum?", fragte Rottek noch. Aber sie legte auf, ohne zu antworten.

Rottek und Kesselring schauten sich an. „Was ist denn das jetzt schon wieder?", knurrte Kesselring. „Wollen wir nicht doch lieber ab morgen Resturlaub nehmen?"

„Ja, aber wir sagen dem Staatsanwalt nichts davon", antwortete Rottek noch, als Kröten-Jörg blitzschnell aufsprang, sich den Drilling griff und aus dem Raum rannte.

„Halt, bleib stehen, du Mistkerl", rief Kesselring noch mit Donnerstimme. Aber Kröten-Jörg polterte aus der Wache. Plötzlich war von draußen ein lautes Quietschen zu hören, den die beiden als den Schreckensruf einer Frau ausmachten.

Kröten-Jörg hatte vor der Tür Susi Eigenherz umgerannt. Sie lag stöhnend rücklings in der Ligusterhecke und versuchte krampfhaft, sich zu befreien. Rottek half ihr hoch. „Dieser Idiot", rief sie, „dieser blöde Mensch."

„Er hatte es eilig", meinte Rottek. „Hoffentlich ist Ihnen nichts passiert?"

Susi Eigenherz klopfte ihren blauen Trenchcoat ab. „Es ist nichts", sagte sie, „nur dieser blöde Kerl regt mich auf."

„Ich denke, es ist Ihr Partner?" Rottek führte sie in die Wache und bot ihr den Stuhl an, den Kröten-Jörg bei seiner Flucht umgestoßen hatte. „Ich hörte, Sie haben da irgendein gemeinsames Projekt?"

„Ich brauche keinen Partner. Und mit so einem Menschen hat man erst recht kein Projekt. Schauen Sie ihn doch an. Das ist ein Waldwichtel. Ein Waldteufel. Und dann rempelt er mich hier auch noch um mit voller Wucht. Mein Projekt ist höchstens, dass ich ihm die Ohrfeige seines Lebens verpasse. Der ist doch nicht mehr ganz dicht, der Junge." Susi schnaubte wie ein wütendes Walross. „Und was wollen Sie jetzt von mir?"

„Fräulein …?"

„Eigenherz. Susanne Eigenherz."

„Fräulein Eigenherz. Nur ein paar Fragen. Es ist sehr freundlich, dass Sie gekommen sind. Sie müssen verstehen, es sind da einige Dinge geschehen hier im Ort, da fragt man als Polizist schon mal ein bisschen mehr nach, warum und wieso. Wissen Sie, wir kennen Sie ja überhaupt nicht und wissen auch nicht, warum Sie in unser Städtchen gekommen sind. Da ist es doch besser, man spricht einmal miteinander. Da wird gleich manches klarer, man lernt sich kennen und kann sagen: Ein wunderbarer Mensch ist in mein Leben getreten. Das war mein Gedanke, als ich Sie zu einem Besuch hierher einlud."

„Das hörte sich aber gestern Abend ganz anders an, Herr Polizist. Da waren Sie auf jeden Fall kein wunderbarer Mensch, der in mein Leben trat."

„Fräulein Eigenherz, es geht um folgendes. Mein Kollege, Hauptwachtmeister Kesselring und ich, wir ermitteln seit einigen Tagen, weil es rätselhafte Todesfälle im Ort gibt. Sogar ganz rätselhafte Todesfälle. Und diese Serie von Todesfällen hat begonnen an dem Tag, als Sie hier in unseren Ort gekommen sind. Vielleicht ist es Zufall, vielleicht haben Sie magische Kräfte, vielleicht gibt es aber auch Zusammenhänge."

„Mit mir? Wieso soll ich damit zusammenhängen? Was ist denn passiert?"

„Naja, Fräulein Eigenherz, Todesfälle eben. Wie man so sagt. Darf ich Sie fragen, was Sie hier so machen?"

„Das dürfen Sie fragen. Aber ich werde Ihnen nicht antworten." Sie schaute durch die offene Tür auf Elvira Duvenbeck. „Es gibt eben Dinge, die man nicht jedem erzählt. Dem einen oder anderen vielleicht, aber nicht jedem."

„Verstehe. Verstehe." Rottek stand auf und schloss die Tür zu der Sekretärin.

Hauptwachtmeister Kesselring nahm seinen Stuhl und setzte sich neben Rotteks Schreibtisch. Er legte seine Hand auf Susis Lehne. „Fräulein Eigenherz, von uns haben Sie nichts zu befürchten. Sie können hier ja machen, was sie wollen, grundsätzlich. Wir werfen Ihnen ja auch nichts vor. Aber es kann auch sein, dass Sie da in was reingeraten, aus dem Sie allein nicht mehr herauskommen. Wir haben gehört, dass Sie da zu der Familie Kerschbaum Kontakt hatten. Intensiveren Kontakt. Das ist nicht gut, Fräulein Eigenherz. Wie gesagt: Sie können tun und lassen, was sie wollen. Aber die Kerschbaums, die machen keine Späße. Zumindest keine, über die wir lachen können. Deshalb ist es besser, wenn wir hier miteinander reden."

Susi schaute aus dem Fenster. „Was für ein merkwürdiger Ort", dachte sie. „Was für ein blöder Ort". Das war wieder so ein Schock gewesen gestern Abend, als sie mit dieser Frau zusammengestoßen war. Eine fremde Frau, die saugrob wurde. So grob, dass Susi Angst bekam und einfach ins Dunkel weglief. Sie strauchelte mehrfach und fiel hin auf dem Waldweg, aber sie sah bald Lichter und konnte sich orientieren. Sie wollte nichts von den Leuten hier. Sie wollte doch nur, was ihr gehörte: Das Familiensilber ausgraben und dann schnell wieder nach Hause fahren zu ihrer Mutter, die zu Hause saß und sich in der Gegenwart nicht mehr zurechtfand. Ein, zwei Tage, so hatte Susi gedacht, länger sollte das kleine Abenteuer nicht dauern.

Aber jetzt saß sie nach fast einer Woche sogar auf der Polizeiwache und man erzählte ihr etwas von rätselhaften Todesfällen. Was hatte sie damit zu tun? Und dieser Vollidiot mit der ekligen Narbe, auf dessen Hilfe sie gehofft hatte, der hatte sie im Stich gelassen. Hatte sie im dunklen Wald einfach stehen lassen und vorhin sogar noch umgerempelt. Was wollten all diese Leute von ihr? Warum musste sie solche Momente durchleben? „Das Scheißsilber ist schuld", dachte sie, „das Scheißsilber". Aber sie würde nicht ohne das Scheißsilber nach Hause fahren. Jetzt nicht mehr, nach all dem, was gewesen war.

Warum sollte sie den beiden Polizisten ihre Geschichte erzählen? Erwartungsvoll schauten sie Susi an. Vielleicht war es verboten, nach solchen Schätzen zu graben? Vielleicht musste man das Zeug abgeben, wenn man es gefunden hatte? Auf jeden Fall war die Wahrscheinlichkeit groß, dass es noch mehr Ärger für sie gab, wenn sie die beiden einweihen würde. „Dann beweisen Sie doch bitte, dass es Ihr Eigentum ist", könnten sie beispielsweise sagen. „Dass es Ihr Eigentum ist und kein Diebesgut oder so was. Sie dürfen es vielleicht finden, aber wir werden es beschlagnahmen." Es war ja bisher alles schief gegangen mit der Schatzsuche. Warum sollte es auf einmal besser laufen, nur weil zwei Polizisten davon wussten?

„Ich möchte jetzt gehen", sagte sie. „Ich habe Ihnen beiden nichts zu sagen." Sie schaute von einem zum anderen. Zwei erstaunte Männergesichter. „Ich habe mit den Verrückten in dieser komischen Stadt nichts zu tun. Das müsst ihr untereinander ausmachen. Oder liegt etwas gegen mich vor?"

„Nein, nein", wehrte Rottek ab. „Aber was immer Sie hier tun – glauben sie nicht, es ist besser, wenn man ein paar gute Partner an der Seite hat? Es kommt der Moment, wo man Hilfe braucht, Fräulein Eigenherz. In einer fremden Stadt, und ganz allein. Als Frau. Natürlich können Sie gehen. Sofort und wohin Sie wollen. Aber denken Sie drüber nach. Wir sind da, wir hören zu, wir können Sie verstehen."

„Davon hab ich schon immer geträumt", sagte sie schnippisch. Sie verließ die Wache.

„Und?", fragte Kesselring.

„Wäre eine verdammt hübsche Mörderin", sagt Rottek. „Äffchen Fettweiß hat erzählt, sie hat einen Plan und sie sucht etwas auf Rehbeins Hafer. Dafür spricht, dass Kröten-Jörg ihr hilft. Das ist ja auch so ein Erdwühler. Was kann das sein? Was für ein Projekt haben die?"

Kesselring holte zwei Gläschen aus der Schreibtischschublade, fischte die Flasche hervor und goss zwei Nussschnäpse ein. „Hier. Denkhilfe."

Rottek schnitt eine Grimasse. „Dieses Höllenzeug kann bei mir keine nützlichen Kräfte mobilisieren. Höchstens meinen Zahnbelag wegätzen."

„Trinken Sie, Herr Kommissar. Sie werden es möglicherweise brauchen. Ich werde Ihnen wichtige Erkenntnisse vermitteln."

Rottek nahm das Glas. „Sie? Wichtige Erkenntnisse? Und was hat das mit diesem Rostlöser zu tun?"

Kesselring prostete ihm zu. Sie tranken. Beide schüttelten sich. „Wird jede Woche besser", ächzte Kesselring, und Rottek nickte nur mit schmerzverzerrtem Gesicht.

Kesselring lehnte sich zurück. „Herr Kommissar. Ich erinnere mich daran, dass es zu Kriegsende auf Rehbeins Hafer eine Flüchtlingssiedlung gab. Das war eine wilde Gesellschaft aus dem Osten, die waren teilweise noch mit Pferdewagen unterwegs. Die haben einige Wochen dort kampiert. Sie wollten nach Westen, immer nur nach Westen, aus Angst vor den Russen. Als sie die Franzosen hier sahen, haben sie erst mal angehalten. Wir haben für die Leute Baracken dort aufgebaut und Holzverschläge, was es so gab im Ort. In dem Lager war immer irgendetwas los. Die meisten Bewohner waren Frauen, und unsere Besatzungssoldaten zog es deshalb bevorzugt dorthin. Wenn ich mich recht entsinne, ist dort in der Nähe auch mal ein Soldat spurlos verschwunden. Vielleicht gibt es noch Akten darüber irgendwo. Und ich glaube mich daran zu erinnern, dass es dort eine Frau Eigenherz gab. Ob sie Kinder hatte, weiß ich nicht. Ich glaube, die hatte einen großen Planwagen und zwei Belgische Kaltblute. Später haben die Leute sich irgendwie zerstreut. Die Pferde haben sie verkauft, die Wagen sind stehen geblieben. Nachher haben die Bauern sie sich geholt. Einige stehen bestimmt noch irgendwo in der Scheune."

Sekretärin Elvira Duvenbeck öffnete die Tür einen Spalt. „ Bericht Bromberger ist aktenmäßig fertig!", zwitscherte sie.

Rottek und Kesselring setzten sich. Rottek massierte sich kurz die Schläfen und konzentrierte sich wieder. „Also, wir waren bei den Leuten aus dem Barackenlager. Die Mutter von Frau Eigenherz. Warum sollte denn die Tochter jetzt zurückkommen? Und hier was suchen?"

Kesselrings Stimme war unverändert. „Ich weiß nicht. Vielleicht ist der Mutter damals etwas zugestoßen und sie will sich rächen. An den Tätern oder den Mitwissern."

„Und Kröten-Jörg? Warum soll sie mit dem zusammen was machen? Warum soll er sich auch rächen?"

„Einer, der alles verloren hat durch den Krieg, Rottek, so einer, der sich deshalb mühsam durchs Leben wühlen muss, der entdeckt vielleicht irgendwann einmal seinen Hass. Vor allem dann, wenn eine schöne Frau ihn ansteckt mit ihrer Verbitterung. Und Sie können sich vorstellen: Wenn Kröten-Jörg sich was Böses ausdenkt, dann wird es richtig böse."

„Dann wird es richtig böse. Kann schon sein, Hauptwachtmeister, dass er mit den Geschichten zu tun hat. Wäre naheliegend. Aber wenn es schon mal nicht passt mit dem Gewehrkaliber beim Förstermord, dann haben wir wenig Ansatzpunkte. Besser gesagt: überhaupt keine. Und der Bromberger, Kesselring, der Bromberger, der war gar nicht hier zu der Zeit der Flüchtlingssiedlung. Der ist ja erst viel später aus der Gefangenschaft gekommen. Und dass die beiden dem Uhrmacher im Bett den Kopf abhacken, das will mir nur ganz schwer einleuchten. Passt irgendwie nicht, die Idee vom Rachefeldzug."

„Aber die Theorie, Rottek, meine kriminalistische Theorie, die ist doch in gewisser Weise bestechend. Wie ich das so hergeleitet habe. Wenn es vielleicht auch Quatsch ist, aber vorgetragen habe ich es meisterhaft. Vor allem auch mein Detailwissen. Beeindruckt Sie das nicht?"

„Sherlock Holmes hätte es nicht besser machen können, Herr Hauptwachtmeister. Irgendwann werden Sie in einem Krimi vorkommen. Aber nicht uninteressant, die Geschichte mit den Flüchtlingen. Wir werden Fräulein Susanne noch mal dazu befragen. Ich bin die Nacht lange wach gelegen, Kesselring. Ich komm nicht weiter in meinem Kopf. In was für ein blutiges Spiel sind wir da hineingeraten? Wer soll dieses Rätsel lösen?"

„Fangen Sie doch noch mal von vorne an, Herr Kommissar. Fräulein Duvenbeck scheidet als Täterin wahrscheinlich aus. Damit hätten wir den Täterkreis schon deutlich eingeengt. Oder, Fräulein Duvenbeck?"

Sekretärin Elvira Duvenbeck hatte soeben heimlich unter dem Schreibtisch Zehengymnastik gemacht, die gegen ihre dicken Waden gut sein sollte. Hatte sie in der „Quick“ gelesen. Deshalb war ihr Kesselrings Anmerkung entgangen. „Was meinten Sie, Herr Hauptwachtmeister?“

„Ob Sie die Täterin sind, Fräulein Duvenbeck. Wir ermitteln gerade. Sie haben ja überhaupt kein Alibi.“ Die Sekretärin stand auf und knallte die Tür zu.

„Fangen wir noch mal von vorne an, Rottek. Der Förster. Nachts, im Dunkeln, erschossen. Mit Kaliber 9,3 x 72 Millimeter. Der Diedrich. Nachts nach Einbruch den Kopf abgehauen. Jedenfalls fast. Der Bromberger. Nachts erschlagen und dem Schwein vorgeworfen. Das sind die Fälle. So. Und jetzt kommen Sie.“

„Solche Taten sind mühsam. Das macht man mal nicht eben so. Das muss vorbereitet werden, ganz gründlich und schlau vorbereitet werden, und der Täter muss sich sehr sicher sein. Wer so etwas plant und durchführt, der muss hassen. Abgrundtief hassen. Oder verrückt sein. Kennen Sie einen aus dem Ort, der dafür infrage kommt?“

„Ich kenne hier alle Spitzbuben. Aber das sind ja meist nur Hühnerdiebe oder Leute, die im Suff die Möbel anspitzen. Oder sie prügeln sich beim Schützenfest im Zelt. Ich weiß keinen, der so morden könnte. Aber auf jeden Fall ist es einer, der nachts herumschleicht.“

„Kesselring, und ich bin sicher, dass der immer noch herumschleicht. Und sich den nächsten Jäger sucht. Wenn Sie mich fragen …“

„Ich frage Sie.“

„Wenn Sie mich fragen, dann ist es irgendeiner, den wir kennen. Ich schlage vor, wir machen ab morgen eine Art nächtlichen Streifendienst. Heute Abend will ich noch einmal zum Ansitz. Ein weibliches Stück Rehwild muss ich noch schießen für Anita und mich. Danach schaue ich mich mal eine Stunde im Ort dort um, wo die Jäger wohnen, und ab morgen organisieren wir das verschärft. Sagen

Sie Ihrer Frau Bescheid, dass Sie am Abend ehelich erst einmal nicht zur Verfügung stehen."

„Rottek, solche Abenteuer gehören ganz bestimmt nicht zu meinen Lieblingsbeschäftigungen. Aber ich habe das Gefühl, es könnte etwas bringen. Da Sie ja meine großartige Mordtheorie nicht weiter begeistert, müssen wir zu anderen Mitteln greifen."

„Hauptwachtmeister, darf ich Ihnen was sagen? Manchmal glaube ich, diese Sache stemmen wir nie. Oder man muss uns von Koblenz eine Mordkommission schicken. Aber wir beide, für uns ist das ein zu dicker Brocken. Meinem Gefühl nach, meinem dunklen Gefühl nach, ist es Ellermann. Der ist ja schräg im Kopf, und der hat ja schon beruflich Spaß am Tod. Dass der durchgedreht ist irgendwie."

„Rottek, Sie haben neulich mal gesagt, sie glauben, es ist eine Frau. Ich denke, nur eine Frau kann so hassen, dass sie planvoll tötet. Dieses Fräulein Eigenherz, die brütet was aus in sich. Das denke ich. Der Ellermann ist nur blöd. Der ist viel zu feige und zu dusselig, jemanden umzubringen."

„Kesselring, vielleicht wissen wir morgen mehr."

„Aber auch nur vielleicht."

Kapitel 27

Der Spitzmischling Purzel von Zigarren-Kuhn bemerkte es an diesem Morgen als Erster. Auf seinem Rundgang durch die Mühlengasse interessierte ihn etwas Blutiges, das auf den vier Stufen zur Haustür der schwarzen Maria lag und von ihm beschnuppert, möglicherweise sogar verzehrt werden könnte. Er stemmte sich mit den Vorderpfoten gegen das Gartentor, aber es war verriegelt. Dann bellte er verhalten. Später lauter. Nach drei Minuten frech und verärgert.

Willi Kuhn hatte gerade erst seinen gegenüberliegenden Tabakwarenladen aufgeschlossen. Er trat heraus, um nachzuschauen, was seinen ansonsten eher friedlichen Hund so aufregte. Auf den Granitstufen vor der Haustür der Nachbarin lagen, säuberlich nach der Natur angeordnet, ein Herz, eine Leber, eine Lunge, eine Milz und zwei Nieren.

Da die schwarze Maria aufgrund ihrer besonderen Liebe zur Geselligkeit häufig Besuch von Männern, vor allem auch jungen Männern erhielt, glaubte Willi Kuhn an einen groben Ulk und zerrte seinen Hund ins Haus. Man hatte ihm zum dreißigsten Geburtstag auch schon einmal ein Schweineschwänzchen an die Türklinke gebunden als Aufforderung, endlich zu heiraten. Aber seine Nachbarschaft zur schwarzen Maria ließ ihn kaum etwas entbehren, was ihm an ehelichen Bequemlichkeiten verlockend erscheinen konnte. In diesem Fall, so vermutete er, hatte ein Mitglied der Landbevölkerung sich einen geschmacklosen Scherz erlaubt und der schwarzen Maria so seine Verehrung zum Ausdruck gebracht. Und deshalb kümmerte sich der Tabakwarenhändler nicht weiter um die unappetitliche Angelegenheit. Die ja nur die schwarze Maria etwas anging, und nicht ihn.

Zwei Stunden später betrat die Frau von Damenfrisör Muldenschlag die Polizeiwache. Kommissar Rottek brütete schon über einem Plan, mit dem die unselige Mordserie gestoppt und aufgeklärt werden konnte. Hauptwachtmeister Kesselring legte gerade eine Akte an betreffs eines versuchten Kellereinbruchs in der Friedrich-Jahn-Straße.

„Mein Mann ist nicht mehr da", stellte Lisbeth Muldenschlag sachlich fest. „Er ist gestern Abend zum Stammtisch gegangen und nicht zurückgekommen."

Damenfriseur Muldenschlag war ein leidenschaftlicher Fuchsjäger und saß bei Mondlicht die ganze Nacht oder auch früh am Morgen auf der Kanzel, um einen der schlauen Rotröcke zu schießen. Aber nun war schon längst die Öffnungszeit seines Frisörgeschäfts erreicht, und er war nicht im Laden erschienen.

Rottek und Kesselring schauten sich lange an. Rottek schloss die Augen, als ob er sagen wollte: „Nicht schon wieder ein toter Jäger."

Rottek zog seine Lederjacke an. „Ich weiß, auf welcher Kanzel er meistens sitzt. Ich fahr mal eben durchs Revier. Vielleicht ist er ja bei der Jagd eingeschlafen."

Statt ins Revier fuhr er direkt die vierhundert Meter zum Haus der schwarzen Maria. Alle außer der Frau des Damenfriseurs wussten, dass Muldenschlag dort Stammgast war. Am Gartentor ließ Rottek verzweifelt den Kopf sinken. Was dort an Leichenteilen vor der Haustür auf den Stufen lag, konnte nur eine weitere, grässliche Steigerung in der unfassbaren Mordserie bedeuten. Rottek verharrte kurz. Dann ging er vorsichtig die Stufen hoch und klingelte.

Die schwarze Maria Kissmann war eine kleine, dralle und lebensfrohe Frau. Die kostenpflichtige Betreuung von Männern sah sie eher als soziale Aufgabe denn als Geschäftsmodell und freute sich über jeden Gast, den sie mit ihrem Körper und seinen Vorzügen beglücken konnte. Als sie lachend die Tür öffnete, schüttelte sie einladend ihre pechschwarze Mähne. Sie war schon dezent geschminkt und zeigte ein atemberaubendes Dekolleté, umrahmt von rosa Spitzen. Dieser betörende Anblick machte Rottek einen Moment lang unsicher. Aber er fasste sich schnell wieder. Doch ehe er etwas sagen konnte, hatte die schwarze Maria das seltsame Arrangement vor ihrem Eingang entdeckt.

„Was ist das denn?“, fragte sie heiter. „Das ist ja originell! Ich liebe Innereien!“

Rottek blieb ernst. „Frau Kissmann, wir suchen Herrn Muldenschlag. War er gestern Abend oder heute Nacht bei Ihnen zu Besuch?“

„Herr Kommissar, über meine Gäste gebe ich keine Auskunft. Das wissen Sie.“

„Es ist wichtig, Frau Kissmann. Ich frage Sie als Polizeibeamter. Das ist jetzt ernst.“

„Was könnte es der Polizei nützen, wenn ich Ihnen Auskunft gebe?“

„Wir könnten dann schneller klären, ob diese Einzelteile auf der Treppe zu Herrn Muldenschlag gehören und er möglicherweise einem Mord zum Opfer gefallen ist.“

„Oh Gott, Herr Kommissar, wie schrecklich. Wie furchtbar! Ja, natürlich. Er war bei mir, so gegen Mitternacht. Nach etwa einer Stunde ist er wieder gegangen. Das ist doch so ein lustiger Mann. Der fällt doch keinem Mord zum Opfer. Wir haben so viel gelacht, Herr Kommissar, und sogar zusammen gesungen. Ich hatte eine Flasche Sekt geöffnet. So einen schönen Mann wie den hätte ich gerne, Herr Kommissar. Aber er muss ja stets wieder nach Hause zu Frau und Kind.“

„Können Sie mal den Doktor rufen, Frau Kissmann?“

„Ich habe leider kein Telefon.“ Das Funkgerät im Dienstwagen funktionierte nicht in manchen Bereichen der Stadt. So auch hier.

„Gut. Wir organisieren das von der Wache aus.“ Rottek stieg in seinen grauen DKW Junior und fuhr zurück. Mit Kesselring tauschte er beim Betreten der Wachstube einen ernsten Blick und hob kurz bedeutungsvoll die Augenbrauen. „Herr Hauptwachtmeister, ich befürchte …“

„Was ist denn los?“

„Der Mörder beliebte zu scherzen. Er hat die Innereien von Muldenschlag vor der Tür seiner Konkubine drapiert.“

„Was???“

„Ja. Herz, Lunge, Leber, Milz und Nieren. Säuberlich angeordnet auf der Treppe vor der Haustür der schwarzen Maria. Um Mitternacht etwa ist er bei ihr gewesen, sagt sie. Möglicherweise dreht der Täter jetzt völlig durch. Wir müssen den Tatort sofort sichern. Rufen Sie mal den Doktor dorthin.“

„Rottek, was ist hier nur los? Geben Sie nur schnell Ihren Jagdschein ab, sonst muss Sie in den nächsten Tagen auch der Doktor als Leiche besichtigen.“

„Wäre mal eine interessante Erfahrung.“

Hauptwachtmeister Kesselring klappte die Akten seines versuchten Kellereinbruchs zu. Sie stiegen in den grünen VW Käfer und fuhren zum Haus der schwarzen Maria. Die fanden sie dort mit Schrubber und Wischtuch vor. Die Innereien lagen jetzt in einem Zinkeimer.

„Was machen Sie denn, Frau Kissmann, das ist hier ein Tatort! Da können Sie nicht einfach putzen.“

„Herr Kommissar, was sollen denn meine Gäste denken, wenn sie hier über Leichenteile steigen müssen. Ob die Sachen nun auf den Stufen oder in einem Eimer liegen, das hilft Ihnen bei der Suche nach dem Täter auch nicht weiter.“ Sie schrubbte energisch die Blutflecke von den Granitstufen.

Rottek und Kesselring waren fassungslos. Der Hauptwachtmeister schob sich die Mütze in den Nacken. Rottek ließ sich gegen den Streifenwagen fallen.

„Haben Sie einen Schnaps dabei, Kesselring?"

„Jawohl, Herr Kommissar. Notration vom Nussschnaps."

„Nur Ihren Nussschnaps? Na gut, möglicherweise muss ich gleich trotzdem darauf zurückkommen."

„Alarm, Alarm." Doktor Rotgold näherte sich unter heftigem Klingeln auf seinem Fahrrad. „Wo ist die Leiche?"

Rottek zeigte stumm auf den Zinkeimer mit den Innereien.

„Wie bitte? Ist das Ihr Ernst?"

„Herr Doktor, das ist alles, was wir bisher von der Leiche vorgefunden haben. Ich gehe davon aus, dass ein Weiterleben ohne diese Organe nicht möglich ist?"

„Nach dem derzeitigen Stand der Medizin ist das so. Aber die Fortschritte der Wissenschaft sind erheblich." Doktor Rotgold griff sich den Eimer und hörte mit seinem Stethoskop das obenauf liegende Herz ab.

„Tot. Keine Lebenszeichen mehr", erklärte er ernst, bevor er in ein dröhnendes Gelächter ausbrach, das durch die Straße hallte. Die schwarze Maria stand in der Tür und schaute der Szene mit offen stehendem Mund fassungslos zu.

„Rotgold, irgendwann knall ich Ihnen mal eine", knurrte Kesselring, packte den Doktor hart am Arm und stieß ihn vom Grundstück auf den Gehweg.

„Was soll ich denn jetzt über diese Sache hier schreiben?", fragte der Arzt, immer noch lachend.

„Schreiben Sie, dass Sie ein Riesenarschloch sind", fauchte Kesselring ihn an.

Der Doktor stieg auf sein Rad. „Bei Frau Kissmann hat eben schon mancher sein Herz verloren", prustete Doktor Rotgold. „In diesem Fall muss es wirklich die große Liebe sein." Er entfernte sich unter heftigem Klingeln. Vor Lachen brachte er sein übliches „Alarm, Alarm" nicht heraus.

Kesselring blickte den Kommissar ratlos an. „Was machen wir jetzt?“

Rottek zuckte mit den Schultern. „Haben wir Gummihandschuhe im Auto?“

Kesselring suchte in dem Koffer unter der Fronthaube. Rottek legte die Organe unter den strengen Blicken der schwarzen Maria wieder sorgfältig in ihre ursprüngliche Anordnung auf den Treppenstufen und machte Fotos. Die Hausbesitzerin stemmte schließlich empört die Hände in die drallen Hüften. „Räumen Sie das bitte schnell weg. Nicht dass es heißt, das ist hier ein Leichenhaus und mir bleiben die Gäste weg.“

„Schon gut, schon gut“, beruhigte Rottek sie. „Wir machen das hier auch nicht aus Vergnügen.“ Er räumte die Innereien mit spitzen Fingern wieder in den Eimer. Kesselring hatte sich inzwischen in der näheren Umgebung umgeschaut. „Irgendwelche Spuren, Herr Hauptwachtmeister?“

„Nichts, Rottek. Gar nichts. Frau Kissmann, das Gartentor hängen wir aus und stellen es sicher. Wegen der Fingerabdrücke. Damit Sie Bescheid wissen.“

Die schwarze Maria strahlte ihn an. „Machen Sie, was Sie wollen. Hauptsache, diese grauenhaften Dinger sind weg vom Eingang.“

Rottek griff sich den Zinkeimer. „Möglicherweise kommen hier noch Kollegen von uns zur Untersuchung“, sagte er. In dem Moment bog knatternd der hellblaue Goggomobil Transporter von Wandermetzger Karasek in die Straße ein. Das Auto hielt vor ihnen und Karasek stieg mit verlegener Miene aus. Er blieb vor Rottek stehen und kratzte sich schuldbewusst am Kopf. Die schwarze Maria lächelte ihn sehr freundlich an.

„Ich wollt nur sagen“, stammelte Karasek.

„Was ist los? Stehen wir hier einer Romanze im Weg? Das ist nicht unsere Absicht.“ Rottek stellte den Eimer mit deutlich erkennbarem Widerwillen auf den Rücksitz.

„Ich wollt nur sagen", begann Karasek erneut. „Das war nur Spaß, das alles."

Kesselring ging zwei Schritte auf ihn zu. „Ein Spaß? Was für ein Spaß?"

„Das mit den Dingern. Ich hab das heute Nacht so hingelegt, aus Spaß, für die Maria. Damit sie sich etwas erschreckt oder so. Ich hab gestern in Wolderoth drei Schweine geschlachtet, und da hab ich die Innereien mitgenommen."

Rottek schaute ungläubig und zog den Zinkeimer vom Rücksitz des Polizeikäfers hervor. „Karasek, du hast diese Organe auf die Treppe gelegt?"

Die schwarze Maria stieg die Stufen herab und nahm Wandermetzger Karasek in den Arm. „Er ist doch so ein Schnuffel!", sagte sie. „Ein ganz lieber Kerl. Manchmal macht er eben ein bisschen viel Quatsch. Aber wir verstehen uns sonst sehr gut. Wenn alle Männer so wären, Herr Kommissar, wenn alle so wären, dann wäre es einfacher auf der Welt. Komm rein, mein Schnuffelchen." Sie fasste ihn an der Hand und ging mit ihm ins Haus.

Rottek verdrehte die Augen, schwang den Eimer einmal um seine Achse und knallte ihn so heftig auf die Treppenstufen, dass die Organe meterweit in alle Richtungen davonflogen und sogar ein Stück Granit von der Treppe abplatzte. Wortlos stiegen sie ins Auto und fuhren davon.

„Jetzt nehmen wir erst mal einen." Hauptwachtmeister Kesselring fischte die Schnapsflasche und zwei Gläschen aus seinem Schreibtisch. Mit zitternder Hand goss er ein. „Ich hab mich so aufgeregt", brummte er. „Ich bin immer nach zappelig. Noch so ein Mord, das hätte uns gerade noch gefehlt."

Rottek kippte den Nussschnaps im Stehen. Es schüttelte ihn wie von einem Stromschlag. Auch Kesselring verzerrte sein Gesicht, als ob ihm die Därme herausgerissen würden.

„Eine Delikatesse“, zischte Rottek atemlos und hielt sein Glas noch einmal hin. Kesselring wollte gerade noch einmal eingießen, als das Telefon klingelte.

„Der Staatsanwalt!“, riefen die beiden wie aus einem Mund. Aber es war Frau Muldenschlag.

„Ich habe Muldi gefunden. Er ist hier“, sagte sie leise. Rottek rollte erleichtert die Augen und machte Kesselring ein entsprechendes Zeichen.

Lisbeth Muldenschlag machte eine Pause von vielleicht fünf Sekunden. „Aber er ist tot. Jemand hat ihn erstochen. Wenn Sie bei Gelegenheit einmal vorbeikommen möchten?“

„Ja, ist gut, wir kommen.“ Rottek und Kesselring vergruben aufstöhnend die Gesichter in den Händen. Erst nach etlichen Sekunden hatten sie sich wieder gefasst.

Die Hütte im Garten hinter dem Frisörladen hatte sich Muldenschlag zu einem gemütlichen Jagdzimmer eingerichtet. Dort hatte auch Rottek schon einige Male gesessen, wenn die Erlegung eines Rehbocks oder einer Wildsau begossen werden musste. Ein großer Tisch, selbstgezimmerte Eichensessel, eine kleine Bar und an den Wänden viele Jagdtrophäen. Vor allem ausgestopfte Füchse, Marder und Greifvögel. Muldenschlag wollte als Jäger seine Hasen, Fasane und Rebhühner vor Beutegreifern schützen und war deshalb zu einem eifrigen Fuchsjäger geworden. Viele Nächte und oft morgens in der Dämmerung saß er deshalb auf dem Hochsitz. „Ein dickes Schwein, das trifft jeder“, sagt er. „Ein Fuchs, der ist ja nur so dünn wie eine Mettwurst. Den musst du erst mal treffen. Und dann noch bei schwierigem Licht, wenn du nur einen Schatten siehst.“

Der großgewachsene Blondschopf war im Ort ein Frauenschwarm. Jetzt saß er tot in einem Sessel, nur mit einer Unterhose bekleidet. Der Kopf war hintenüber gesunken. In seiner Brust steckte ein Waidblatt, ein großes, unterarmlanges Jagdmesser. In den Armen hielt er einen ausgestopften Fuchs umklammert, der wie ein schlafendes Kätzchen zusammengekringelt präpariert war. Geblutet hatte der Frisör nach dem Stich ins Herz kaum.

Lisbeth Muldenschlag lehnte verkrampft an dem Tresen der kleinen Bar. „Hier im Jagdzimmer habe ich erst später nachgesehen", sagte sie weinend. „Fiel mir erst nachher ein, dass er vielleicht in der Hütte sein könnte. Aber warum sitzt er hier in der Unterhose und kuschelt mit einem Fuchs? Ist er im Schlaf hierher gewandert? Und wieso sticht ihm jemand einen Dolch ins Herz? Herr Kommissar, was soll ich davon halten, von all dem?"

Rottek entdeckte in der rechten Hand des Toten ein Päckchen Kondome. Unauffällig stellte er sich deshalb zwischen Frau Muldenschlag und die Leiche. „Wir machen jetzt erst einmal unsere Arbeit hier, Frau Muldenschlag. Wir müssen uns das alles gründlich ansehen. Dann kommen wir wieder zu ihnen." Im Haus hörte man ein Kind schreien.

„Ich muss sowieso … Sie hören es." Lisbeth Muldenschlag verschwand mit einem entschuldigenden Lächeln unter Tränen. Kurz darauf kam sie noch einmal zurück. „Herr Kommissar, ich sehe, Sie haben da einen Fotoapparat. Müssen Sie meinen Mann so fotografieren? In dieser Situation? Kann ich ihm vielleicht zumindest einen Bademantel über die Schultern legen?"

„Frau Muldenschlag, das ist sozusagen für die Wissenschaft. Wir fotografieren alles, damit es hinterher keine Zweifel gibt daran, was hier gewesen ist. Das kommt in die Akten. Es hat seine Ordnung."

„Und an die Zeitung schicken Sie die Fotos nicht?"

„Sicher nicht, Frau Muldenschlag. Das bleibt alles geheim."

„Wissen Sie, Herr Kommissar, er war so ein treu sorgender, liebender Mann. Und immer gut zu mir. ‚Mein Rehlein' hat er zu mir gesagt. ‚Mein Rehlein'. Deshalb soll meinen schönen Muldi jetzt kein Fremder in der Unterhose sehen.

Als sie sich zum ersten Mal getroffen hatten, damals, am Kartoffelfeuer auf Scharfensteins Acker, da hatte ein Blick von ihm genügt und sie war verloren. Den ganzen Abend wurde gesungen: „Jenseits des Tales“, „Aus der Jugendzeit“ und „Bunt sind schon die Wälder“. Aber beim Singen sah sie nur ihn an, ihren Muldi mit seinem blonden Schopf, den blitzenden frechen Augen und dem feinen Gesicht. Mit vielen Mädchen ging Muldi damals ins Schilf oder auf die Jagdkanzel. Aber nur ihr hatte er die ewige Treue versprochen. Nur ihr. Und nur sie, nur Lisbeth hatte er geheiratet. Sie streichelte dem Toten übers Haar. „Ewig, Muldi, ewig“, flüsterte sie und ging ins Haus.

Hauptwachtmeister Kesselring suchte in der Hütte sorgfältig nach Spuren. „Was ist das wieder für eine schräge Geschichte, Rottek. Können Sie jetzt allmählich verstehen, Herr Kommissar, dass mir Jäger langsam unheimlich werden?“

„Kesselring, dafür, dass irgendein kranker Bumskopp einen Waidmann nach dem anderen tötet, dafür können die Jäger nichts. Der mit dem Bärtchen damals, Sie verstehen, der aus Ihrer Zeit, der war ja auch ein Jägerhasser. Aber deswegen müssen einem nicht die Jäger unheimlich sein, sondern höchstens der mit dem Bärtchen. Jäger sind vielleicht etwas wunderlich, aber ansonsten völlig harmlos.“

„Kann sein. Ich komm nicht zurecht mit denen. Wenn ich mich hier umsehe, diese ausgestopften Tiere und diese Sachen an der Wand, das ist mir alles völlig fremd irgendwie. Warum man so was macht? Wofür braucht ein Jäger ein eigenes Jagdzimmer? Ein Radfahrer hat doch nicht auch ein eigenes Radfahrerzimmer.“

„Kesselring, Jagd, das sind hunderttausend Jahre Menschheitsgeschichte. Das ist tief im Blut. Ein uraltes Erbe. Deshalb sage ich immer: Jäger versteht man oder man versteht sie nicht. Dazwischen gibt es nichts. Aber wenn man sie nicht versteht, darf man ihnen keinen Vorwurf daraus machen. Dann liegt es vielleicht an einem selbst.“

„Gott, ist das schwierig mit Ihrem Verein. Rottek, ich bin im Kegelclub. Da ist alles so einfach."

„Glauben Sie, Kesselring, glauben Sie. Aber wenn es in Ihrem Club eine Mordserie geben würde, dann fangen Sie auch an nachzudenken und finden bei den Keglern eine Menge Macken. Jetzt mal wieder zu unserem toten Muldenschlag. Wir lassen die Kriminaltechnik hierherkommen. Und dann müssen wir überlegen wegen seiner Weibergeschichten. Ob wir seine Frau da unbedingt mit reinziehen."

„Diese Weibergeschichten, Rottek, die haben schon manchem das Genick gebrochen. Der Frisör hier, der hatte doch eine Frau und vier gesunde Kinder. Das ist doch ein Gottesgeschenk. Warum genügt ihm das nicht? Wenn er da noch ständig andere Frauen anfasst, dann muss er sich nicht wundern, wenn es mal ungemütlich wird und ein langes Messer geflogen kommt. Mord in der Jagdhütte, Ende der Vorstellung. So sehe ich das."

„Sind Sie immer treu gewesen, Herr Hauptwachtmeister?"

„Komm, hör auf mit deinen Spitzfindigkeiten, Rottek. Wir sind hier beim toten Frisör Muldenschlag und nicht in meiner Vergangenheit. Muss ich dienstlich werden, Herr Kommissar?

„Bitte, Kesselring. Bitte sofort. Aber nur, wenn es Sinn macht." Er fingerte die Schachtel Ernte23 aus der Lederjacke. Sie setzten sich an den groben Tisch. Rottek schob den Aschenbecher näher zu ihnen heran. Sie rauchten schweigend.

Rottek betrachtete den Toten. „Der Angriff ist von vorne gekommen. Und Muldenschlag hat sich nicht gewehrt. Überhaupt nicht gewehrt. Der Täter hat ihm das Ding einfach so ins Herz gestochen. Das ist doch nicht normal. Und dann ist der Tote auch noch fast nackig und hält einen ebenso toten Fuchs im Arm. Kesselring, ich hab die Schnauze voll von diesen schwierigen Geschichten. Wie sollen wir uns das zusammenreimen?"

Kesselring stützte den Kopf in beide Hände. „Der Täter hat ihn getroffen, als er bei der schwarzen Marie aus der Tür kam. Oder er hat hier am Haus auf ihn gewartet. So weit klar. Aber dann? Warum hat er sich ausgezogen? Und dann noch die Packung Kondome in der Hand? Der kam doch gerade erst aus einem fremden Bett. Da sollte er sich doch ausgetobt haben. Unsereiner ist froh, wenn er mit solchen Sachen mal in Ruhe gelassen wird."

„Manche kriegen mit Bettgeschichten den Hals nicht voll, Kesselring. Ich glaube, der Muldenschlag, das war so einer. Eigentlich ein anständiger Kerl. Aber wenn es um solche Sachen ging, dann ist es mit ihm durchgegangen. Was hat ihn nur hierher gelockt? Eine schöne Frau vielleicht?"

Kesselring schaute ihm merkwürdig fest in die Augen. „Eine schöne Frau. Da kenn ich nur eine, die mich locken könnte."

Rottek riss die Augen auf. „Fräulein Eigenherz. Genau. Susanne Eigenherz. Kesselring, Sie sind genial. Mensch, ist doch völlig klar. Das passt alles. Wenn so eine Granate dir nachts auflauert, dann machst du dich gerne nackig. Und Muldenschlag erst recht."

„Wir sollten mal etwas auf sie aufpassen, Rottek. Und schauen, was sie so macht. Schon ab heute Abend. Das ist unsere Chance, Rottek. Zehn Uhr? Halb elf? Treffen wir uns vor der Kneipe? Dann sehen wir sie, wenn sie rauskommt."

„Ich denke, das ist die Lösung. Irgendwann in den nächsten Tagen wird sie nachts wieder losziehen. Ein paar Jäger leben ja noch. Die wird nicht aufhören mit ihrer Serie. Wir überführen die Blondine, Kesselring. Die schnappen wir uns. Was glauben Sie, wen pickt sie sich als Nächsten heraus?"

„Wen haben wir denn noch an Jägern auf der Liste? Außer Ihnen?"

„Vom Stammtisch? Ellermann und Strübecke. Das ist überschaubar. Die wird keine Ruhe geben, Kesselring, bis sie alle tot sind. Eher gibt die keine Ruhe. Aber warum nur? Warum tötet sie Jäger? Warum kommt die von weit her angereist, um hier ein Blutbad anzurichten? Können Sie sich das erklären, Kesselring?"

„Wenn der Täter ein Mann wäre, dann würde ich sagen, es gibt nur einen Beweggrund: Er ist durchgeknallt. Ein Verrückter. Wenn es eine Frau ist, dann gibt es viele Möglichkeiten. Frauen steigern sich in so was rein, glaube ich, und dann kommen sie nicht mehr raus aus der Geschichte. Eine Frau findet immer einen Grund, einen Mann zu töten. Manchmal sucht sie sich auch einen Grund, weil sie jemanden töten will. Dann wird es richtig ernst."

„‚Susanne Eigenherz. Ich verhafte Sie wegen dringendem Mordverdacht'. Kesselring, wenn ich das sagen darf, dann zünde ich in der Kirche hundert Kerzen an."

„Und vorher geben Sie mir mal bei Äffchen Fettweiß ein schönes Wildessen aus. Aus reiner Dankbarkeit für meine genialen Ermittlungsansätze."

„Kesselring, sie kriegen eine ganze Wildsau von mir, wenn das klappt. Nachher geh ich noch mal auf den Ansitz, wir brauchen noch ein Reh für die Küche. Und nachher treffen wir uns zur Pirsch auf Susanne Eigenherz. Ich bin gespannt, Kesselring. Wir beide auf Verbrecherjagd. Das ist ja wie im Film."

Kapitel 28

Früher Nachmittag. Das Telefon klingelte. „Der Staatsanwalt", rief Hauptwachtmeister Kesselring. Rottek schaute ihn grimmig an. Aber es war nicht der Staatsanwalt. Es war Frau Kerschbaum.

„Mein Jüngele ist wieder da", berichtete sie. „Nicht, dass Sie noch fahnden wegen ihm. Aber wir kommen gleich noch in Ihr Polizeibüro. Sie müssen das untersuchen. Wir werden anzeigen."

Der vermisste siebzehnjährige Joachim Kerschbaum war inzwischen wieder aufgetaucht. Er hatte sich nach eigenen Angaben tatsächlich im Wald verirrt und in einer Forstarbeiterhütte geschlafen. Die Kerschbaums waren noch völlig aufgebracht.

Der alte Jupp schleppte sich kurz darauf in die Wachstube. Er wirkte jetzt mit seiner Herzkrankheit nicht mehr wie der bullige Brecher, der wildgewordene Ochsen und durchgehende Pferde bändigte. Aber er rauchte immer noch Burger Stumpen auf Lunge und hustete minutenlang. Jupp trug das grüne Barett der Fremdenlegion auf dem Kopf, seine alte, schwarze Cordhose schlotterte um die krummen Beine und seine viel zu große, alte Militärjacke hing ihm bis zu den Knien. Die sechs restlichen Kerschbaum-Jungs folgten ihm. „Herr Kommissar, wie schön, wir sehen uns wieder", sagte der Alte leise, aber fröhlich. „Der Herrgott führt uns wieder zueinander."

„Er wird seine Gründe dafür haben", brummte Rottek, der an seinem Bericht tippte.

Der Alte beugte seinen Kopf dicht zu Rottek hin. „Herr Kommissar, wir sind in Gefahr. Dieser Waldmensch, der verhext uns. Sie müssen ihn wegbringen." Seine Jungen nickten heftig.

„Was hat der Waldmensch euch getan? Ihr meint den Kröten-Jörg?" Alle Kerschbaums nickten.

„Er hat neulich mir gedroht, wegen dem Herzen. Und kurz darauf ist es eingetreten. Ich bin nur noch ein Schatten, Rottek. Ich bin verhext. Herzentzündung. Keine Kraft mehr. Und der Waldmensch hat es mir angehext."

„Hast du Beweise?"

„Was braucht man Beweise, wenn man es weiß, Rottek. Du bist doch ein kluger Mann. Wir wissen doch beide, was los ist mit dem Waldmensch. Dass er ein Geist ist. Er hat die Geisternarbe im Gesicht."

„Jupp, du hast mir neulich gesagt: Komm wieder, wenn du etwas hast, das du Beweise nennst. Erinnerst du dich? Als ich bei euch war wegen dem Förster? Das ist jetzt die Ansage, Jupp: Komm wieder, wenn du Beweise hast."

„Rottek, und jetzt ein Beweis: Der Waldmensch hat letztens gesprochen von einem Kind, was nicht mehr zurückkommt. Ist es so?" Die restlichen Kerschbaums brummten zustimmend. „Und bald später ist unser Joachim verschwunden im Wald. Jetzt, die ganze Nacht war er verirrt, und nur das Gottesglück hat es gewollt, dass er wieder bei uns ist. So ein junger, zarter Mann, und dann zaubert er ihn in den tiefen Wald hinein die ganze Nacht. Bring den Waldmenschen weg, Rottek. Wohin, fragst du? Warum nicht nach Kanada? So viel Wald dort, so ein großes Land. Es ist das Paradies für Waldmenschen. Du sollst ihm ja nichts tun, Rottek, aber gegen solche Zauberer muss die Staatsgewalt einschreiten. Was zaubert er morgen? Unsere Mutter ins Wasser? Unseren Kleinsten krank? Wir sind doch alte Freunde, Rottek. Herr Kommissar, wie lange kennen wir uns? Du hast die Macht. Bring ihn weg, den Waldgeist. Schau, wir werden deine ältesten Freunde sein. Sieben Freunde auf einmal. Wann gibt es das wieder, Rottek?" Nach dieser langen Ansprache hustete er erst einmal gründlich.

„Habt ihr etwa Angst vor Kröten-Jörg, Jupp?"

Die sechs Kerschbaum-Kinder murmelten empört. Jupp hob abwehrend die Hände, während sein Raucherhusten schwächer wurde.

„Angst, Rottek, Angst macht das Leben nur schwierig. Angst zeigt dir, dass du auf der falschen Straße fährst. Wir sind die sieben Kerschbaums, Herr Kommissar. Und wir haben ein Recht darauf, ohne den Waldgeist zu leben und ohne seine Teufelsnarbe. Es ist unser Recht. Das ist so. Nimm es hin, wenn ich es sage."

„Kröten-Jörg hat auch ein Recht. Das Recht hierzubleiben, wenn er es will."

„Bring ihn weg."

„Jupp. Du bist ein großer Mann. Kröten-Jörg ist ein kleiner Mann. Du weißt, der Krieg hat ihm die Eltern genommen, das Unglück hat ihm das Gesicht zerhackt. Aber er findet sich zurecht in der Welt. Er findet sich sogar sehr zurecht. So wie ihr, Jupp. So wie die Kerschbaums." Rottek stand auf und legte ihm die Hände auf die Schultern. „Jupp, und solche besonderen Menschen soll man nicht wegschicken, sondern man muss sie zu Gefährten machen im Leben. Verbündete. Seite an Seite. Man braucht immer Verbündete. Auch die Kerschbaums. Überleg mal: Der Kröten-Jörg und ihr zusammen. Dagegen kommen die Höllenreiter nicht an. Mach ihn zum Verbündeten, Jupp. Dann seid ihr unbesiegbar."

„Vielleicht ein Gedanke. Ein guter Gedanke. Aber wie soll ich das machen, ohne das er uns wieder verhext?"

„Ich werde es anordnen, Jupp. Ich sperre ihn eine Stunde ein und gebe ihm eine Polizeianordnung, dass er nicht mehr hext. Das hat bislang noch bei jedem Zauberer geholfen. Und dass er freundlich mit dir redet."

„Kommissar, das würdest du für mich tun?"

„Jupp, es muss Frieden sein. Glaubst du, wenn der Kröten-Jörg in Kanada im Wald ist, dass er keinen Zauber mehr über euch aussprechen kann? Glaubst du das?"

„Über dem weiten Meer wird jeder Zauber schwach, Rottek. Der Sturm, die Wellengewalt, Fische, die nach ihm schnappen. Das alles macht ihn schwach."

„Mach Kröten-Jörg zu eurem Gefährten, Jupp. Ich leite das in die Wege. Und die Tage sprichst du mit ihm. Ich gebe ihm die Anweisung."

„Du bist gut zu uns, Rottek. Ein großer Freund der Kerschbaums, das bist du. Darf ich dich küssen?"

„Jupp, vielleicht zuerst den Herrn Hauptwachtmeister?" Kesselring prustete empört an seinem Schreibtisch. Rottek nahm den kleinen, alten Mann in den Arm. „Wir haben jetzt gerade genug Sorgen, mein alter Jupp. Fast jeden Tag ein Mord. Wir wissen nichts mehr. Irgendeiner hier mordet immer weiter."

„Wer mordet, der weiß keinen anderen Weg mehr, Rottek. Es ist immer die letzte Station auf einer bösen Reise. Ich kenne Leute, die so waren. Am Ende wollten sie nur noch töten, und dann nichts mehr. Es wird bald ein Ende sein, ich bin sicher. Endstation für den Mörder."

Kröten-Jörg sollte Joachim Kerschbaum nach Erkenntnissen seiner Familie tief in den Wald gehext haben. Der junge Mann beklagte eine rätselhafte Erinnerungslücke. Er sei so verändert plötzlich, hatte seine Mutter am Telefon berichtet. Berauschende Kräuter habe der Waldmensch ihm vielleicht beigebracht. Rottek erfuhr jedoch zufällig von Waldarbeitern, dass die schöne Försterin dem jungen Kerschbaum am frühen Abend an der Erlenzunge begegnet war und den wohlgestalteten Jüngling zu sich mit nach Hause genommen hatte. Beim Abschied am Morgen versprach sie ihm offensichtlich noch mehr solcher Erlebnisse. Über diesen Zauber wollte Joachim Kerschbaum mit seiner Familie wohl lieber nicht reden.

Kapitel 29

Rottek saß schon am späten Nachmittag auf der Kanzel am Johannesacker. Er hätte auch ein Reh schießen können, aber seine Gedanken kreisten nur um die Toten, um den möglichen Täter, um das, was er vielleicht noch nicht bedacht hatte. Es kroch ein hässliches Gefühl in ihm hoch. Das Gespenst der Furcht vor dem polizeilichen Misserfolg: Das war sein größter Fall – und er drohte zu scheitern. Noch heute Nacht würde er mit Kesselring zusammen die Hauptverdächtige beschatten. Und morgen würden die Ermittlungen weiter verstärkt, als letzte Lösung zusätzliche Kollegen angefordert. Vielleicht kam sogar Staatsanwalt Baumdienst aus Koblenz und leitete hier die Ermittlungen. Der Gedanke konnte ihn nur wenig beruhigen.

Letzte Nacht, als der Regen weich auf das Dachfenster von Anitas Gartenhaus fiel, da lag er lange wach. Es gab solch stille Momente, in denen er plötzlich zu wissen glaubte, was wirklich wichtig war in seinem Leben. Einen Menschen an seiner Seite zu haben. Vertrauen. Geborgenheit. Diese Frau, die neben ihm tief atmete und im Schlaf seine Hand hielt. Viele Jahre hatte ihm das gefehlt. Er hatte ja tagsüber so oft mit Menschen zu tun, bei denen er sicher war, dass sie ihn anlogen, dass er ihnen misstrauen musste. Diebe, Einbrecher, Schläger, Kinderschänder. Und dann im eigenen Leben keinen Rückhalt zu haben, alleine zu sein in Stunden der Zweifel und der Beklommenheit, das hatte ihn früher manchmal gelähmt. Der Mond leuchtete dünn und flüchtig zwischen ziehenden Regenwolken ins Fenster auf Anitas vertrautes Gesicht. Rottek beugte sich zu ihr und küsste sie sanft auf die Stirn. Sie hielt im Schlaf seine Hand fester. Was immer auch kommen würde in dieser dunklen Mordgeschichte: Mit ihr würde er es durchstehen.

Als es dämmrig wurde, zogen zwei Rehe dicht vor seine Kanzel. Das hintere davon war ein schwaches Kitz. Aber ehe er die Waffe in Anschlag bringen konnte, sprangen die Rehe vom Johannesacker ab, und die Ricke schreckte noch lange im Wald. Irgendeine Störung hatte das Wild vertrieben. Ein Fuchs vielleicht oder Wildschweine. Rottek meinte auch, ein Knacken gehört zu haben. Aber er war so in Gedanken, dass er dem keine Beachtung schenkte. Es war schon dunkel, als er seine Waffe entlud, sein Sitzkissen zusammenpackte und von der Kanzel stieg. Als er in der Mitte der Leiter angekommen war, drang ein merkwürdiger Geruch in seine Nase. Ein Geruch, der nicht zum Waldrand gehörte. Ähnlich wie der eines Wildschweins.

Er stieg herab und leuchtete mit seiner schwachen Osram-Taschenlampe umher. Dann drehte Rottek sich um und erstarrte. Von einem Querbalken der Kanzel hing eine blutüberströmte Leiche. Die Leiche von Bestatter Ellermann. Einen Fleischerhaken im Kinn wie bei einem Stück Wild in der Kühlkammer. Rottek schwenkte die Lampe, aber er hielt sofort inne. Ein Gewehrlauf war aus nächster Nähe auf ihn gerichtet. Er glaubte, das Kaliber am Mündungsdurchmesser zu erkennen: 9,3 × 72 mm, die Försterpatrone. Mit ihr war Förster Simon getötet worden.

„Ich wusste es“, sagte Rottek ins Dunkel. „Ich wusste, dass es weitergeht.“

„Und es gibt noch eine Steigerung“, antwortete eine heitere Frauenstimme. Die Stimme von Dagmar Simon. „Morgen früh wird man hier gleich zwei tote Jäger finden. Wieder wird keiner wissen, wer es war. Und bald sind alle Jäger tot.“

„Alle Jäger? Sind Sie so kalt? Wird keiner verschont, Frau Simon?“

„Der Schmied vielleicht. Der Strübecke. Das ist so ein ehrlicher Kerl. Aber höchstens der.“

„Warum? Erklären Sie mir doch vorher noch, warum? Warum denn immer Jäger?“

„Ihr grünen Männchen habt mir mein Leben gestohlen. Meinen Mann, mein Lachen, mein Sprechen. Das einzige, was ihr mir ins Haus gebracht habt, waren Tierleichen. Fast jeden Tag neue Tierleichen. Ich war nur eure Leichenabladestelle. Und ihr habt mich in meinem Försterbunker versauern lassen. Für den Simon war ich das brave Hausmädchen und für euch war ich nur die Frau im Wald. Habt ihr einmal gut über mich gesprochen am Jägerstammtisch? Gab es ein einziges Wort darüber, dass ich seit vierzehn Jahren in dieser trostlosen Beamtenheimstätte versauere? Ich bin nachts herumgelaufen, nur um Licht in euren Fenstern zu sehen, und hab gedacht: Da sitzen sie, haben Freunde, Nachbarn, trinken, lachen und reden miteinander. Aber ich musste wieder allein zurück in den dunklen Wald, zurück ins Schweigen. Ich habe angefangen zu hassen, Herr Kommissar. Was ich früher nicht kannte, das begann plötzlich: herrlicher, kalter Hass. Und irgendwann, Herr Kommissar, irgendwann machte ich mir diesen Plan. Schon viele Monate habe ich ihn im Kopf. Jetzt geht er auf. Und wissen Sie was, Herr Kommissar? Nehmen Sie es mit in den Jägerhimmel: Töten, das kann Spaß machen. Kann richtig Freude machen. Sie kennen das doch auch. Jäger töten doch auch mit Freude."

„Jäger töten, was sie lieben, Frau Simon. Das ist der Unterschied. Deshalb ist es nicht immer einfach, abzudrücken. Ein Tierleben zu zerstören innerhalb einer Sekunde."

„Dann hätten Sie es doch lassen können? Wer hat Sie gezwungen? Hätten Sie nicht geschossen, wären Sie kein Jäger geworden, würden sie jetzt nicht hier stehen Auge in Auge mit dem Gewehrlauf, Sekunden vor Ihrem Tod."

„Man kann nicht alles erklären, Frau Simon. Sich nicht und anderen nicht. Und vor allem kann man anderen nicht die Jagd erklären. Das muss man fühlen oder man wird es nie verstehen. Aber warum hassen Sie ausgerechnet die Jäger wegen Ihrer Einsamkeit im Forsthaus? Sie hätten doch selbst etwas ändern können. Fortgehen, einen neuen Weg beginnen, einen anderen Mann finden. Es war doch Ihr eigenes Leben?"

„Egal, mein grünes Männchen, ist jetzt egal und zu spät. Was geschehen soll, wird geschehen." Sie hob die Büchse leicht an, so dass sie auf seine Stirn zielte und krümmte den Zeigefinger. Rottek schloss die Augen. Er dachte an gar nichts. Leere. Im gleichen Moment wurde Dagmar Simon umgestoßen. Der Schuss krachte ins Dunkel. Rottek sah den Feuerblitz. Eine Gestalt war aus dem Gebüsch gebrochen und hatte sich auf die Försterin geworfen.

Rottek konnte im ersten Moment die Augen nicht öffnen. Er verharrte betäubt. Ganz offensichtlich lebte er noch und hatte keinen Küchenschuss. „Ich hab sie", schrie jemand gepresst. „Helfen Sie mir, ich hab sie." Rottek kannte die Stimme. Es war Kröten-Jörg. Er fasste die Frau am Arm und zog sie hoch. Kröten-Jörg hatte ihre Waffe gepackt.

„Frau Simon, ich nehme Sie fest wegen des dringenden Verdachts, Bestatter Ellermann und andere Jäger ermordet zu haben. Soweit das erst mal." Rottek wusste nicht, was er sonst noch sagen sollte. Er hatte noch nie eine Serienmörderin verhaftet. Im schwachen Schein der Taschenlampe sah er ihr schönes Gesicht. Dagmar Simon schaute ihn flehend an.

„Nehmen Sie die Hunde, Herr Kommissar. Bitte nehmen Sie die Hunde. Die können doch nichts dafür. Nicht ins Tierheim."

Rottek nickte. „Sie können sich auf mich verlassen."

Eine gute Stunde später auf der Wache. Dagmar Simon hockte zusammengekauert in der Gewahrsamszelle. Kröten-Jörg saß an Rotteks Schreibtisch, ein Glas Limonade vor sich. Hauptwachtmeister Kesselring bestellte bei der alten Köchin Irmela im „Weißen Falken" Schinkenbrote und Wildschweinfrikadellen. Er und Rottek hatten volle Schnapsgläschen vor sich stehen.

„Warum bist du zu der Kanzel hingekommen, Junge? War das Zufall?“ Rottek war immer noch bleich. Zwei von Kesselrings Nussschnäpsen hatte er schon getrunken, aber er hatte sich nicht von dem furchtbaren Schreck erholt. Immer noch sah er den Feuerblitz der Försterpatrone vor seinen Augen.

„Ich habe von Anfang an geahnt, dass sie es ist“, erklärte Kröten-Jörg mit seiner brüchigen, heiseren Stimme. „Sie hasst Jäger, das wusste ich. Sie ist dem Förster oft im Wald hinterhergelaufen und hat nach einer Gelegenheit gesucht, ihn zu erschießen. Er hat mir oft erzählt, dass jemand ihn verfolgt. Er dachte, die Kerschbaums sind es. Aber ich habe Dagmar Simon öfters nachts umhergeistern gesehen. Ich war mir in den letzten Tagen sicher, dass sie mit den Morden zu tun hat. Jeden Abend ist sie durch die Stadt geschlichen. Sie hat tagsüber alles registriert, was im Wald und im Revier geschieht, und welcher Jäger zum Ansitz geht. So hat sie vorhin auch Ellermann erwischt.“

Rottek stand auf. „Ich gehe jetzt noch einmal zu ihr“, sagte er. „Da ist noch einiges zu klären. Jörg, Danke. Sie waren großartig. Schlafen Sie sich aus, wir sprechen morgen wieder. Wir brauchen jetzt alle erst mal Ruhe. Ganz viel Ruhe.“

Dagmar Simon hockte in der muffigen Gewahrsamszelle auf der Bank, die Knie ans Kinn gezogen. Sie trug noch ihren dünnen Lodenmantel. Ihr Blick war irgendwo heiter ins Leere gerichtet. Sie war auch jetzt in der alten, verwahrlosten Zelle eine Schönheit.

Rottek zog sich den Stuhl herbei. „Frau Simon, sind Sie nicht auch froh, dass es vorbei ist? Dass es jetzt ein Ende hat, das Morden?“

„Nein, Herr Kommissar. Ich bin nicht froh, dass es vorbei ist. Es fehlt noch einer auf der Liste. Mindestens einer. Sie zum Beispiel, Herr Kommissar. Und diese Froschfratze.“

„Frau Simon, was sind Sie für ein kalter Mensch. Wie kann man nur so kalt sein?“

„Kälte betäubt, Herr Kommissar. Kälte betäubt dauerhaft und sehr wirkungsvoll."

„Frau Simon, Sie kommen in Untersuchungshaft. Ich möchte wissen, ob ich jemanden benachrichtigen soll. Ihren Sohn vielleicht? Wer kümmert sich denn jetzt um das Haus und alles?"

„Mein Sohn soll nicht kommen. Ich möchte keinen Kontakt mehr zu ihm. Meine Schuld wird ihn krank machen, wissen Sie. Sie wird ihn krank machen. In den Abgrund ziehen. Ich kann ihm nicht mehr in die Augen sehen. Das Haus kann man räumen von mir aus. Es gibt in dem Haus nichts, was mir etwas bedeutet. Würden Sie das für uns tun, Herr Kommissar? Für meinen Mann und für mich? Dass Sie sich um das Haus kümmern und um die Hunde? Sie haben so gute Augen, Herr Kommissar. Das sehe ich jetzt zum ersten Mal. Es gibt so wenige Menschen mit guten Augen."

„Frau Simon, soweit es mir möglich ist, werde ich mich um alles kümmern. Aber ich frage mich immer noch: Warum haben Sie die Jäger getötet? Es waren doch unschuldige Menschen, keiner hat Ihnen etwas getan eigentlich? Warum haben Sie denen die Schuld gegeben an Ihrem Kummer? Ich verstehe es nicht."

„Wenn man so viel Kummer hat, Herr Kommissar, dann sucht man nach jemandem, der Schuld daran sein könnte. Und irgendwann findet man ihn."

„Und dann bringt man ihn um?"

„Ja. Sonst bringt einen der Kummer um." Sie lächelte.

„Sie machen sich das ja sehr einfach mit Ihren Erklärungen, Frau Simon. Mal eben so ein paar Menschen töten, nur weil man unglücklich ist?"

„Ja. Mal eben so. Was soll ich sagen, Herr Kommissar? Für mich war es wunderbar, wie das alles so glatt gelaufen ist. Und wie doof diese Jäger waren. Bums, fielen sie um und waren tot. Ich habe mich jedes Mal sehr amüsiert, Herr Kommissar."

„Jäger sind nicht doof, Frau Simon. Ihre Opfer waren vielleicht gutmütig oder arglos. Aber sie waren nicht blöd. Keiner in dieser kleinen Stadt rechnet damit, dass eine eiskalte Mörderin nachts durch die Straßen läuft."

„Das war ja eben der Spaß, Herr Kommissar. Das war der große Spaß. Keiner hat damit gerechnet. Leider hat der Spaß ein Ende. Dieser hässliche Waldaffe, dieses Froschgesicht, der hat mir alles verdorben. Den hätte ich erst mal beseitigen sollen. Dann säße ich jetzt nicht hier. Ich habe es ein paarmal versucht, aber der ist zu schlau. Ich habe ihn nicht gekriegt. Vielleicht hat er was geahnt."

„Er hat es geahnt. Und später hat er es gewusst. Frau Simon, Sie werden sich zu verantworten haben. Das darf ich jetzt hier mal sagen. Sie werden sich zu verantworten haben vor dem irdischen Richter und vor dem anderen, großen Richter. Ist Ihnen das alles gleichgültig? Sie werden sich Fragen stellen, Frau Simon. Der Moment wird kommen, das weiß ich, und er wird wehtun. Wie wollen Sie für sich selbst Antworten finden?"

„Ach, Herr Kommissar. Der irdische Richter ist mir gleichgültig. Und der andere hat mich längst verurteilt zu dem, was ich jetzt bin. Was soll noch kommen? Fragen? Soll ich mir Fragen stellen? Meine Sünden beweinen? Ich hatte einen blutigen Spaß, Herr Kommissar. Es war wirklich so. Blutiger Spaß. Als der dicke Jäger in den Schweinekoben plumpste, da habe ich mich vor Lachen nicht mehr eingekriegt. Das war einfach herrlich. Und dieser dämliche Uhrmacher lag in seinem Bett und schnarchte. Kracks hat es gemacht, und da glotzte er belämmert in die Gegend mit durchgehauenem Hals. Und seine Frau, die hat mich einmal angeschaut und sich dann schnell umgedreht. Wenn Sie so etwas erleben, Herr Kommissar, das ist einfach köstlich. Einfach köstlich."

„Gut. Wenn Sie das so sehen. Es ist auch Ihr Leben, das Sie zerstört haben. Was hätte denn geschehen müssen, dass es nicht so gekommen wäre, Frau Simon? Dass Sie sich nicht diese blutigen Späße ausgedacht hätten?"

Dagmar Simon schwieg. Sie schaute ihn lange an. „Ich hätte mehr Menschen mit guten Augen treffen müssen."

Kapitel 30

Am Tag nach der Festnahme von Dagmar Simon zog Kröten-Jörg am frühen Morgen einen Leiterwagen mit einem großen, sandverkrusteten Holzkoffer die Frankfurter Straße entlang. Vor dem „Weißen Falken" hielt er an. Äffchen Fettweiß hatte gerade das Wirtshaus aufgeschlossen, stand vor der Tür und schaute dem Schmied Strübecke zu, der einen neu gelieferten Eicher Mammut rückwärts auf den Abstellplatz rangierte. Kurze Zeit später stürmte Susi Eigenherz aus der Tür und schlug schluchzend die Hände zusammen.

„Sie haben das Silber, Herr Jörg? Sie haben es wirklich?"

„Es ist der Koffer, Fräulein Susi", krächzte Jörg verlegen. „Ich habe ihn schon geöffnet. Eine Menge schöner Sachen. Aber es ist nur wenig davon aus Silber. Ich habe zwar nicht viel Ahnung davon, aber ich glaube, das meiste ist aus Gold."

„Bringen Sie das Ganze nach hinten", kommandierte Äffchen Fettweiß energisch. „Sofort. Das muss hier kein Zuschauer mitkriegen."

Kröten-Jörg zog den Leiterwagen schnell hinter das Wirtshaus, wo auch der Opel Olympia geparkt war, den sich Susi Eigenherz für die Schatzsuche geliehen hatte. Sie flatterte dem Schatzkoffer hinterher wie ein aufgeregter Schmetterling. „Gold, Herr Fettweiß, haben Sie das gehört: Gold."

Die drei standen neben der Hintertreppe vor dem aufgeklappten Koffer. Achtzehn Jahre zuvor hatte ihn Mutter Eigenherz auf der Flucht von Westpreußen auf dem Pferdefuhrwerk mit viel Glück bis auf Rehbeins Hafer kutschiert und dort vergraben. Viele Jahre lang hatte die Mutter um den verlorenen Familienschatz gejammert, bis Susi sich nun auf den Weg gemacht hatte, um ihn zu finden und um Armut und Trauer aus ihrer kleinen Wohnung zu verjagen.

„Ich kannte die Leute damals vom Flüchtlingslager." Äffchen Fettweiß begann zu erzählen. „Vielleicht auch Ihre Mutter. So eine Blonde wie Sie, die war dabei. Es gibt da eine gewisse Ähnlichkeit, glaube ich. Die Flüchtlinge kamen aus dem Lager ins Dorf, haben Milch, Eier und Brot gekauft. Manchmal wurde ein Kind krank, dann wollten sie telefonieren. Ein Junge ist gestorben, fünf Jahre alt. Er hatte Ausschlag. Ab und zu saßen die Leute in der Gaststube, haben sich aufgewärmt bei einem Schnaps. Aber für uns waren sie eben Flüchtlinge. Aus dem Osten, vom Rittergut. Denen ist es drüben nicht schlecht gegangen, wurde gesagt. ‚Alles verloren', haben die erzählt. Aber sie hatten Geld, Adlige waren das auch. Deshalb hat hier keiner was für die getan. ‚Die vom Rittergut im Osten, die haben als Erstes den Arm gehoben, als der mit dem Bärtchen kam. Das waren seine besonderen Freunde'. So sagte man hier. Die Gemeinde hat für die eine Notbaracke gebaut, glaube ich. Wir hatten damals ja alle mit uns selbst zu tun, und die Flüchtlinge, die haben nur alles durcheinandergebracht. Die haben für Unruhe gesorgt. Das war keine gute Zeit. Wir haben gedacht: Hoffentlich sind die Flüchtlinge bald wieder weg. Und dann fuhren sie wieder weg, einer nach dem anderen. Und keiner hat mehr an sie gedacht. Wie es so war."

Susi Eigenherz weinte immer noch leise vor Glück. Kröten-Jörg hatte verlegen die Hände gefaltet.

„Einladen!", kommandierte Äffchen Fettweiß hart. „Jetzt gleich. Fräulein Susi, geben Sie mir den Autoschlüssel. Sie packen Ihre Sachen und fahren gleich los, nach Hause, ohne Aufenthalt. Hier sollte niemand etwas von dem Koffer erfahren. Sonst ist er womöglich schon heute Mittag wieder weg."

Susi schaute ihn unter Tränen an. „Wenn Sie meinen, Herr Fettweiß, wenn Sie wirklich meinen." Sie lief durch die Hintertür nach oben. Kröten-Jörg und Äffchen Fettweiß luden die Schatzkiste vorsichtig in den Kofferraum, klappten ihn zu und schlossen ab.

Dann standen die beiden schweigend nebeneinander. Äffchen Fettweiß pfiff leise eine unbestimmbare Melodie. Kröten-Jörg kratzte mit einem trockenen Lindenast Sterne in den Staub.

„Damals“, sagte er leise.

„Ja, damals“, sagte Äffchen Fettweiß.

Nur wenige Minuten später kam Susi Eigenherz völlig außer Atem wieder herunter, das Reiseköfferchen an der Hand und ihren blauen Trenchcoat über dem Arm. Sie warf das Gepäck auf den Rücksitz.

„Danke für alles, ich werde Sie nicht vergessen“, sagte sie zu Äffchen Fettweiß und reichte ihm die Hand. „Ich komme wieder, ganz bestimmt komm ich wieder. Ich muss jetzt erst mal nach der Mutter sehen. Und alles regeln.“

„Geht schon“, sagte Äffchen Fettweiß ruhig. „Geht schon.“

Susi fiel Kröten-Jörg um den Hals. „Es war ...“, begann sie, aber dann umarmten sie sich wieder und weinten, untröstlich und heftig. Schluchzend stieg Susi schnell ins Auto, startete den Motor und kurvte mit auf dem Schotter durchdrehenden Reifen vom Hof. Auf der Frankfurter Straße, schon fast hundert Meter entfernt, hupte sie noch ein paarmal lange und anhaltend.

Äffchen Fettweiß legte den Arm um Kröten-Jörg. Der hatte sein Gesicht in den Händen verborgen. Seine Schultern zuckten im Weinkrampf. Äffchen Fettweiß fasste ihn fester und zog ihn zu sich. „Wie es immer so ist“, sagte er leise. „Wie es immer so ist.“

Kapitel 31

Gegen elf Uhr. Auf der Polizeiwache bullerte der Ölofen. Sekretärin Elvira Duvenbeck machte konzentriert mit geschlossenen Augen ihre Zehengymnastik. Alle zwei Stunden, so hatte sie es in der Quick gelesen, musste sie es wiederholen. Das sollte gegen ihre dicken Waden helfen.

„Was machen Sie da eigentlich?", rief Hauptwachtmeister Kesselring ihr durch die offene Tür von seinem Schreibtisch aus zu. „Haben sie Verdauung? Wirkt das Knäckebrot?"

Elvira Duvenbeck knallte die Tür zu. Eine Minute später öffnete sie die Tür wieder. „Sie sind unmöglich!", rief sie Kesselring zu. „Wie Ihre Frau das nur aushält mit so einem frechen Mann. Das möchte ich wissen."

Rottek stand am Fenster. Die Spätherbstsonne strahlte durch eine gläserne Luft. Krähen zankten sich auf einem Feldweg um den Kadaver eines Kaninchens. Dünners Paul hatte in seinem Garten geschickt mit Hilfe seiner Unterarmprothese und der gesunden Hand Laub zusammengeharkt und schaute nun in das qualmende Feuer, nachdenklich auf die Harke gestützt. In dem Beet neben ihm standen noch Porree und Grünkohl. „Wenn das Wetter noch ein paar Tage anhält, mache ich mit Anita eine schöne Wanderung zu den Dreifelder Seen", dachte Rottek. Am Samstag wollten sie den ganzen Nachmittag mit Anitas beiden Kindern kochen. Die Kinder aßen so gerne Kartoffelkuchen. Rottek hatte noch ein Rezept von seiner Mutter.

Sonntag würden sie alle vier in die Försterei gehen. Das Forsthaus sollte geräumt und verkauft werden, denn Dagmar Simon würde nie wieder dorthin zurückkehren. „Wäre das nichts für uns?", hatte Rottek Anita gefragt. Sie hatte mit dem Zeigefinger über ihre Lippen gestrichen und lange gezögert. „Manchmal denke ich, man kann vielleicht ein Glück nachholen, das man einmal versäumt hat", hatte sie leise gesagt.

Hauptwachtmeister Kesselring schraubte die Thermosflasche auf. Dann packte er sein Eibrot aus und hielt es hoch. „Von meinen eigenen Hühnern!", riefen er, Sekretärin Duvenbeck und Kommissar Rottek wie aus einem Mund. Kesselring biss lustvoll in das Eibrot und trank einen großen Schluck Milchkaffee hinterher. Kesselring war zufrieden. Auf dem Schreibtisch wartete schon die Akte über den versuchten Kellereinbruch in der Ludwig-Jahn-Straße. Er würde heute wichtige Ermittlungen in dieser Sache tätigen. In Berzhausen hatte es den Diebstahl von eingemachten Birnen aus einem Keller gegeben. Sollte es sich hier um den Anfang einer Serie handeln? Und da war ja noch die Anzeige wegen dem verschwundenen Huhn in Wambach. Kesselring ahnte: Jetzt forderte ihn sein polizeilicher Alltag wieder ernsthaft. Von Jägern und ihren verrückten Geschichten hatte er erst mal die Nase voll.

Kommissar Rottek war in der Frühe schon zur Försterei gefahren und hatte die beiden Hunde mit Pansen und Haferflocken gefüttert. Sie sprangen vor Freude an ihm hoch und hätten ihn fast umgeworfen. Jetzt saß er an der Schreibmaschine und tippte mühsam den Bericht über die Festnahme und Vernehmung von Dagmar Simon. Anita hatte für ihn am Morgen ein Schwarzbrot mit Edamer Käse und einen Herbstapfel eingepackt. Das angebissene Brot und der geviertelte Apfel lagen neben ihm. Inzwischen war die schöne Försterin nach Koblenz auf die Festung in Untersuchungshaft abgeholt worden. Es war ihm fast, als sei dadurch eine Leere in dem kleinen Ort entstanden. Die Mörderin war gefasst und eingesperrt. Aber merkwürdig: Sie fehlte. Sie fehlte ihm. Rottek holte die Schachtel Ernte23 aus der alten, speckigen Lederjacke und zündete sich eine Zigarette an.

Sein Telefon klingelte.

„Kommissar Rottek."

„Staatsanwalt Baumdienst, Koblenz. Sagen Sie mal, Rottek, das ist ja gut gelaufen bei Ihnen. Das haben wir ja super hinbekommen. Super hinbekommen."

„Jawohl, Herr Staatsanwalt, wir haben uns bemüht."

„Herr Kommissar, ich habe Ihnen ja auch mit meiner ganzen Erfahrung zur Seite gestanden. Dann konnte das gar nicht anders laufen. Wissen Sie, wenn man so viele Dienstjahre auf dem Buckel hat wie ich, dann packt man so eine Sache ganz anders an."

„Natürlich, Herr Staatsanwalt. Verstehe."

„Wissen Sie, Rottek, das ist alte Schule. Mir macht man eben nichts vor. Klare Fakten, blitzschnelle Analyse, und dann ist die Sache schon aufgeklärt. Zack. Dann brauchen Sie letztlich nur die Handschellen anzulegen. Handschellen anzulegen. So ist das diesmal gelaufen, Rottek."

„Herr Staatsanwalt, Sie haben uns sehr professionell unterstützt. Ohne Sie wären wir völlig hilflos gewesen. Das hat Hauptwachtmeister Kesselring auch soeben noch einmal festgestellt."

„Auch so ein Kämpfer, der Kesselring. Hat eine Ermittlernase wie ein alter Bluthund. Alter Bluthund. Sie schreiben das ja sicher in Ihren Bericht, Rottek, dass ich an der Aufklärung maßgeblich beteiligt war. Davon gehe ich doch aus, Kommissar Rottek."

„Selbstverständlich, Herr Staatsanwalt. Sie haben maßgebliche Impulse zur Aufklärung gegeben. Ohne Sie wären wir keinen Schritt weitergekommen. Daran gibt es keinen Zweifel."

„Gut, Rottek. Sehr gut. Nach den aufregenden Tagen in dieser unglaublichen Mordserie werde ich erst mal etwas kürzer treten. So ein Fall fordert meine ganze Kraft, Rottek. Meine Enkelkinder kommen morgen, wir fahren erst auf die Loreley und dann in den Neuwieder Zoo. Als Großvater ist man in der Pflicht. In der Pflicht. Dienstlich findet sich ja alles weitere, Herr Kommissar?"

„Alles klar, Herr Staatsanwalt. Alles Weitere findet sich."

„All right, sprach die Maid."

„All right, Herr Staatsanwalt", antwortete Rottek noch. Aber Staatsanwalt Baumdienst hatte schon aufgelegt.

„Der Staatsanwalt?", fragte Kesselring mit vollem Mund und duckte sich sofort, weil der Anspitzer in seine Richtung flog. Vor Lachen verschluckte er sich und musste mit einem großen Schluck Milchkaffee nachspülen. Dann griff er in die Tiefen seines Schreibtisches und holte die Flasche mit dem Nussschnaps hervor. „Ich lade Sie herzlich zu einem Dienstvergehen ein, Herr Kommissar."

„Sadist." Rottek schob seinen Stuhl zu Kesselrings Schreibtisch herüber. Der Hauptwachtmeister schenkte zwei Gläschen randvoll ein. Sie prosteten sich zu und tranken. Kesselring schüttelte sich. Rottek hustete. Seine Augen tränten. Er brauchte fast eine Minute, um sich zu erholen. „Sind Sie sicher, dass das nicht die Flasche mit der Nitroverdünnung war, Herr Hauptwachtmeister?"

„Ganz sicher, Herr Kommissar."

„Gut. Dann nehmen wir noch einen."

Umschlaggestaltung von init Kommunikationsdesign, Bad Oeynhausen, unter Verwendung von Farbfotografien von Thinkstock! und iStock.

Unser gesamtes Programm finden Sie unter **kosmos.de**
Über Neuigkeiten informieren Sie regelmäßig unsere Newsletter, einfach anmelden unter **kosmos.de/newsletter**

FSC
www.fsc.org
MIX
Papier aus verantwortungsvollen Quellen
FSC® C014496

Gedruckt auf chlorfrei gebleichtem Papier

ISBN 978-3-440-15469-4
Redaktion: Ekkehard Ophoven
Produktion: Angela List
Satz: DOPPELPUNKT, Stuttgart
Druck und Bindung: GGP Media GmbH, Pößneck
Printed in Germany / Imprimé en Allemagne

Ein Meilenstein
—— der Jagdliteratur

528 Seiten, ca € (D) 20,00

Im Norden Kanadas, fernab der Zivilisation, führte Curt Mehrhardt-Ilow Anfang des letzten Jahrhunderts ein Leben als Jäger und Trapper. Über seine Erlebnisse und Begegnungen schrieb er vor Humor sprühende Geschichten. Diese Jagderzählungen zusammengefasst, sind ein Klassiker, der in jede Jagdbibliothek bereichert.

kosmos.de